建筑经济与管理博士论丛

中国建筑业产业竞争力研究

姚宽一　著

中国建筑工业出版社

图书在版编目（CIP）数据

中国建筑业产业竞争力研究/姚宽一著. —北京：中国建筑工业出版社，2007
（建筑经济与管理博士论丛）
ISBN 978-7-112-09271-0

Ⅰ. 中… Ⅱ. 姚… Ⅲ. 建筑业—市场竞争—研究—中国
Ⅳ. F426.9

中国版本图书馆 CIP 数据核字（2007）第 058800 号

责任编辑：张礼庆
责任设计：张政纲
责任校对：汤小平

建筑经济与管理博士论丛

中国建筑业产业竞争力研究

姚宽一　著

*

中国建筑工业出版社出版、发行（北京西郊百万庄）
各地新华书店、建筑书店经销
北京云浩印刷有限责任公司印刷

*

开本：850×1168 毫米　1/32　印张：8⅛　字数：233 千字
2007 年 6 月第一版　2007 年 6 月第一次印刷
印数：1—1,500 册　定价：20.00 元
ISBN 978-7-112-09271-0
（15935）

摘　　要

产业竞争力的一般概念，可以表述为一国的某一产业在占有现有资源和生产要素的基础上，比其他产业更有效地向市场提供产品或服务的综合能力。自从20世纪80年代位于瑞士日内瓦的世界经济论坛发表第一份"全球竞争力报告"以来，国际上掀起了一股关于竞争力研究的热潮。近年来，随着中国经济的快速增长和经济全球化趋势的不断加强，中国经济面临的竞争态势愈加受到各方面注目，产业竞争力的研究亦成为社会各界普遍关注的热点。本文以中国建筑业产业为研究对象，通过对产业竞争力的理论以及研究方法的分析，构建了产业竞争力研究的理论体系和方法体系，在文献研究的基础上，对中国建筑业产业竞争力的效应、影响因素、成长以及对策进行了广泛深入的实证分析与研究。本文为国家社科基金研究项目《中国建筑业新的经济增长点与增长力研究》的主要研究内容，研究成果如下：

（1）建立了中国建筑业产业竞争力投入占用产出模型，核算出了建筑业产业竞争力评价综合指数。这一模型的特点是把建筑经济系统的流量分析与存量占用联为一体进行考察和分析，不仅研究部门间产品的投入与产出的关系，而且研究占用与产出、占用与投入之间的数量关系，可以更清晰地认识和把握处于宏观经济层面的建筑经济活动的内在关系及其演化趋势，突破了常规的投入产出模型只研究经济系统在某个时期所发生的经济流量的投入与产出关系，而没有反映其在某个时点上的存量情况的局限，即自然资源、固定资产、流动资产、建筑设施存量的占用状况。同时，鉴于目前大多数研究只停留在对现有投入产出表的分析引用，本文构建了国民经济33部门投入产出表，并结合运用结构分解分析技术、整数规划模型以及模糊层次分析法等，测算出了建筑业产业竞争力评价综合指数，为分析和评价建筑业产业竞争力效应提供了新的技术工具和研究方法。

（2）建立了建筑业产业竞争力影响因素综合评价指标体系，

并确定了关键影响因素。针对现有竞争力影响要素评价体系研究只强调全面性、忽略产业自身特点的缺陷，本文通过对 WEF（世界经济论坛）和 IMD（瑞士国际管理开发学院）要素评价体系、国内学者已有研究成果以及相关案例的比较分析，提出了建筑业产业竞争力影响因素确定的原则，并结合产业竞争力决定因素模型，建立了建筑业产业竞争力的 20 项基本影响因素，构建了评价指标体系。在此基础上，运用系统结构化模型，建立了中国建筑业产业竞争力影响因素解释结构模型，并运用层次分析法确定了六项关键影响因素，即：全要素生产率、从业人员素质、城市化水平、产业集中度、技术推广率和政府效率。这些研究，从不同层面、不同角度反映了建筑业产业竞争力的特点，为建筑业产业竞争力的成长分析提供了指标变量，并为制定建筑业产业发展战略和政策提供了支持。

（3）对影响建筑业产业竞争力的关键因素进行了测度，构建了产业竞争力成长模型。针对目前只偏重产业竞争力影响因素确定的研究，而对于因素确定后定量分析研究不足的状况，本文对关键影响因素进行了测度分析与量化研究；在建筑业产业竞争力的成长性预测上，针对现有大多研究仅运用长时间序列从统计学的角度进行预测，与建筑业市场化运作时间序列较短相矛盾，造成预测结果精度不高的缺陷，本文利用灰色理论预测模型，建立了多因素影响下的产业竞争力成长分析 GM（1，1）模型，并对模型进行了精度检验，从方法论的层次上保证了论文研究成果的科学性；在模型分析与预测结果的基础上，对未来中国建筑业产业竞争力的发展趋势进行了研究，进一步阐述了六个关键因素对建筑业产业竞争力提升的深层次关系，找到了解决问题的着眼点与关键点，具有突出的现实指导意义。

（4）提出了提升中国建筑业产业竞争力的对策与思路。基于对中国建筑业产业竞争力提升的驱动力与路径，以及政府在此过程中的角色定位分析，提出了中国建筑业产业竞争力提升必须尽快面对并加强的八个方面的竞争力，给出了增强中国建筑业产业竞争力的对策与思路。同时本文在提升建筑业产业竞争力对策的研究中，对政府以及相关行业协会在产业竞争力提升中所起的指导与协调作用进行了研究分析，得出只有发挥市场经济体制的优势，并加强政府相关部门产业政策的科学指导与宏观调控，才能更好地促进中国建筑业全面、协调、可持续发展。

关键词： 建筑业，产业竞争力，投入产出分析，模糊层次分析法，
解释结构模型，灰色理论，评价指标

Research on Chinese Construction Industrial Competitiveness

Program: Structural Engineering
(Construction Economics and Management)
Ph. D. candidate: Kuanyi Yao
Supervisor: Prof. Weixing Jin

Abstract

The ordinary concept of industrial competitiveness is the industry of one country supports the ability of product and service efficiently than other field on the base of current occupied resource. The upsurge of research on competitiveness has been raised on the world, since The World Economic Forum delivered the first "The Global Competitiveness Report" in 1980 in Geneva, Switzerland. With the fast increase of Chinese economic, perpetual strengthen economic globalization and increasing severity of industrial competition, the research on Chinese competitive situation and industrial competitive power has been the focus issue in study field, even become the attention hotspot for each social field. Through studying on theories and technical methods of industrial competition, this paper structured study system of theory and method of industrial competition researching on Chinese construction industry. On the base of summarized study, this paper analyzed and researched on effect, causation, development and countermeasure of industrial competition of Chinese construction industry. This paper is the main content of a national social science fund program *The New Economic Growth Point And Growth Power Of Chinese Construction Industry*, the main study result of this paper including:

1. This paper structured the model of Input – Occupancy – Output Analyses for Chinese construction industry, and calculated evaluated competition index of construction industry for each year. The peculiarity of this model is analyzing flux and restore amount of construction economic system as an integrate, this model analyzes not only the relation of input and output of product among departments, but also the quantity re-

lation of occupy and output, occupy and input, this analysis made people understand and hold the inherence relation and develop trend economic movement of construction industry. This analysis breaks through the normal input‐output model which only studies the relation of economic flux input and output on special period and has the disadvantage of not reflecting the economic storage on special time, the factors are natural resource, fixed assets, current assets and construction equipment. At the same time, on the shortage of much study sticking on reference and analysis of current input‐output tablet, this paper structured 33 national economic departments input – output tablet, after this, used the Structural Decomposition Analysis, Integer Programming model and fuzzy analytic hierarchy process, this paper calculated evaluated competition index of construction industry for each year. All this study result provided new technical tools and research means for analyzing and evaluating industrial competition.

2. This paper structured the synthesized evaluating index system of influence factors for construction industrial competition, and confirmed the key influence on construction industrial competition. Aimed at current competition evaluating index system emphasized universality, ignored industrial specialty. And based on the evaluating system of industrial competition factors, especially analyzed and compared the factor evaluating system of WEF (World Economic Forum) and IMD (International Management Department in Switzerland), domestic scholars' result and related cases on study of industrial competition. This paper pointed out the principia of confirming for influence factors of Chinese construction industrial competition, related industrial competition decided model and established the system of 20 basic influence factors; after this, this paper constructed ISM (Interpretative structural modeling) of Chinese construction industrial competition with the means of system engineer, and using AHP (Analytic Hierarchy Process), this paper confirmed the 6 key influence factors, which are: TFP (Total Factor Productivity), diathesis of workers, Urbanization level, Industrial concentration, Technology promotion rate and Government efficiency. From dif-

7

ferent levels and different angles, these studied results reflected the construction industry more competitive features for the construction industry analysis, provided indicators variables for competitiveness develop analysis and provided macro policy decisions basis for construction related industries.

3. This paper measured those key influence factors of construction competition, and structured the industrial competitiveness growth model. With the present only on the identification of factors affecting the competitiveness of industry research and inadequate conditions of quantitative analysis of the determining factors, this paper measured the key factors and made quantitative analysis of the key factors. On construction industrial competitiveness growth forecast, most of the existing studies forecasts statistically on the use of long sequences time series and have contradictions of high-precision error on predicting short sequences time series. Using the grey theoretical prediction models, this paper established more influence factors industrial competitiveness growth GM (1, 1) model, and made the model accuracy test. From the level of methodology, that the outcome guarantees the research scientific. On the results of the model analysis and forecast, this paper analyzed construction industrial competition develop trend, and proposed to seize 6 key influence factors to strengthen industrial construction competition, all of these studies found solutions and had prominent immediate importance.

4. This paper proposed strategies and develop thought for the growth of Chinese construction industrial competition. Based on driving power and route of Chinese construction industrial competition growth, the analysis of government role in this period, this paper proposed 8 competition power which must be strengthened for Chinese construction industrial, and brought forward the strategies and develop thought for Chinese construction industrial competition growth. At the same time, this paper analyzed and researched on supervising and harmonizing use of the government and industrial institute in the period of Chinese construction industrial competition growth. All of these researching result indicated that none but exert the advantage of marketing economic and strengthen sci-

entific supervising and macro regulating for related department of government, and all these can promote Chinese construction industry developed continuously, healthily and rapidly.

Key words: Chinese Construction Industry; Industrial Competition; The Input - Output Analyses; Fuzzy Analytic Hierarchy Process; Interpretative Structural Modeling; The Grey Theory; Evaluating Index System

序

　　建筑业在各国的经济发展与社会进步中都起着非常重要的作用。建筑业不仅为人类的各种活动提供场所，满足人们生产、生活与服务的各种需求，还为越来越复杂的城市、乡村网络构筑了基础的连接纽带。

　　我国建筑业经历了曲折的发展阶段，1952 年到 1960 年，建筑业处于形成和成长阶段，产值占国民收入的比重从 3.2% 上升到5.5%。"三年困难"和"十年动乱"期间，建筑业的发展几近停滞。从 1976 年至 1983 年一直在 4% 左右波动。1984 年以后，中国建筑业实行了多项改革措施，加快了从计划经济向市场经济体制转变的步伐，取得显著成就。可以说，改革开放近三十年来，我国建筑业伴随着国家的经济建设和社会进步快速发展壮大，企业的活力和竞争力大幅提升，建筑业作为国民经济支柱产业的地位和作用日益增强，进入新世纪以来，建筑业继续呈现出快速发展的态势，2001 年至 2005 年，建筑业总产值年平均增长率为22.5%，增加值年平均增长率为 9.5%。2005 年，全国建筑业企业完成建筑业总产值达到 34552.10 亿元，比上年同期增加 5530.65亿元，增长 19.1%；建筑业完成产值占 GDP 的比重，仅次于工业、农业、商业，居第四位。虽然我国建筑业取得了辉煌的成就，但还面临着诸多问题，建筑业仍然停留在一种劳动、资本密集型的方式下发展，市场机制不完善，市场秩序不规范，资本投资效益低，技术进步缓慢等。从建筑业整体状况来看，这些问题包括：市场体制、机制不健全；产业组织结构和运行模式不合理；技术设备和人员素质水平低等。从建筑业企业自身来看包括：企业运行机制不合理；整体管理水平不高；总承包和融资能力较弱；经济效益低；国际工程管理人才匮乏等等。归根结底，还是产业竞争力不强，也就是缺乏在相同生产要素和资源条件下，可持续地创造比竞争对手更多产出和服务的能力。竞争力问题已成为产业经济研究的热点问题，也是建筑经济领域研究的热门话题。

　　对于某一行业的研究，国内外学者都有不同的侧重，有的是从产业经济学的角度，有的是从制度经济学的角度，但是对于产业的长期发展研究，目前更多的是从如何培育和提升产业竞争力的目的进行分析，也是研究产业经济的热点与焦点问题。而对于建筑业产业竞争力的研究，国内研究较少，国内关于竞争力研究的著作更多的是从微观的层面研究企业的发展竞争力。

本书著者姚宽一博士毕业于西安建筑科技大学土木工程学院结构工程专业，研究方向为建筑经济与管理，他师从我国著名建筑经济学家金维兴教授，博闻强识，既有着深厚的经济理论功底，又有着多年丰富的建筑行业管理经验，《中国建筑业产业竞争力研究》一书蕴含着他多年钻研建筑经济与管理理论的心得体会，也是一本经济理论与方法和研究实务相结合的专著，这样一本书出自一位行业行政管理者之手，也是非常难得的。

《中国建筑业产业竞争力研究》一书对于我国建筑经济研究以及建筑行业发展的贡献主要有以下几点：一是在国内首先将投入占用产出技术运用到建筑业的产业竞争力研究中，从竞争力的角度清楚地刻画了我国建筑业的发展轨迹，而且对于如何核算产业竞争力指数，本书对建筑业给出了清晰的产业竞争力指数核算技术方法，这一方面的研究不仅对于建筑业，而且对于其他相关产业的竞争力研究也提出了新的思路；其二是本书通过大量的文献与实证研究，比较全面地构建了我国建筑业产业竞争力的指标评价体系，这一评价指标体系无论是从理论依据上，还是从行业特征上，无疑都是比较科学合理的。这一指标体系不仅对于研究我国建筑业产业竞争力的成因与发展，而且对于其他学者有关这一方面的研究也是一份很好的研究参考资料。其三是本书对于产业竞争力的预测分析研究，不仅很好解决了主观性指标难以量化的问题，而且对于众多影响因素的筛选，著者运用系统工程的思想给予了很好地解决，接着在中国建筑业经济数据相对序列较短的现实条件下，作者运用短时间序列的灰色预测方法予以很好地解决。本书这一研究思路对于行业预测研究也具有很好的借鉴意义。

《中国建筑业产业竞争力研究》一书通过大量的数据分析与理论方法研究，在本书的最后基于对中国建筑业产业竞争力提升的驱动力与路径、以及政府在此过程中的角色定位分析，提出了中国建筑业产业竞争力提升必须尽快面对并加强的八大竞争力，给出了增强中国建筑业产业竞争力的对策与思路。同时本文在提升建筑业产业竞争力对策的研究中，对政府以及相关行业协会在产业竞争力提升中所起的指导与协调作用进行了研究分析，得出只有发挥市场经济体制的优势，并加强政府相关部门产业政策的科学指导与宏观调控，才能更好地促进中国建筑业全面、协调、可持续发展。著者作为具有多年建筑行业经验的行政管理者，从政府管理者的角度提出这一思路，毫无疑问是具有相当的现实意义的。

　　姚宽一博士与我交往多年，他善于学习，勤于动脑常让我赞赏不已，他在繁忙的工作中抽出时间，脚踏实地几年如一日的对建筑行业深入研究的精神也是令人非常感动的。因此，当作者提出请我为即将出版的《中国建筑业产业竞争力研究》一书做序时，便欣然应允。在这一部研究专著中，我们不但看到了建筑业以及建筑经济研究的最新成果，也看到了作者善于钻研、勇于探索、不断进取的精神，值得嘉许。我之所同意作序，还有一个重要的驱使是期待有更多的学者从事建筑理论研究，有更多的同行从事现代理论指导的建筑实践；期待建筑管理学、建筑经营学、建筑经济学等理论攀登者登上新的高峰；期待中国建筑业涌现更多的创新成果和国际品牌，为人类社会进步和祖国繁荣做出更大贡献。

姚兵

2007 年 6 月 20 日

　　姚兵：男，1944 年 1 月出生，博士生导师、教授。现任中央纪委驻建设部纪律检查组组长、建设部党组成员。曾任建设部建设监理司司长、建筑业司司长、建设部总工程师兼建筑业司司长、建设部总工程师。

目　录

图表索引

1 绪 论

1.1 研究问题的提出

进入21世纪以来，国际建筑工程承包市场正处在一个比较快的发展时期。按照美国《美国工程新闻记录（Engineering News-Record）》（ENR）统计，2004年全球建筑总支出（construction spending）规模已达到4.2万亿美元，比2003年增长了4.6%，占全球GDP总量40.8万亿美元的10.29%。1999~2003年全球建筑市场年平均增长速度达5.2%。[1] 根据美国标准普尔公司（Standard&Poor）的预测，全球建筑市场未来几年还将保持5.1%年均增长率，其中基础设施建设和其他非住宅建设是建筑业投资增长的重要推动力量。据此推算，到2010年全球建筑业投资规模将达5.74万亿美元[2]。

建筑业在各国经济发展中都起着非常重要的作用，建筑业不仅为人类的各种活动提供场所，满足人们生产、生活与服务的各种需求，还为越来越复杂的城市、乡村网络构筑了基础的连接纽带。

根据《中国统计年鉴》的数据，可以清楚地看出中国建筑业的发展历程：1952~1960年，建筑业处于形成和成长阶段，产值占国民收入的比重从3.2%上升到5.5%。1961年产值比重骤然下降到2.2%，1976年缓慢上升到4.5%，从1976年至1983年一直在4%左右波动。1984年以后，中国建筑业实行了多项改革措施，如公开招标投标、承包经营责任制、项目法施工、劳动用工改革、健全法制等，加快了从计划经济向市场经济体制转变的步伐，取得显著成就。在此期间，建筑业产值比重从1984年的4.4%增加至2000年的6.6%。进入21世纪以来，中国建筑业继续保持快速发展的态势。2001~2005年，建筑业总产值年均增长率达到21.3%，2005年全国建筑业完成建筑业总产值达到 34552.10 亿元，比上年同期增加 5530.65 亿元，增长 19.1%；完成竣工产值 22072.96 亿元，比上年同期增加 1806.59 亿元，增长 8.9%。2006 年，全国建筑业总产值 40975 亿元，比 2005 年同期增长 6423 亿元，增长 18.6%。仅以"十五"中期 2003 年为例，2003 年由建筑业转化为生产力的固定资产投资达 3.34 万亿元，占全社会固定资产投资的 60%，拉动了中下游产业的良性发展。更重要的是，建筑业吸纳了超过 3130 万农村富余劳动力进城就业，占建筑业从业人员总数的 80.58%，占农村进城务工人员总数的近三分之一，成为部分地区县域经济增长和农民增加收入的重要来源。[3] 同时，建筑业前后关联度大、投资乘数效应显著，能带动许多关联产业的发展，根据《中国投入产出完全消耗系数表（2000）》的统计，建筑业的完全消耗系数为 2.0333，即每增加 1 亿元建筑产品，可直接或间接带动其他产业增值 2.0333 亿元，使社会总产值共增加 3.0333 亿元，可见建筑业对国民经济发展的重大带动作用。[4] 建筑业不仅成为国内生产总值和劳动力就业的主要贡献者，成为国民经济的支柱产业，而且为推动经济增长和社会全面发展发挥了重要的不可替代的作用。改革开放以来，1981～2003 年建筑业的发展基本状况参见表 1-1。

改革开放以来建筑业发展基本情况表　　　　表 1-1

年　份	固定资产投资率（%）	建筑业增加值占 GDP 的比重（%）	建筑业从业人数（万人）	建筑业从业人数占全社会从业人数的比重（%）
1981	19.76	4.26	1058	2.42
1982	23.24	4.17	1173	2.59
1983	24.10	4.56	1314	2.83
1984	25.56	4.42	1692	3.51
1985	28.37	4.66	2035	4.08
1986	30.59	5.15	2236	4.36
1987	31.70	5.57	2384	4.52
1988	31.84	5.43	2491	4.58

年　份	固定资产投资率（%）	建筑业增加值占GDP的比重（%）	建筑业从业人数（万人）	建筑业从业人数占全社会从业人数的比重（%）
1989	26.08	4.70	2407	4.35
1990	24.35	4.63	2424	3.79
1991	25.88	4.70	2482	3.83
1992	30.33	5.31	2660	4.06
1993	37.74	6.60	3050	4.60
1994	36.15	6.41	3188	4.74
1995	34.23	6.53	3322	4.89
1996	33.84	6.67	3408	4.95
1997	33.49	6.46	3449	4.96
1998	35.78	6.63	3327	4.76
1999	24.58	6.67	3412	4.78
2000	37.59	6.58	3552	4.93
2001	39.82	6.55	3669	5.02
2002	40.61	6.68	3893	5.28
2003	47.6	7.0	4031	5.30
2004	43.83	7.0	3253	4.3

数据来源：依据同期《中国统计年鉴》、《中国建筑业年鉴》、《中国建筑业统计年报》整理。

但是，随着全球经济一体化和中国经济市场化进程的加快，特别是中国加入 WTO 后过渡期的结束，建筑市场竞争将会愈来愈激烈，中国建筑业在体制、机制、资金、技术、管理等方面还存在诸多问题，面临挑战。

1. 企业经济收益低，威胁产业地位

一是生产效率低。中国建筑业从业人员相当于美国、日本、英国、法国、韩国和意大利等国建筑业从业人员总和的 1.85 倍，是美国建筑业从业人员的 4.5 倍。然而，正常情况下中国建筑业的年产值却只相当于美国建筑业 20%，其劳动生产率在 20 世纪 90

年代总体上相当于日本建筑业的 1.25%。在中国国内，建筑业的劳动生产率（按总产值计）还不到工业及电力、煤气业的三分之一。劳动生产率是反映一个产业生命力及现代化程度、资源配置的最重要、综合性的指标。2005 中国建筑企业按建筑业总产值计算的劳动生产率为 121723 元/人，其中，国有及国有控股企业也仅为 162390 元/人，中建总公司作为中国建筑业的排头兵也只有近 30 万元/人的水平。但 2003 年日本 Shimizu 公司（清水建设）为 109 万美元/人，美国 Halliburton KBR 公司为 33 万美元/人，瑞典 SKANSKA 公司为 24 万美元/人。另外，中国建筑业技术装备人均约 6000 元，而发达国家人均则为 6000 美元，是我国的 8 倍多。再按动力装备水平和竣工面积计算，2001 年我国的人均动力装备率 4.9kW，人均竣工面积为 32m^2，虽然比 1980 年人均动力装备率 4.0kW、人均竣工面积 26 m^2 稍高，但与这段时间内我国劳动生产率的大幅度提高很不相称。[5]

二是经济效益低。建筑类上市公司所面临的情况是整个建筑业生存状况的一个缩影。据有关专业机构统计，我国大多数上市公司所属的行业产值利润率一般在 18% 以上，净利率一般在 9% 以上，而建筑业板块的产值利润率从 2000～2002 年一直在 11% 左右徘徊，三年的净利率分别为 2.68%、1.39% 和 1.67%，2002 年的净利率比 2000 年下降 30%，还不及全社会平均水平的 20%。在 17 家上市公司中，业绩略有增加的仅有 4 家，下降的则有 10 家，其中有 3 家亏损。2005 年 21 家上市公司经营业绩虽有所好转，平均每股收益 0.13 元，比 2004 年 -0.04 元涨 0.17 元，但只有 13 家公司的主营业务实现增长，2 家持平，6 家下降，3 家亏损。据《中国统计年鉴》统计，2002 年、2003 年、2004 年建筑业全行业产值利润率分别为 1.9%、2.3%、2.2%，2005 年上升到 2.4%，但利润增长速度依然低于产值增长速度 5.9 个百分点。日本在上世纪 80 年代建筑业产值利润率达 4%～5%，美国 Fluor Corp 公司 2002 年人均利润为 9800 美元，日本大成公司是 17700 美元，而我国大企业人均利润只有 80 多美元。

长期以来，建筑业在国内一直被认为是技术含量低、只需要初级生产要素的行业，忽视了对人才、技术、资金等高级生产要素的开发与培植，造成建筑业资源配置效率不高。中国建筑业目前的劳动生产率及经济效益水平，说明它还是所有工业部门中劳动密集特征最明显的领域，说明它还不完全是一个现代化的产业，它的生产力要素及其结合的方式存在着许多尚未解决的问题。

2. 资金运作能力不强

建筑企业，特别是国有大型企业，发展中资金注入先天不足。计划经济时期，国家投入企业的只是设备和办公设施，缺少流动资金。改革开放以后，国家基本上没有资本性投入，企业的生产规模增加了几十倍，流动资金却没有补充的来源。以中建总公司为例，1982年，中建总公司组建之初，年营业额12.5亿元，国家核拨的生产经营流动资金不足2亿元。2005年，中建总公司年营业额达到917.31亿元，比1982年增长70多倍，但在此期间，国家对中建总公司的各种资本性投入（包括由拨改贷转为贷改投的流动资金和国家预算内基本建设投资）不足4亿元。

企业资本积累能力不强。"一五"时期，建筑业有2.5%的法定利润，1959年法定利润被取消。1958～1973年，建筑施工企业实行经常费制度（即由国家财政拨给企业职工工资、管理费及各种津贴费用，企业没有追求经济效益的责任），中央施工企业没有利润。1973年起，经常费改为取费制度（即按照建筑安装工作量的一定比例收取工资和管理费），仍没有利润。1980年，恢复了"一五"时期实行的施工企业按照工程预算成本的2.5%计取法定利润的做法。自1988年起，施工企业技术装备费与法定利润合并为计划利润，利润率定为7%，这一制度延续至今。但由于市场已经开放，竞争激烈，企业实际上根本拿不到计划利润率规定的取利水平。据调查显示如中国石油工程建设（集团）公司、中国石化工程建设公司、中国水利水电工程总公司、中国机械工业安装总公司、中国新兴建设开发总公司等我国骨干企业下属的某些建筑企业实际产值利润率不足1%，企业无力进行资本积累。

近年来，愈演愈烈的拖欠、垫资、压价、让利、回扣之风，也变相加剧了企业资金不足的困难。在这种情况下，企业只得举债经营，大量依靠银行贷款维持施工生产。有的企业由于资金紧张，造成大量拖欠职工工资。长期以来，中央建筑施工企业净资产中的非经营性资产的比例很高，变现能力不强。相当一部分企业，特别是当前生产任务严重不足的企业，随时都可能出现资金周转不动，企业无法经营的局面。

3. 技术管理水平不高，人才流失严重

与其他行业相比，建筑业总体技术和管理水平依然不高，这也成为制约行业发展和进步的瓶颈问题。主要表现在以下几方面：一是建筑业从业人员整体素质较低，特别是施工现场劳务层作业人员学历文化水平普遍较低、技能水平不高、农民工所占比例较大，而且大多数人员没有经过上岗培训。据调查，经培训，取得职业技能岗位证书的农民工，全国只有74万人，仅占从业乡村劳动力的3.1%，接受过短期培训的占7.8%。二是技术和管理人员偏少，企业管理较为落后。按2003年全行业从业人员3400多万人计，则工程技术人员和管理人员所占比例分别为5.34%和4.92%，这一比例低于制造业和采矿业水平，更低于全国平均水平，建筑业仍然属于劳动密集型产业。三是建筑企业技术创新能力不强，投入不足。表现在观念落后，市场竞争意识不强，缺乏技术创新的发展战略、环境和激励机制，仅重视技术的应用，而忽略对技术研究开发的投入，缺少富有创新能力的高素质人才队伍。即建设部2005年底对146家特级企业调查的结果显示，在146家特级企业中，年科研经费支出占营业额的比例低于0.5%的企业有86家，占企业总数的58.9%，低于50万的有16家，低于30万的有13家；一半以上的企业没有开发研制过企业工法或专有技术。四是先进、适用的新技术、新工艺、新机具推广力度不大，行业技术装备水平偏低。虽说建筑企业动力装备率自1989年的3.74kW/人发展到2003年的4.9kW/人，建筑业技术装备率自1989年的2341元/人发展到2003年的9957元/人，但是与2003年同期建筑业年总产值23083.87亿元相比，技术装备水平极不相称，且远远落后于制造业等行业。五是科研基金不足，没有形成企业的科研中心，技术开发缺乏后劲。六是多数企业管理水平不高，尤其缺乏战略管理、经营管理和客户管理的理念和方法，缺乏驾驭市场的决策、应变能力。七是面临人才流失的严重问题。由于建筑行业的特点,员工福利待遇不高,而劳动强度——无论是体力上和精力上的耗费很大,所以对综合素质较高的人士吸引力不强。特别是对国有建筑企业来说,又普遍存在着亏损企业多、冗员亦多,却又无法有效处理的现实问题,其结果不仅导致企业经营成本上升,亦很难对有作为的员工进行合理分配,企业内部公平竞争的氛围难以营造。国有企业因为不能完全"商业化",不能完全遵循市场经济一些基本原则来运行,导致企业想要的人来不了,企业想留的人留不住,企业想减的人减不掉。长此以往,企业包袱愈背愈重,人才流失亦愈来愈多。

4. 国际工程承包市场竞争力不强

一是行业的整体优势较弱。根据美国《工程新闻纪录》(ENR)2005年8月份统计,我国已有49家企业进入"全球最大225家国际承包商"行列,在国际工程承包领域,已进入了世界前六强行列,排在美、法、德、日、英之后。但是,49家中国公司平均营业额为1.77亿美元,而同期排名的欧洲承包商,平均营业额是15.4亿美元,美国是4亿美元,日本是6.6亿美元,韩国是4.5亿美元。中国建筑业企业与国外同类企业相比,经营水平和营业额明显偏低。同时,在落实"走出去"战略问题上,扶持、配套政策滞后,不利于企业参与国际市场竞争。从企业内部来讲,经营机制不灵活、管理层次多、水平低,影响决策速度和效果,坐失良机。

二是经营领域比较狭窄。我国工程承包企业的经营主要集中在房屋建筑、土木工程、交通等领域,而国际大承包商一般有3个以上的经营领域,例如,法国的VINCI(万喜公司)主要经营领域产值比例分别为建筑41.8%、道路29.6%、能源17.3%和特许10.6%,有4个经营领域都在10%以上;美国的Bechtel(柏克德公司)产值比例分别为石化31%、工业20%、电力14%、建筑12%、交通11%和环保11%,有6个经营领域的产值都在10%以上;我国中建总公司产值比例为建筑75%、交通11%、电力7%和加工6%(1998~2000年综合分析统计),只有两个领域产值在10%以上。经营领域较集中,不利于分散经营风险,企业的综合利润也较低[6]。

三是工程总承包的标的范围与国际大承包商不同。欧美一些大承包商标的包括融资、前期规划、设计、采购、施工及相关咨询服务，而我国承包商一般只承包设计、采购、施工阶段，利润较高的融资及前期规划阶段没有竞争优势或管理水平低还没有得到业主的认可。

建筑业在国民经济的地位（部分发达国家与我国比较，2004 年）　　**表 1-2**

	人均国民收入 （美元）	建筑业增加值 占 GDP 的比重	建筑业从业 人数（万人）	建筑业从业人数 占社会总从业人数 的比例
日　本	34625	7.7%	665	10.2%
韩　国	9240	7.9%	160	7.3%
新加坡	21808	7.4%	14	5.8%
美　国	34163	4.1%	530	5.5%
中　国	1490	7.0%	3253	5.1%

资料来源：根据《世界统计年鉴（2004）》有关数据整理，表中数据为 2000～2004 年平均值，中国人均 GDP 按 2005 年经济普查数据。

5. 现代市场体系发育不成熟，市场秩序不良

从业主来讲，主要是违反法律、法规的规定，规避招标、虚假招标和迫使勘察、设计、施工、监理单位以低于成本的价格竞标，以及拖欠工程款和合同费用，不办理质量监督、施工图设计文件审查、施工许可、竣工验收备案和依法必须进行监理的工程不委托监理等现象严重。特别是业主拖欠工程款，造成了大量的"三角债"，也是建筑企业拖欠农民工工资的根源所在，严重损害了农民工、建筑企业的合法权益，形成了严重的不稳定因素。据建设部提供的数字，到 2003 年，全国建设单位累计拖欠施工企业工程款达 3365 亿元，相当于当年建筑业总产值的 19.6%，占同期完成施工产值 38.5%。其中，拖欠 1 年以内的占拖欠总额的 45.2%，1 年至 2 年的占 24.3%，2 年至 3 年的占 18.9%，3 年以上的占 11.6%。拖欠项目中既有地方政府项目、国有企业项目，也有民间投资项目、引进外资项目。拖欠工程款的项目一般占同期在施和竣工项目总数的 50% 以上[6]。2003 年全国人大《建筑法》执法检查，仅从检查的 5 个省的情况看，工程款累计拖欠额分别相当于本省建筑业总产值的 12.2% ~ 33.9%。仅陕西建工集团一家企业累计被拖欠工程款达 11.6 亿元。从全国的情况看，拖欠最为严重的是房地产开发项目和政府投资工程，分别占拖欠总额的 39.6% 和 26.7%[7]。同时，政府投资工程形成的拖欠，严重损害了政府形象，助长了拖欠之风的蔓延。

从勘察、设计、施工、监理单位来讲，主要是转包、违法分包和无证、越级承接工程业务，包括挂靠、买卖图签以及不执行强制性技术标准、偷工减料的问题较多。转包、违法分包和挂靠、买卖图签等表现形式多种多样，而且往往相互串通、相互包庇，有着很强的隐蔽性，危害性极大。不仅严重扰乱了建筑市场秩序，还直接危及工程质量和安全生产。

此外，地方保护、部门分割的问题仍未得到根本解决，统一开放、竞争有序的建筑市场远未形成。一些地方或部门以种种方式设置障碍，排除或限制本地区或本部门、本系统以外的勘察、设计、施工、监理单位参加投标。一些部门及其工作人员包括个别领导干部，滥用职权干预工程发包承包的问题依然存在。相对其他的一些行业和领域，工程建设领域的腐败现象和经济犯罪案件仍居高不下，特别是一些在国内外影响很大的重大案件，其腐败分子的一些犯罪事实往往都与工程的发承包活动有关，工程建设领域的反腐败任务仍十分艰巨。

中国建筑业存在的种种问题表明，建筑业仍然停留在一种劳动、资本密集型的方式下发展，市场机制不完善，市场秩序不规范，资本投资效益低，技术进步慢等。从建筑业整体状况来看，这些问题包括：市场体制、机制不健全；产业组织结构不合理；技术设备和人员素质水平低等。从建筑业企业自身来看，包括：企业运行机制不合理；整体管理水平不高；总承包和融资能力较弱；经济效益低；国际工程管理人才匮乏等。归根结底，还是产业竞争力不强，也就是缺乏在相同生产要素和资源条件下，可持续地创造比竞争对手更多产出和服务的能力。

迈克尔·波特曾说："竞争的洪流释放了创新能力，加速了进步的节奏"。"如今，很少产业停留在不受竞争侵入的平稳状态，或可主导市场的状态。没有哪个国家或企业敢于漠视竞争。每个国家与企业都必须了解并让竞争主宰。"

过去十年间，经济全球竞争态势明显加剧。面对激烈的市场竞争，中国建筑业要立足于强手之林、不败之地，必须不断地提升自身的竞争能力。然而，一个产业的竞争力，是来自于诸多要素的综合影响，为了提升中国建筑业的产业竞争力，就必须"了解这些竞争压力的基本来源，为企业提供决定战略与行动的基础"，必须深入分析研究中国建筑业产业竞争力的驱动因子以及提升路径，研究产业竞争力的形成和多种影响因素，从而为制定切实可行的对策与策略提供依据。

1.2　论文研究的意义

自从 1980 年位于瑞士日内瓦的世界经济论坛发表第一份"全球竞争力报告"以来，国际上掀起了一股关于国际竞争力的研究热潮。从学术界、工商界到政界，关于国际竞争力的研究也形成多样化和"百家争鸣"的局面。而直到 90 年代初，产业竞争力研究又恰恰是我国经济界和学术界未能引起足够重视、未获得系统研究的领域。现实向经济学、管理学提出了挑战，呼唤对产业竞争力进行系统深入的理论研究。面对国际竞争的冲击，如何在竞争中寻求立足之地，谋求发展之路，是多年来困扰国内企业和产业的一大难题。本文所研究的中国建筑业产业竞争力，正是其中一个较为突出的问题。

中国的市场经济发展走过了仅仅 20 多年的时间，而西方发达国家已经历了大约 300 年的历程，但中国又必须与发达国家在世界市场上同台竞技，尤其是随着世贸组织规定的"过渡期"的结束，中国将直接面对全方位的国际竞争的压力，提升产业竞争力，必然成为中国经济现代化的关键所在。要实现经济现代化，必须实行经济、产业结构的战略转型，提升经济质量。而作为国民经济的支柱产业的建筑业首当其冲需要纳入这一战略部署。提升建筑业产业的经济质量，提高建筑业产业的竞争能力，需要从建筑业产业自身以及其他行业对它的影响两个方面着手研究。因此，分析研究建筑业产业内部各部门之间以及与其他产业部门之间的相互关联影响效应，进而深入研究建筑业产业竞争力的驱动因子、构建产业竞争力评价体系是一个相当重要的研究领域。

本论文的研究意义在于，通过对建筑业产业关联效应的投入产出分析，解释国民经济各部门与建筑业产业部门的效应关系，并以此核定中国建筑产业竞争力指数，为政府部门在宏观层面制定相关产业政策提供决策支持；通过对建筑业产业竞争力多种影响因素以及指标体系的研究，确定提升建筑业产业竞争力的关键因素；通过中国建筑业产业竞争力的成长性分析，构建中国建筑业产业竞争力成长模型，在多种因素影响下预测建筑业竞争力的发展趋势，并对建筑业竞争力成长的驱动因子做出分析与研究，为政府制定产业发展战略和政策、企业制定经营策略提供支持。

1.3 国内外研究状况

1. 国外研究综述[8]~[19]

对于建筑业竞争力的范围研究，Porter 和 Hofer 认为竞争范围（competitive space）是指无论对于企业、产业甚至国家而言，如何利用其优势以及劣势、机会和威胁从而制定相应的激进或者保守（offensive or defensive）的策略。而产业竞争力可以被描述为不同影响变量或者变量的组合（combinations），这些变量或者变量的组合潜在（potentially）或者明显地影响着产业竞争力的发展。从另外一个角度，竞争范围是指建筑企业可能通过采取狭窄或广泛的市场和产品服务解释竞争范围。采取狭窄的市场和产品、服务方法，使建筑公司能够集中资源和精力精炼其能力以满足客户的特殊需要。关注一个市场部分也可以使一个公司获得该市场中状态和趋势的惟一经验，反过来增加其响应性。因此，在建筑业范围内采取狭窄的竞争方法为创造竞争优势和较高的业绩提供了某种程度的潜在可能性。采取广泛的市场和产品服务方法，使公司能够协同在不同的项目和不同的地点分享公司的多种资源，这些资源间的协同可以有不同的方式，如经营活动（管理、市场营销、财务等）、物质资源（material resource）、财务资源以及无形资源（immaterial resource）。这些协同可以产生成本降低、创造税费优势以及提高收益，也能够使公司提供综合性的产品、服务（如提供完全服务承包，包括设计、融资、施工和物业管理），并且能够通过利用在另一个市场部分获得的好的信誉进入新的市场部分。在广泛市场领域的竞争使公司能够通过不同的市场分散风险和明显减少其对市场变化反应慢的弱点。因此，积极选择广泛的市场和提供多种产品和服务，不仅会降低不稳定性需求的负面影响，而且能够使公司利用多个市场部分出现的机会。

Crag. R. Reed 通过对美国航天业产业竞争力影响因素的研究，得出政策执行力度（policy implementation）对于美国航天业的发展起了决定性的作用，众多航天企业极大地依赖于政府政策的制定。

美国建筑管理学者 Betts 和 Ofori 以及 Warszawski 分别于 1992 年和 1996 年对建筑业竞争力布局（competitive positioning）及其对于产业的功能影响作了深入研究，他们为建筑业产业竞争力布局的概念及其内涵作了全新的展望与研究，但是这些研究只是从理论上对于建筑业产业竞争力布局的发展做出的研究，并没有多少实际应用的价值。Akintoye，Skitmore，Hampson 和 Tatum 从建筑业的实际内涵出发，分别在 1991 年和 1997 年以实验与统计数据为研究手段，对美国建筑业的发展及其竞争力布局对建筑业发展的影响作了深入研究，从研究的另一个层面上对建筑业竞争力的发展提出了对策，并具有相当实际应用价值。

对于产业或者企业而言，强调对于竞争力源泉或者动力的研究，美国建筑管理学家 Miles，Snow，Miller 以及 Stalk 通过多年的研究，认为企业或者产业的成功依赖于各自的功能模式，但是具有特定的推动影响因素（specific factors）。同样，建筑业成功发展也可以被描述为由特定的因素推动而致。学者们通过研究，认为对于建筑业而言，其竞争力推动因素的最基本因素为质量（quality），或者称为产品及服务的质量（product and service quality）。Warszawski 在对以上研究的基础上，结合建筑业的产业特性提出了合同服务（contracting service）的质量问题，倡导对业主，相关组织等项目干系人的有效沟通和管理。建筑业竞争力发展的第二个重要因素被定义为产品、服务以及过程的创新（product/service and process innovations），对于建筑业产业自身来讲，行业内的创新对于产业的发展影响不大。Arditi 在 1997 年通过对美国建筑业多家企业的研究认为，建筑业的发展通过自身施工技术以及施工管理的创新（construction processes and methods）效果不明显，建筑业作为一个特定产业，其发展主要依赖于相关产业的技术创新，例如建筑材料、建筑设备等。第三个影响建筑业产业发展的因素为时间（time）管理，Stalk 和 Hout 认为时间的有效管理是建筑业发展的潜在武器（potentially powerful competitive weapon），并能展示强大的竞争优势（competitive advantage）。最后，对于建筑业竞争力的影响因素是成本，在顾客对建筑产品价格敏感条件下，建筑企业如何调整其成本结构，通过对施工的科学管理如何提高成本效率（cost efficiency）的问题。

Serdar Kale 和 David Arditi 采用调查问卷的方法，对美国的 100 多家大建筑企业进行调查，通过统计分析，获得美国大型建筑企业所采取的市场竞争定位战略。美国建筑业的市场竞争可以划分为竞争模式和竞争范围。建筑业企业基于四种模式在建筑市场上进行竞争，即：以产品或服务质量为基础的竞争、基于产品或服务和过程创新的竞争、基于成本竞争以及基于时间竞争，在每一种模式下公司是否能够取得成功取决于许多特别因素。因此，可以通过解释在建筑业中的特别因素探索每种模式下建筑企业的成功水平。

David 等提出了一个工程项目组织能够用于进行人力资源分配决策的决策过程，这个系统方法可以在准确预测组织的优劣势方面提供帮助。其主要观点是竞争力评价方法是用集中和调用组织资源的方法，识别核心竞争力（现有和战略上的）或专业技术领域，可以清楚指明组织为维持在某一市场的竞争，需要在哪些方面改进以及如何改进。

经研究得出提升竞争力采取的基本框架是：首先识别战略竞争力、评价和记录能力以识别现有竞争力、确定现有竞争力和战略竞争力间的差距，然后使用这些信息分配和最优化人力资源需求。尝试了采用由建筑业研究院（Construction Industry Institute, CII）开发的核心竞争力评估过程和 PA 咨询集团开发的"能力评价"方法，这两种过程的综合提供了一个在资源分配决策方面评价能力的框架。

Albert P. C. Chan, Daniel W. M. Chan, Y. H. Chiang 以及 B. S. Tang 等研究具体建筑项目的竞争状况，通过对香港特区多项建筑施工项目的研究，认为影响建筑业施工项目竞争力的关键影响因素体系为：充分的资源（Adequate Resources），高级管理层的支持（Support from Top Management），双方的信任（Mutual Trust），有效的沟通（Effective Communication），有效的合作（Efficient Coordination），生产矛盾的有效解决（Productive Conflict Resolution）等。

2. 国内研究综述 [20] - [38]

国内众多学者对于如何促进中国建筑业的发展也进行了大量的、多方面的研究，这些主要研究成果如下：

2000 年，**金维兴**教授提出了 21 世纪中国建筑业管理模式的新构想，即：弹性的生产力，刚性的产业结构，法定的企业生存空间，行业归口管理。提出了建筑业企业再造，以使其具有综合承包能力的总承包企业保持和发展核心竞争力，依托信息网络资源，形成虚拟化的生产能力。在此基础上提出了大型建筑业企业 SVL 组织模式。所谓 SVL 组织模式，即：战略联盟（Strategic alliance）+ 虚拟组织（Virtual organization）+ 学习型组织（Learning organization）模型。该模型旨在探讨一种新型的企业组织模式（企业与企业之间的关系），以促使大型建筑业企业更具竞争力。

2003 年，**吴拯**根据传统产业组织理论，针对人们在建筑业经济地位上的认识误区，首先对支柱产业和主导产业进行了理论上的区分，并分析了我国建筑业的实际情况，认为建筑业充当现阶段国民经济的支柱产业在理论上和实践上是完全成立的，但其落后的技术体系显然不能使它成为带动产业结构走向高度化的主导产业。在对建筑业的市场结构、企业行为和市场绩效三方面进行了深入分析研究的基础上，作者认为要解决建筑业目前存在的问题，就必须采取高效的产业组织政策，在比较产业组织政策的目标取向后，认为中国建筑业目前应当借鉴并实施效率型产业组织政策，实现有效竞争的市场格局。

陈秋菊在建筑业对我国经济增长的贡献研究中，综合运用产业经济学、发展经济学及数量经济学的基本理论和方法，分析我国建筑业的发展过程、现状及在我国国民经济中的地位，通过对照支柱产业的九个标志，证明了我国建筑业正处于支柱产业的地位，并进一步阐述了加入 WTO 后，建筑业对我国经济增长的影响。提出入世后我们应如何抓住机遇，采取相应对策。

2003 年，**陈利**在建筑业在国民经济中的地位和作用——从投入产出分析看建筑业一文中，从投入产出的角度来分析建筑业在国民经济中的地位和作用。通过对 1997 年国民经济投入产出表中建筑业的分析，得出建筑业完全消耗系数为 2.01332，其前后关联度大，对其他行业的拉动作用大；同时建筑业影响力系数大于 1，而感应度系数小于 1，说明它对其他行业的影响作用大，而对其他行业的依赖性小；并且建筑业总产值占社会总产值的 8.70%，在国民经济中占据了较大的份额。这些分析数据充分表明了建筑业在经济结构和产业结构中具有重要的地位。

2003 年，**金维兴、陆歆弘**在中国建筑业成长发展轨迹与经济增长方式研究中，在对建筑业的成长一般规律进行理论分析的基础上，利用 34 个处于不同发展时期国家的横断面数据，回归模拟出建筑业增加值在 GDP 中所占比重与人均 GDP 的关系，结果发现：建筑业增加值在 GDP 中的比重随人均 GDP 增长而呈现三次曲线关系，先上升，后下降，然后随人均 GDP 增长还有可能继续上升；第一次达到的正常情况顶点位置的产值比重（产业增加值/GDP）为 7.28%，中国建筑业正处在向这一顶点攀升的过程中。这一多国横向研究结果弥补了纵向研究的长期数据不足性，同时也揭示了建筑业的长期发展趋势和规律，为建筑业长期产业预测和产业规划、产业评价等提供了新的工具和依据。

2004 年，复旦大学**童继生**从中国建筑业产业的现状着手，明确了中国建筑业产业国际化发展的战略地位，分析了国际化发展的战略环境，进而就进行战略选择、战略实施和战略延伸等方面做了深入研究，同时各个部分都渗透着东方管理智慧，较完整地提出了中国建筑产业"跨越式"的国际化发展战略。

金维兴、唐晓灵、张建儒等通过分析建筑经济活动组织形式对应用技术创新的障碍因素，以及建筑技术创新与新材料、新设备和IT技术的密切关系，提出了建筑业技术创新体制应具备的三项基本功能，并就有关政府部门的职能和建筑业产、学、研各方在技术创新中的分工协作关系提出了具体的建议，进而以权益为核心讨论了建筑业技术创新的机制与动力。

2001年刘永平在《建筑业技术创新障碍分析》中认为，建筑业的技术主要有明显的技术外生性质即建筑业创新技术的外在导入特性，在创新能力形成方面，目前中国建筑业广泛采用的低层次、不连续的明示性知识导入模式是导致建筑企业创新能力低下和技术雷同化的主要原因。研究避开了传统上对离散的创新障碍要素的调查分析方法，应用产业组织理论对影响技术创新的产业市场障碍进行了系统的探讨，指出了目前影响建筑业进行技术创新的障碍主要为建筑产业的市场结构障碍、企业制度行为障碍和经济绩效障碍，并提出了克服相关障碍的政策建议。

2004年，何云锋在中国建筑业技术创新体系研究中，深入研究分析了建筑技术的本质、发展趋势和建筑技术体系的构成要素以及中国建筑技术创新的障碍，并建立了由三个层次组成的建筑业技术创新体系模型，其核心层由建筑企业、建筑类科研院所、大学、建筑业技术开发基地、中介组织和培训机构六个部分组成；中间层由政府、金融体系、其他产业和历史文化传统四个部分组成；外层是国际经济技术环境。并由此提出了中国建筑业可以遵循的技术创新战略，即采用"监测—引进—消化吸收—创新—扩散"模式尽快提升中国建筑业的技术水平。

肖斌在建筑业管理体制创新研究中，讨论了建筑业管理体制创新的原因、背景和动力，并在比较研究国外建筑业管理体制的基础上，探讨了对我国体制创新的启示。提出了我国建筑业管理体制创新的基本思路，阐述了以制度创新带动体制创新和按照WTO规则进行制度创新的创新理论。在此基础上，提出了建筑业管理体制创新的对策措施，针对建筑业管理体制特点，构建了建筑行业管理理念创新、建筑工程造价管理体制创新和政府投资工程管理体制创新的对策措施。

马军在中国建筑业管理信息化及其发展策略研究中，从信息化对建筑业发展的影响和作用出发，通过对我国建筑行业进行技术经济分析，提出了以"一个思想、一组理论与方法、一个框架、一组工具与平台、一个实施途径、一组标准与规范、一个评价体系、一批关键技术"为核心的建筑业管理信息化整体解决方案——EITS。

在竞争力概念引入我国后，从事建筑业产业研究的专家学者对我国建筑业产业竞争力和建筑业企业竞争力进行了一些研究，主要研究进展状况分述如下：

贡景珉、成虎对中国建筑业产业进行了国际比较优势分析，认为影响我国建筑业产业竞争力的因素指标包括劳动力成本与劳动生产率、产业组织结构和技术素质。

刘长滨、吴增玉从"入世"后我国将进一步开放建筑市场的角度，对我国建筑业的国际竞争力进行了分析，内容涉及我国建筑业国际市场占有率分析、建筑业经济效益和劳动效率分析。

刘猛从过度竞争、行业壁垒以及政策援助角度，运用现代产业组织理论分析了我国建筑市场的竞争状况。主要涉及建筑业的产业集中度、企业进入状况、市场绩效和企业竞争行为等方面。

赖熹、关柯通过对大型建筑业企业的国际竞争力评价指标体系进行研究，认为大型国际承包商的国际竞争力的影响因素应包括市场竞争能力、人力资源管理能力、技术创新能力、资金运营能力、组织能力以及提高企业形象的能力。他们采用模糊综合评价方法进行了评价，并针对权重确定过程中的模糊和不确定性，采用了改进的模糊层次分析法。

在建设部资助下，**申立银、谭永涛、李启明**等以"21世纪建筑企业综合竞争力评价指标系统研究"为题进行研究，提出了在中国建筑市场环境下中国建筑企业核心竞争力参数模型，此层次模型由六个方面组成：即社会影响力、技术能力、工程管理能力、市场开拓与营销能力、融资与财务能力以及资源管理能力。

邢艳芳等在分析影响建筑业企业竞争力的因素的基础上，给出了建筑业企业竞争力综合评价的指标体系和评价方法，提出了提高建筑企业竞争力的途径。其观点是在市场竞争中，企业首先是生存，在生存的基础上才能求发展。因此，他们认为评价指标应分为两大部分，即生存能力指标和发展能力指标。生存能力指标包括企业人均资金装备水平、建筑施工装备的先进程度、企业建筑产品的销售率、企业建筑产品的市场占有率、企业建筑产品的价格系数、企业内部管理水平以及企业外部协作水平；建筑企业发展能力指标包括企业利润增长率、资金利润率、技术开发费比重、技术开发人员比重、战略性建筑产品的品种数、企业自有资金增值率以及企业固定资产增值率。

吕文学在分析建筑市场竞争机制的基础上，运用 Porter 的价值链模型，分析了建筑企业竞争力与价值链和价值系统的协同作用，并建立了建筑企业竞争力的指标体系及系统评价方法，提出了提升建筑企业竞争力的动态战略管理方法。

综上所述，本文认为对于产业竞争力的研究体系应该包括，产业竞争力的效果分析、产业竞争力的驱动力分析以及产业竞争力的提升对策研究三个方面，这三方面的研究是从整体的观点和系统的思想出发构成了产业竞争力的研究体系。但是，从以上我国学者的研究可以看出，大部分研究成果是对整个产业竞争力的点上的、企业层面的问题进行分析与研究，从宏观层面上立足于系统的思想及理论与方法研究整个产业的竞争力问题还显得不足。以上学者的研究成果归纳如下：

对于建筑业竞争力效果分析的研究有：**刘长滨、吴增玉，刘猛**等；对于建筑业产业竞争力的驱动力分析研究有：**贡景珉、成虎，赖熹、关柯，申立银、谭永涛、李启明，邢艳芳**等。这些成果大多基于评价指标体系的分析研究，对于如何提升建筑业产业竞争力的路径与对策研究相对较少，而且目前大部分建筑业竞争力的研究主要局限于企业层面。

本文研究从系统的思想及产业竞争力研究的体系出发，从国民经济体系的构成层面，运用投入产出原理与分析技术，系统研究建筑业产业竞争力的效果、驱动力以及提升对策，从而为进一步全面、系统、科学研究产业竞争力提供新的路径与方法。

1.4 论文研究的内容、思路与方法

1. 研究范围界定

对建筑业概念的研究，不仅涉及建筑业本身的目标和范围，还涉及建筑业与其它经济部门之间的关系。在国民经济核算体系、《全部经济活动的国际标准产业分类》（ISIC, International Standard Industrial Classification of all Economic Activities）和《中心产品分类》（CPC, Central Product Classification）等体系和标准中，可以发现"狭义建筑业"和"广义建筑业"两种不同的分类方法。通过世界贸易组织（WTO）关于建筑服务贸易的分类，可以进一步了解建筑产品和建筑服务的联系与区别。

按照传统的统计分类,建筑业主要包括建筑产品的生产(即施工)活动,因而是狭义的建筑业;广义的建筑业则涵盖了建筑产品的生产以及与建筑生产有关的所有的服务内容,包括规划、勘察、设计、建筑材料与成品及半成品的生产、施工及安装,建成环境的运营、维护及管理,以及相关的咨询和中介服务等等,这反映了建筑业真实的经济活动空间(Seaden and Manseau, 2001)。

我国 2002 年颁布的《国民经济行业分类》国家标准（GB/T4754—2002），按照国际通行的经济活动同质性原则，对 1994 年标准中与该原则不相符的内容进行了调整。经过调整与修改后的新标准共有 20 个行业门类，95 个行业大类，396 个行业中类和 913 个行业小类。增减相抵后，比 1994 年的标准新增加了 4 个门类、3 个大类、28 个中类、67 个小类，基本上能够反映我国目前的行业结构状况。分类标准如表 1-3 所示。

国家统计局于 2003 年 5 月颁布的新制定的《三次产业划分规定》，从当年的统计年报开始按新的划分方法进行有关统计。此次划分规定是在《国民经济行业分类》（GB/T4754—2002）国家标准的基础上制定的。如表 1-3 所示，经过调整后，共有行业门类 20 个，行业大类 95 个。该标准把建筑业划为第二产业，建筑业的

范围比 1994 年的标准还要窄，显然是"狭义建筑业"。该标准把工程管理服务、工程勘察设计、规划管理等相关服务列在"科学研究、技术服务和地质勘察业"门类的"专门技术服务业"大类中。这样划分的目的是为了进行统计，而不是为了行业管理。

国民经济行业分类国家标准（GB/T4754—2002）中有关建筑业的内容

表 1-3

三次产业分类类别	门 类	大 类
第一产业	A 农、林、牧、渔业	
第二产业	B 采矿业	
	C 制造业	
	D 电力、燃气及水的生产和供应业	
	E 建筑业	47 房屋和土木工程建筑业
		48 建筑安装业
		49 建筑装饰业
		50 其他建筑业
第三产业	F 交通运输、仓储和邮政业	
	G 信息传输、计算机服务和软件业	
	H 批发和零售业	
	I 住宿和餐饮业	
	J 金融业	
	K 房地产业	
	L 租赁和商务服务业	
	M 科学研究、技术服务和地质勘察业	
	N 水利、环境和公共设施管理业	
	O 居民服务和其他服务业	
	P 教育	
	Q 卫生、社会保障和社会福利业	
	R 文化、体育和娱乐业	
	S 公共管理和社会组织	
	T 国际组织	

本文研究立足广义建筑业的思维方式，力图使其对当前状况下的建筑业及其相关产业均具有一定的参考价值。但是，由于本文研究所采用的数据均来自有关的统计年鉴，因此建筑业的研究范围应与统计年鉴的范围保持一致。

2. 论文研究的主要内容

首先，通过分析研究中国建筑业的现状与普遍存在的问题，提出目前中国建筑业产业竞争力不强这一突出问题，为论文的研究切入点界定了问题导向和研究方向。

其次，运用投入产出技术对建筑业在国民经济各行业的竞争定位进行详细的分析。通过建立建筑业投入产出基本模型，分析建筑业总产值和增加值、建筑业的初始投入和最终需求的国民经济影响分析以及建筑设施占用对国民经济的影响，及建筑业与相关产业进行关联效应分析，在此基础上，运用 FAHP（模糊层次分析法）核算中国建筑业产业竞争力指数。

第三，对影响中国建筑业产业竞争力的因素体系进行分析和研究。首先分析研究国内外对于产业竞争力评价指标体系，并对国内外产业竞争力指标评价体系的运用现状进行研究，确定建筑业产业竞争力指标体系构建的原则与方法，从而构建中国建筑业产业竞争力的影响因素体系，运用系统的思想和系统工程中的解释结构模型 ISM（Interpretative Structral Modelling Method）和模糊层次分析法 FAHP（Fuzzy Analytic Hierarchy Process）确定影响中国建筑业产业竞争力的关键因素，从而为后期的建筑业产业竞争力的成长性分析奠定基础。

第四，在核算中国建筑业产业竞争力指数以及确定影响中国建筑业产业竞争力关键影响因素的基础上，运用灰色理论的 GM（1.1）模型，构建中国建筑业产业竞争力成长模型，并对模型的预测结果进行深入分析，研究中国建筑业竞争力成长的动力与途径。

在以上分析与研究的基础上，结合中国建筑业产业竞争力影响因素与成长预测，提出提升中国建筑业产业竞争力的途径与对策建议。在论文的最后，得出论文研究的主要结论和进一步研究所要解决的问题。

3. 论文研究内容的结构框架（见图1-1）

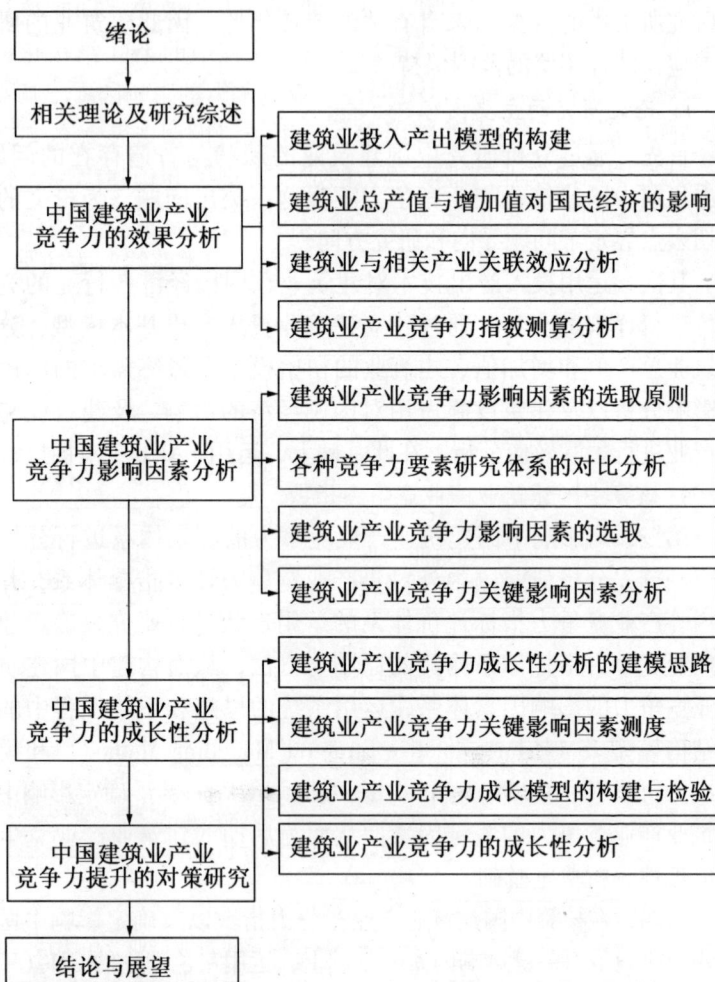

```
绪论
  │
相关理论及研究综述
  │
中国建筑业产业       ├─ 建筑业投入产出模型的构建
竞争力的效果分析      ├─ 建筑业总产值与增加值对国民经济的影响
                   ├─ 建筑业与相关产业关联效应分析
                   └─ 建筑业产业竞争力指数测算分析
  │
中国建筑业产业       ├─ 建筑业产业竞争力影响因素的选取原则
竞争力影响因素分析     ├─ 各种竞争力要素研究体系的对比分析
                   ├─ 建筑业产业竞争力影响因素的选取
                   └─ 建筑业产业竞争力关键影响因素分析
  │
中国建筑业产业       ├─ 建筑业产业竞争力成长性分析的建模思路
竞争力的成长性分析     ├─ 建筑业产业竞争力关键影响因素测度
                   ├─ 建筑业产业竞争力成长模型的构建与检验
                   └─ 建筑业产业竞争力的成长性分析
  │
中国建筑业产业
竞争力提升的对策研究
  │
结论与展望
```

图1-1　论文研究内容结构框架图

4. 论文研究的技术路线与方法

本文运用比较研究以及归纳、演绎的方法，对产业竞争力理论、模型以及已有的研究成果进行系统梳理与对比分析，从而为本文研究提供理论和方法上的支撑；利用投入产出分析技术以及模糊层次分析法研究中国建筑业产业竞争力的效果，同时核算出中国建筑业产业竞争力指数；运用系统工程中的 ISM 结构化模型以及 FAHP 分析法研究中国建筑业产业竞争力的影响因素，从而构建影响因素体系并确定关键因素；运用灰色模型以及灰色关联分析，研究中国建筑业产业竞争力的成长方向，并构建中国建筑业产业竞争力的成长模型和预测竞争力发展趋势，最后给出相应的提升产业竞争力的对策与建议。本文研究的技术路线与方法如图 1 -2 所示。

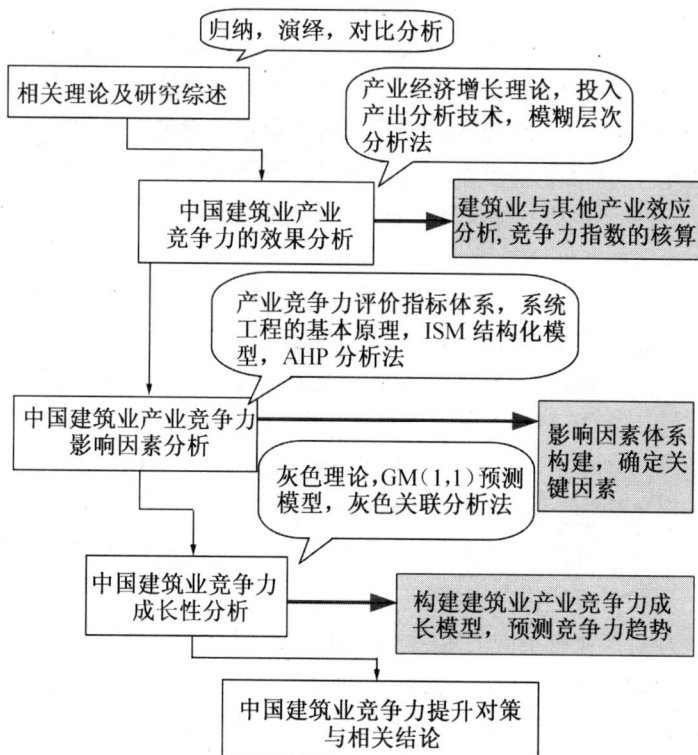

图 1-2　论文研究的技术路线与方法

2 产业竞争力的理论解释与研究方法

2.1 产业与产业竞争力的界定

1. 产业概念界定

在产业竞争力研究中,"产业"的概念不宜定义得过于宽泛,应将其界定为易于进行同类比较的对象。一般来说,从产出的角度,可以将产业定义为同类产品及其可替代产品的集合;从生产的角度出发,可以将产业定义为同类产品及其可替代产品的生产活动的集合;从经济实体的角度出发,可以将产业定义为生产经营同类产品及其可替代产品的企业的集合。显然,不管从什么角度来界定"产业",最基本的内涵是"同类企业或产品的总和"。

我国产业经济学著名学者杨治认为,产业组织理论中的"产业"是指生产同一类商品(严格地说,就是生产具有密切替代关系的商品)的生产者在同一市场上的集合。亚当·弗格森(Adam Ferguson, 1998)认为,产业是由具有紧密替代性的产品组成的,这种紧密替代性是从供应者的观点(或产品供应方)来分析的。美国经济学家小贾尔斯·伯吉斯(Burgess, Jr. G. H.)提出,产业以生产为特征,而市场以交换为特征。产业可以由一组生产者生产特定产品时所使用的技术和原材料来定义,而市场可以由能满足一群购买者的特定需要的产品来定义。

与对产业有不同的定义相联系,学者们对产业组织的概念也有不同的理解,如一些学者认为,产业组织是企业市场关系的总和,包括市场结构、市场行为和市场绩效三个方面。有的学者认为,所谓产业组织,是指同一产业内的企业关系结构。这种企业之间的关系主要包括:交易关系、资源占用关系、利益关系和行为关系[39]。有的学者则认为产业是指生产同一类商品的生产者在同一市场上的集合,这些生产者之间的相互关系结构就是所谓产业组织[40]。

本文认为,从产业本质的角度出发,产业不外乎是具有相同生产技术或产品特性的企业的集合。它既不同于单个企业的经济行为,不以单个经济主体(如单个厂商或企业、单个产品市场、作为消费者的单个家庭)为研究对象,进行微观层面的个量分析,也不同于经济总量的变化及变化规律,虽然某一产业的发展变化会给经济总量带来一定的影响,但却不能代表经济总量的变化,产业应是介于单个经济主体(即企业层面、消费者家庭)和国民经济总量层面的中观层次(参见图 2-1)。

2. 竞争力概念界定

竞争力存在的前提是竞争,没有竞争,就不可能有竞争力。著名的《新帕尔格雷夫经济学大辞典》对"竞争"的解释是:"竞争系个人(或集团)间的角逐;凡两方或多方力图取得并非各方均能获得的某些东西时,就会有竞争。竞争至少与人类历史同样悠久,所以达尔文(Darwin)从经济学家马尔萨斯(Malthus)那里借用了这一概念,并像经济学家用于人的行为那样,将它应用于自然物种。"

竞争是市场经济的灵魂,正是由于竞争的需要,所以自古以来各竞争主体都会采取各种手段寻求自己的竞争优势,竞争力也就由此产生了。竞争力的应用范围很广,既有经济的,也有政治的,既有组织的,也有个人的,等等。这里所指的竞争力仅仅是经济竞争力。然而,究竟什么叫"竞争力",对此至今学术界尚无统一的认识。

目前,绝大多数学者都把竞争力与具体的国家、产业、企业和产品结合起来进行定义。如 IMD(瑞士国际管理开发学院)认为:竞争力是国家能创造附加值的一种能力,亦即国家借着经营原有的资产,透过制度、吸引力和积极的整合关系,形成自我的经济、社会模式,来增加财富;迈克尔·波特把竞争力定义为国家为产业发展创造"商业环境"的能力[41];台湾地区学者肖志国认为:"竞争力就是厂商长期的获利能力";另一台湾地区学者游启聪认为:"竞争力是多项价值成本比指标的总和"。大陆学者樊纲认为:"竞争力指的是一国商品在国际市场上所处的地位",并认为，"竞争力的概念最终可以理解为'成本'概念。"真正从一般意义上定义竞争力的还是 WEF（世界经济论坛）和 IMD 于 20世纪 80 年代共同提出的竞争力方程，这就是："竞争力 = 竞争力资产 × 竞争力过程"。所谓"资产"是指固有的（如自然资源）或创造的（如基础设施），所谓"过程"是指将资产转化为经济结果（如通过制造），然后通过国际化（在国际市场测量的结果）所产生出来的竞争力。本文认为，这一定义具有理论高度，可用文字表述为：竞争力是指竞争主体把其所具有的竞争力资产（各种现实资源）转化（竞争力过程）为强于竞争对手的优势和能力。

3. 产业竞争力概念界定

产业竞争力是指某一产业范围内各个企业的合成竞争力，但决不是各个企业竞争力的简单叠加。实际上，产业竞争力更多的是各个企业的关系协调力。在产业竞争力中包含有两方面关系：一方面，企业本身是一个个独立的经济实体，企业与企业之间各自都有自己的打算，相互之间还可能存在着激烈的竞争，他们并不是一个"一致对外"、共同铸造竞争力的联合阵线。只有在企业能够意识到共同利益，为了合理的竞争秩序或者对付国外竞争者时，才产生联合。另一方面，企业之间的有序竞争、相互模仿、技术交流、专业化分工协作的关系，以及在对付国外竞争者时的协调行动，都是推动一国产业竞争力的努力。综合这两方面来看，对于一个企业，提高产业竞争力，既不完全是自己的事，又不是与己无关的事。而对于大企业，特别是对本部门、本行业举足轻重的企业集团，提高本国在该领域的产业竞争力，与企业集团自身的发展更为密切相关。

产业竞争力是一种选择性竞争力，体现在本国企业对该产业发展前沿的市场、技术和其他经济资源的掌握上。在国际分工与国际竞争发展的背景下，任何一国的企业都难以在一个产业中处处领先于其他国家的企业，各有所长、各有所短是必然的。能够在世界经济中占有最大优势者，不在于能够生产最多的产品或者在某些生产环节上占有优势，而在于技术最尖端的商品占有优势，在最能体现最高水平的技术、管理的环节上占有优势。

与产业竞争力相联系的，是一国在某一产业中各类企业的竞争能力符合以下要求：①产业总体规模能适应世界产业结构的发展大趋势。②产品结构能根据世界技术水平不断调整、优化。③产业活动能合理在不同地区或企业类型中得到集中。④重大科技开发项目能商品化、产业化。有了这样的努力，中国的民族经济力量才能够在国际市场上有更多的产品具有持续的、长久的、有后劲的竞争力。

产业是同类企业或产品的总和[39]。竞争关系既体现在相互具有替代性的主体或产品之间，也体现在不同产业之间。所以，在研究产业竞争力时，既可以考虑一国的某一产业同其他国家的同一产业之间的比较，也可研究一国不同产业之间的竞争力比较问题。也就是说，从第一种角度研究产业竞争力问题，产业竞争力就是一国的某一产业能够比其他国家的同类产业更有效地向市场提供产品或服务的综合能力。而从第二种角度研究产业竞争力问题，产业竞争力就是一国的某一产业比其他产业更有效地向市场提供产品或服务的综合能力。产业竞争力可以直观定义为一国产业及各个产业领域在国际经济生活中的竞争能力，是不同国家在同一个产业领域国际竞争中所表现出的竞争能力[40]。

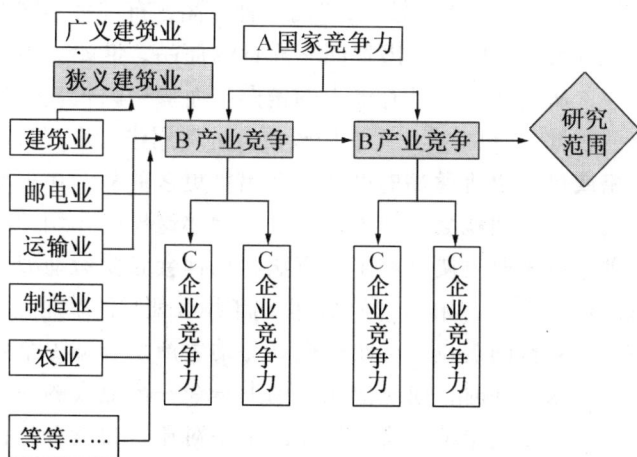

图 2-1　论文研究范围的界定

本文所研究的产业竞争力的范围界定为后一种，即在国民经济的多产业领域中，建筑业产业竞争力较其他产业的竞争优势。对于国家之间的竞争力比较问题，本文不作研究。本文研究定位如图2-1所示。

2.2 产业竞争力的理论解释

2.2.1 经济学对产业竞争力的理论解释

1. 马克思主义经典著作对竞争力的解释

马克思和恩格斯在分析商品经济的资本主义再生产过程中，大量论述了竞争与商品交换及市场的联系，竞争在价值规律决定和商品生产者相互关系中的作用，从而揭示了劳动生产率是竞争力最基本的来源这一客观真理，为有关竞争力研究的发展奠定了初步的、科学的基础，并具有普遍的指导意义。

马克思将竞争力看作是供求双方较量所表现出的一种关系。他认为，"买主和卖主之间的竞争即是一种供求关系[42]"，这种供求关系的实现，就决定了竞争的胜负，产生了供求较量的结果。这种较量，首先是价格的较量，"同一种商品，有许多不同的卖主供应，谁以最便宜的价格出卖同一质量的商品，谁就应当会战胜其他卖主，从而保证自己有最大的销路。而价格的较量，又是生产成本的较量，"只要有一个人用较便宜的费用进行生产，用低于市场价格或价值出售商品的办法，能出售更多商品，在市场上夺取更多的地盘，他就会这样做，并且开始起这样的作用，即逐渐迫使其他人也采取更便宜的生产方法，把社会必要劳动减少到新的更低的标准。[43]" 由此，马克思提出了用较便宜的费用进行生产是减少劳动耗费的观点，从而把提高劳动生产率与减少个别劳动耗费联系起来。同时，他还把在市场上争夺一个更大的地盘作为商品生产者加强竞争的标志，从而给出了对竞争力具有分析意义的两个评价指标：劳动生产率和市场占有率。

马克思的竞争力研究从产业内部出发，把竞争力界定为较高的劳动生产率，忽略了市场因素以及环境因素对竞争力的影响，对于目前市场经济的发展和市场环境的变化研究较少，但是对于从行业或者产业内部提升产业竞争力，从较高的层面上给出了提升产业竞争力的思路。

2. 一般微观经济学对竞争力的解释

在微观经济学分析中，通常假定相互竞争的企业所生产和销售的产品或服务是完全相同的，这样，价格高低就成为市场占有率的决定因素[46]。为了解释这种企业成本差别导致的价格不同，经济学引入了企业差异性的条件，假设企业之间存在由分工和专业化所产生的差别，亚当·斯密（Adam Smith）最早深入论证了分工对提高劳动生产率的作用。从分工和专业化的逻辑推演，可以假设企业之间会存在规模差别，由此一些企业（通常是假定规模较大的企业）会比另一些企业（通常是假定规模较小的企业）的单位生产成本更低，因而竞争力也就越强。

如果放松产品完全相同的假设前提，假定相互竞争的企业所生产和销售的产品或服务虽然在类别上是相同的，因而具有替代性，但不同企业所生产和销售的产品或服务又是有差别的。也就是说，此时的产品或服务，一方面具有同质性和替代性，因而才可以讨论不同企业之间的竞争和竞争力，另一方面，又具有异质性（质量、功能、品种等方面的差异）[48]。异质性越强，替代性越弱，竞争性也越小。所以，从经济学的理论上把握产品差异性对竞争力的影响，实际上就是在产品的同质性和异质性之间，以及替代性和非替代性之间，作一个程度适当的假设，即假设产品在多大程度上是同质的，在多大程度上是异质的。此时，产品的差异性是决定竞争力的主要因素，影响产品差异性的各种因素就成为决定竞争力强弱的重要力量。

亚当·斯密从技术分工演化的产品差异角度出发，认为竞争力的源泉来自于产品的独特性和不可替代性，但是随着技术的进步和社会的发展，产品的独特性与异质性越来越弱，所以单独从研究产品差异性的思路出发已不能适应当今社会的快速发展[49]，并且从产业竞争力研究的思路出发，产品以及服务的差异性也已不能适应社会的发展，所以亚当·斯密的产品差异竞争力在目前产业竞争力的研究中有相当的局限性。而且，微观经济学对于竞争力的解释是基于市场完全竞争的基础上提出的，对于产业竞争力的研究只能是一种理想状态，所以此类研究只能是从理论上给出了研究产业竞争力的框架。

3. 产业组织经济学对竞争力的解释

在微观经济学中，如果以完全竞争为假设前提，则经济学对竞争力的解释受到很大的局限。经济学的研究成果显示，不完全竞争是企业获得长期利润和持续竞争优势的重要来源，也就是说，竞争力经济学是不完全竞争市场的产物。于是，以各种不完全竞争条件下的市场结构、厂商行为和市场绩效为研究对象的产业组织经济学，就成为了解释产业和企业竞争力的源泉的重要工具。应该说，在经济学的各个分支学科中，产业组织经济学对竞争力的解释作用是最强的。

产业组织经济学使竞争力研究的基本假设条件从匀质性市场转变为非匀质性市场，即整个市场划分为各种具有各自结构特征的"产业"。企业在各个"产业"之间流动可能会遇到程度不同的障碍（进入壁垒和退出壁垒），而导致"产业"结构差异和企业在"产业"间转移障碍的重要原因之一是企业的规模不同和同类产品之间的差异性，因而形成不同"产业"的不同的"市场结构"类型[50]。

产业组织经济学从不完全的市场竞争出发，对整个或者单一产业的研究，从而展现了产业竞争力的源泉，进一步为分析产业竞争力的影响因素指标体系给出了理论依据[51]。本文基于产业的竞争力研究，主要是以产业组织经济学为理论研究背景。

以贝恩为代表提出的"结构—行为—绩效"（SCP）分析范式，把外生的产业组织结构特征——规模经济看作是企业长期赢利的来源。按照这个范式，市场结构取决于一个产业的基本条件，如技术和需求弹性。20 世纪 70 年代出现的新产业组织理论（NIO）与 SCP 范式注重实证研究不同，它侧重运用博弈论来分析市场中多个企业之间的相互影响。SCP 范式中，市场结构决定企业行为，市场结构则取决于集中度、产品差异、进入壁垒等外生变量。而注重均衡分析的 NIO 理论将技术和需求性质也视为决定市场结构的因素，着重分析企业策略行为及其对竞争对手策略的反应。

产业组织经济学对竞争力的解释框架，是将 SCP 范式和 NIO 进行了综合，是对竞争力这个复杂问题进行简化的结果。这种简化是经济学分析现实世界的基本方法，只有去除掉无关紧要的细枝末节，才有希望获得对竞争力这个复杂概念及其源泉的真正理解。

4. 国际经济学/区域经济学对竞争力的解释

一般微观经济学和产业组织经济学的分析都是假定所有的产品是在一个无差异的市场空间中生产和销售的，也就是假定市场空间没有任何分界和分割。但实际上市场是分为不同的地区和国家的，即这一假定需要放松，需引入新的假设条件，如国家之间有关税，不同的国家使用不同的货币，地区之间存在区位和要素差异等。这样，对竞争力的分析就进入了国际经济学和区域经济学的领域，反映空间差异的因素，如"绝对成本优势"、"比较成本优势"等，就成为竞争力的重要影响要素或条件[52]。

古典贸易理论从各国劳动生产率和资源禀赋差异的角度揭示了国际贸易产生的动因，而这两种差异正是产业国际竞争力的直接来源。从亚当·斯密（Adam Smith）的绝对优势概念，到大卫·李嘉图（David Ricardo）的比较优势概念，以及赫克歇尔（Heckscher）和俄林（Ohlin）的要素禀赋论，实际上都包含了竞争力来源问题。

新古典贸易理论关于要素成本优势决定国际竞争力的解释有相当的适用意义，但随着国际分工的深化和国际竞争的不断加剧，在当代世界经济中，它已很难解释许多贸易现象，如产业内双向贸易和跨国企业内部贸易，特别是它的许多假定条件缺乏现实性。在科学技术不断发展的当代经济中，传统的要素成本优势已愈来愈暴露出其局限性。规模经济和产品周期等一些新的国际贸易理论在一定程度上或在某些方面弥补了新古典理论的不足，但它们都没有回答为什么一个国家能在某一个行业中保持竞争优势，而另一国则不能。

国际经济学和区域经济学的研究领域和范畴是基于不同国家，不同地区之间的差异进行分析研究，实质上是强调了无论对于国家或者产业，甚至于企业来讲，资源禀赋的重要性。本文的研究范畴界定为中国建筑业产业竞争力的分析，实际也包含了由于国家的差异从而导致产业的差异，所以本文在对影响产业竞争力因素的选取，主要强调对产业特色、中国现有经济环境导致的产业变化的研究。

5. 企业经济学/管理经济学对竞争力的解释

无论是一般微观经济学、产业组织经济学、国际经济学，还是区域经济学及区位经济学，都仍然难以解释：为什么即使各方面的条件都相同，仍然会有些企业竞争力强，有些企业竞争力弱？如果说有些企业成功是因为它们拥有某些有利的条件，那么为什么这些企业能够拥有这些有利条件呢？所以，对竞争力的研究就必须深入到企业内部，剖析企业的内部结构。这时，企业不再是一个"原子"或"黑箱"，而是一个个具有不同的内部结构和行为特征的有机体。这样，对竞争力的研究就进入了企业经济学或管理经济学的领域，即运用经济学的方法分析内部结构和关系，运用管理学的方法研究企业组织和行为。人们可以研究和分析：企业组织、企业战略、企业家的行为等影响企业成败和竞争力强弱的因素。

在这里，企业不再被假定为同质和严格按经济人理性进行决策和活动的最小经济单位，而被假定为具有复杂内部结构、决策和行为差异显著的有机体。在这样的理论假设条件下，才可以讨论所谓企业的"核心能力"、"企业理念"、"企业家精神"等导致企业间差异的因素。

与传统主流经济学假定企业是同质所不同的是，企业管理学承认每个企业组织的差异性，进而研究一个具体的企业组织生存和发展中所面临的各种管理问题。由于企业竞争力概念过于复杂，几乎涉及到企业成功的所有重要因素，因此，难以被纳入到经济学的理论框架中。但企业管理学则不同，从古典战略管理理论的企业优势、劣势、机会、威胁分析框架，到波特的五种竞争力量分析模式，企业管理学自然而然地引入了企业竞争优势的概念。

企业管理学或者管理经济学从企业层面分析相同条件下的企业差异，此类研究对于本文研究制定相关产业竞争力提升的对策提供了方法和思路。

6. 新制度经济学对竞争力的解释

近年来，新制度经济学派取得了巨大的研究成果，在对产业竞争力的研究中，其中的代表人物是诺贝尔经济学奖得主道格拉斯·诺斯（Douglass C. North）以及另一位经济学家曼库尔·奥尔森（Mancur Olson）。新制度经济学强调了制度创新对于提高国家竞争力的重要性，认为应把目光转向一个社会如何从封建制度以及产权系统的漫长孕育过程中脱胎走向现代化阶段。一个有效率的经济组织在西欧发展正是西方兴起的原因。对一个国家而言，除非现存的经济组织是有效率的，否则经济增长不会简单地发生，即"有效率的经济组织"是经济增长的关键。要保持经济组织有效率，需要在制度上作出合理的安排，以造成一种刺激，将个人的经济努力变成私人收益率接近社会收益率的活动（所谓正当的经济活动）。进而，一国的竞争力归根结底与一国的制度安排有关。经济上成功的国家往往拥有各种各样的制度——即不同的法律和组织安排以及经济政策，而那些在经济上不那么成功的国家则缺少这些制度。道格拉斯·诺斯的新制度理论是在国家层面就如何提升竞争力从政策上给出了思路。新制度理论认为，一国竞争力的提高依赖于经济组织或政策制度的变革，然而对于高度市场化的经济时代，单纯从政策、法律制度的约束上不足以很好地解决竞争力的问题。但是，新制度理论的研究思路对于解决中国目前市场化程度不足的现实问题，对于引导产业的健康发展有相当的积极作用。

2.2.2 管理学对产业竞争力的理论解释

1. 创新理论对产业竞争力的解释

熊彼特（J. a. schumpeter）在1934年所著的《经济发展理论》

一书中提出了经济创新的概念，他认为："创新"是指"企业家实行对生产要素的新的结合"，它包括以下五种情况：（1）引入一种新的产品或提供一种产品的新质量；（2）采用一种新的生产方式；（3）开辟一个新的市场；（4）获得一种原料或半成品的新的供给来源；（5）实行一种新的企业组织形式。创新的产生离不开对知识和技术的投资。若是竞争对手无法迅速察觉新的竞争趋势，最先发明创新的企业可能因此改写彼此的竞争态势。新技术、客户新需求、新的产业环节、压低上游成本、政府法令规章的改变等都是造成竞争优势改变的因素[53]。

著名的管理学家迈克尔·波特（Michael E. Porter）教授也很看重创新在企业取得竞争优势时所扮演的角色。他所谓的创新不仅指技术上的改善，而且指做事方法的改进，比如新的促销方法、新的组织方式。一个企业在竞争对手没有觉察的情况下，首先采用创新观念，很可能由此而改变双方的竞争优势。波特认为，进入国际市场中进行竞争的企业，在创新时必须同时考虑国内市场的需求和国际市场的需求。如果企业过分拘泥于国内市场的需求，会损害其在国际市场上的竞争力，这主要是由于国际市场上的客户对产品的需求不同于国内市场上的客户对产品的需求。而且，专注于国内市场的厂商创新压力较小，创新的意愿也较弱。

创新理论在一定程度给出如何提升竞争力的途径，而且这种创新不再局限于技术上的创新和变革，对于观念，组织上的改革也属于创新范畴。然而，创新理论仅局限于研究企业层面的竞争力的提升，对于如何在产业层面提升竞争力显得研究不足。但是，创新理论的研究思路与研究方法，对于研究如何在产业层面上提升产业竞争力有相当的借鉴意义

2. 钻石体系理论对产业竞争力的解释

被誉为"竞争战略之父"的哈佛商学院终身教授迈克尔·波特（Michael E. Porter）把产业定义为生产直接相互竞争产品或服务的企业集合，提出了著名的产业国际竞争力"钻石体系"理论。他认为：一个国家的生产要素，需求条件，支援与相关产业，企业策略、结构与同业竞争，机会变数与政府等因素是国家竞争优

势的关键要素[54]。由于波特把上述要素罗列为类似钻石的菱形图形，所以也有人称其为"菱形理论"。

（1）生产要素，包括人力资源、自然资源、知识资源、资本资源、基础设施等。波特认为，充沛的天然资源是国家竞争优势的第一个关键要素。同时，他也承认，国家缺乏某些生产因素时，这种不利现象也可能转换成产业升级的动力与压力。

（2）需求条件，包括市场需求的结构、市场大小和成长速度、需求的质量、需求国际化的程度等各个方面。在波特看来，国内市场大小与国家竞争优势并没有必然的关系；相反，如果能激发企业竞争，抢先发展高级与精致的产品，领先国际市场声势，本国市场即使规模不大，照样可以形成产业的竞争优势。

（3）相关产业与支援产业的状况，包括纵向的支持（企业的上游产业在设备、零部件等方面的支持）和横向的支持（相似的企业在生产合作、信息共享等方面的支持）。产业能够体系化，不但有彼此拉拔效果，甚至能转换成其他国家无法仿效、也无可取代的竞争优势。

（4）企业策略、结构与同业竞争，包括企业的经营理念、经营目标、员工的工作动机、同行业中竞争对手的状况等方面。企业是创造国家财富的基本单位，企业也是民族性的展现。民族性格不同，企业经营与竞争的形态自然也会有所不同。

此外，政府和机遇是两个不可或缺的因素。机遇的来源可能是自然演化的，也可能是由一个偶然的事件促成，问题的关键在于如何去捕捉稍纵即失的机遇。另一项可变因素是政府。过分的干预和极度的放任是不可取的两个极端，合理的选择应该是以产业政策等方式适度的介入。

波特认为，由产业国际竞争力所决定的产业兴衰从根本上决定着一个国家的命运。在此基础上，波特把一国产业参与国际竞争过程分为要素驱动、投资驱动、创新驱动、财富驱动等四个阶段。他认为国家竞争优势的源泉在于各个产业中的企业的活力，他尤其关注企业的竞争优势。如果国家能为企业提供诸如此类的良好环境，产业生产力得以大幅度提高，国家也将连带受益，国力也会增加。为此，波特在《竞争优势》一书中提出了价值链概念，认为企业内各部门间若能连结为一链状机能，将提升产品价值，进而形成本身竞争力。在波特看来，并非价值链上的每一个环节都能创造价值，那些真正创造价值的经营活动，就是企业价值链的"战略环节"。

此种钻石体系的另一个效果是，国家很少只有一种具有竞争力的产业，钻石体系会创造出一个以有竞争力的产业为主的集群环境。一个有竞争力的产业会带动另一个产业的竞争力，彼此之间又进入相互强化的过程。日本电子产业的迅猛发展，带动了记忆芯片、集成电路的需求，进而形成半导体产业的壮大。一旦产业集群成型，整个产业群便开始相互提携，所带来的好处会朝前、后、水平方向流动。产业集群内令人意想不到的交互关系，会带来一些新的竞争方式与新机会的想法。

迈克尔·波特的国家竞争优势说到底是产业的竞争优势问题，竞争优势形成的关键在于能否使主导产业具有优势，分析问题应从产业入手，考察一个国家的经济、社会、政治等环境如何影响各个产业的竞争力。对于单一产业的竞争力研究，迈克尔·波特的理论没有给出确定的理论模型，但是对于产业竞争力的研究，却给出研究的思路，所以钻石体系对于研究单一产业的竞争力具有相当的借鉴作用。

3. 组织能力理论对产业竞争力的解释

崇尚"看得见的手"的美国管理史学家小艾尔弗雷德. D. 钱德勒（Al Fred. D. Chandler, JR.）认为，发展的主要动力是组织能力。钱德勒认为，组织能力是企业在历史的发展过程中，充分利用规模经济和范围经济获得的生产能力、营销能力和管理技能，是内部组织起来的物质设施和人的能力的集合[55]。根据钱德勒的研究，美国企业发展到一定的规模，就以四种方式不断扩大，即横向一体化、纵向一体化、开拓新市场和开发新产品。企业的长期投资产生了规模经济和范围经济，同时产生了庞大的组织结构。组织的能力来源于对三个方面的投资：一是大规模生产设备的投资，以使其能充分利用技术所具有的潜在的规模及范围经济；二是为配合大规模生产，对全国乃至国外的营销、流通网络的投资，以应对迅速增长的生产和销售的需要；三是对管理的投资，这不仅为了增强"监督"和"调节"这两个基本活动，而且还要为将来日益扩大的生产和流通制定计划、分配资源及培养具有领导作用的管理人才。

钱德勒的组织能力理论，来自于他对近代欧美企业管理史的实证研究。他认为，组织能力是组织保持其长期发展、维持优势的特征，这对研究如何持续发展有一定的指导意义。小艾尔弗雷德.D.钱德勒（Al Fred. D. Chandler, JR.）从组织的角度研究，为产业竞争力的成长性分析和政策建议从微观层面上给出了研究思路。

4. 核心能力理论对产业竞争力的解释

普拉哈德（Prahalad, C. K）和哈默（G. hamel）的核心能力理论认为，应当以最本质的东西来规定组织的内涵，这种本质的东西就是"能力"（Competence）。一个组织之所以具备强势竞争力或竞争优势，是因为其具有核心能力（Core Competence）。所谓核心能力[62]，他们认为"是组织中积累性学识，特别是关于如何协调不同生产技能和有机结合各种技术流派的学识"。核心能力是组织技术和技能的综合体现，是组织的整体能力，体现了组织的整体竞争力，是渗透在组织之中的能力，难以模仿，因而具有持久性，可能形成持续性竞争优势。为提高竞争力，维持竞争优势，组织应集中资源建立一个或几个核心能力，为长期稳定发展打下坚实基础。这一点对本文的研究具有很大的指导意义。核心能力理论可以概括为四个方面：

（1）组织本质上是一个能力的集合体。

（2）能力是对组织进行分析的基本单位。

（3）组织拥有的核心能力是保持长期竞争优势的源泉。

（4）积累、保持、运用核心能力是组织的长期根本性战略。

普拉哈德（Prahalad. C. K）和哈默（G. hamel）的核心能力理论是基于组织具有不可模仿的优势，从而培养、维持和提高竞争力，而这种基于组织优势的核心能力对于如何在微观组织层面提升竞争力具有很好的理论和参考价值，对于单一产业来讲，这种理论无法从更高层面上给出理论和研究方向，但是基于组成产业元素的企业竞争力的研究，可以为产业竞争力提升对策的实施给出相关的参考作用。

5. 基于流程的能力理论对产业竞争力的解释

波士顿咨询公司（Boston Consulting Group）的斯托克·伊文斯和舒尔曼认为，成功的组织极为注意行为方式，即生产能力的组织活动和业务流程，并把改善这些活动和流程作为首要的战略目标，组织成功的关键不仅仅在于核心能力[74]。每个组织都必须管理一些基本业务流程，每个流程都在创造价值，每个流程也都要求部门间协调配合。因此，尽管各个部门可能拥有自己的核心能力，但是关键还在于管理这些流程，使之成为竞争能力，管理者应把自己的管理重点放在这些能力的基本设施以及员工的培训上。组织为培养这种能力必须考虑以下四个原则：

（1）公司战略的基础不是产品和服务，而是业务流程。

（2）竞争的成功取决于将公司的关键流程转换为能为顾客提供较高价值的战略能力。

（3）公司通过对支持性基本设施作为战略性投资来获得这些能力，这些设施连接传统的战略经营单位和部门，并超越了这些单位和部门。

（4）组织最高管理者来协调部门。

作为在咨询公司任职的斯托克·伊文斯和舒尔曼来讲，他们的研究定位在为企业解决发展中的实际问题，所以基于流程的能力理论旨在改造企业内部的管理、组织、控制以及业务流程的改造，从而从底层或者企业内部提升企业竞争力，所以此类竞争力的理论研究还是定位在企业微观层面，对于如何提升企业竞争力从而提升整个产业层面提升竞争力，此类理论未做翔实可靠的分析研究。

2.3 产业竞争力评价方法研究综述

2001 年 11 月中国正式加入世界贸易组织，使中国的产业竞争力进一步成为国内学术界、产业界乃至整个世界关注的焦点，针对产业竞争力的研究也颇多。本文对于目前国内外主要的研究成果进行述评，以便为建立新的评价方法提供参考。

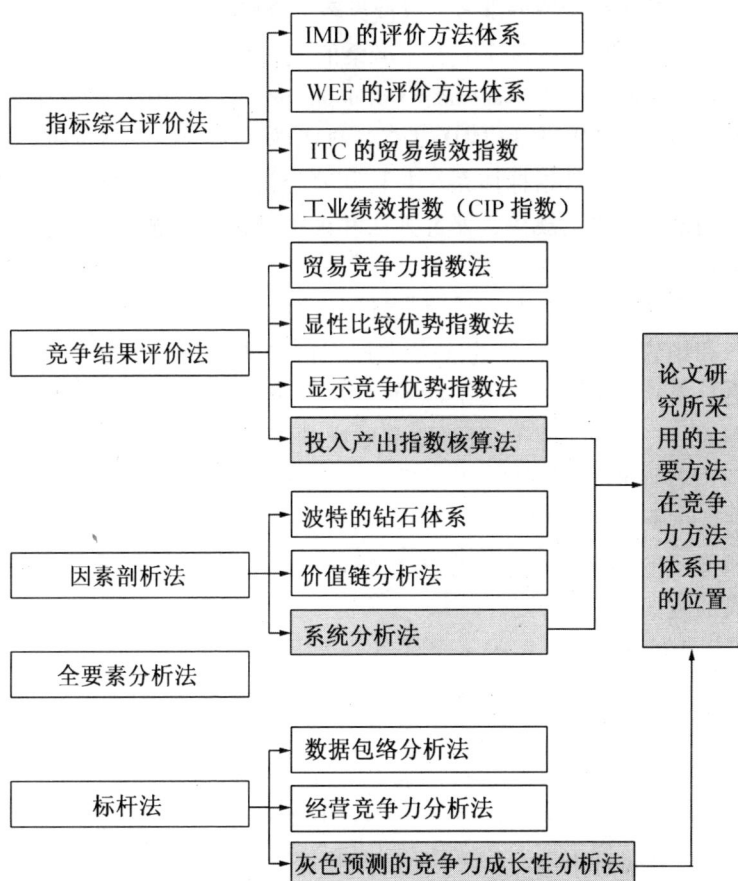

图2-2　产业竞争力研究方法体系

2.3.1　当前竞争力评价方法主要研究成果

1. 指标综合评价法

主要指对竞争结果以及影响或决定竞争力的多种因素进行综

合考虑，以建立科学、系统的国际竞争力指标（包括硬指标和软指标）体系为基础的综合分析和评价方法，是综合研究一国产业总体的国际竞争力的一种评价方法[75]。这种方法往往通过构建竞争力指数进行竞争力排名，以世界经济论坛"（World Economic Forum，简称 WEF）和设在瑞士洛桑的国际管理发展学院（International Institute for Management Development，简称 IMD）的评价方法为典型代表。WEF 和 IMD 都有各自成熟的国际竞争力评价理论、评价方法和评价指标体系，并且随着经济和社会的发展不断地做出调整，其研究成果、评价方法和评价指标体系被许多国家广泛采用。

他们认为，国际竞争力是指一国的企业或企业家设计、生产和销售产品和劳务的能力，其价格和非价格特性比竞争对手更具有市场吸引力。国际竞争力是一个综合的概念，包括两个方面，一方面是企业内部效率形成的竞争力，另一方面是由环境左右而形成的竞争力，后者是主要的内容。所以在他们看来，国际竞争力既产生于企业内部效率，又取决于国内、国际和部门的环境。国际竞争力比较研究的重点是受环境左右而形成的竞争力。

WEF 在 2000 年的《全球竞争力报告》（The Global Competitiveness Report 2000）中设计了四个反映国际竞争力的指数，即增长竞争力指数（the Growth Competitiveness Index），当前竞争力指数（the Current Competitiveness Index），经济创造力指数（the Economic Creativity Index），环境管制体制指数（the Environmental Regulatory Regime Index），并就此 4 项指标分别对 100 多个国家和地区进行国际竞争力排名，排名的依据是对影响和决定国际竞争力的 8 类主要因素——开放程度、政府、金融、技术、管理、基础设施、劳动、法规制度进行定量分析，数据来源于有关机构的统计数据和问卷调查。为了使评价结果更客观，在进行竞争力指数排名时 8 类要素及其内部子要素均采取不同的权重。

瑞士国际管理发展学院（简称 IMD）每年出版《世界竞争力年鉴》（The World Competitiveness Yearbook，简称 WCY），公布各个国家的竞争力排名。IMD 认为，国家间的竞争是处在特定环境下的产（企）业的竞争，因此 WCY 通过评价提升产（企）业的环境因素来评价国家的竞争力，其具体内容包括社会、政治、经济、文化、技术、产业结构、政策、法律、制度等因素。与 WEF 的评价方法相似，IMD 也确定了 8 类要素进行评价，它们是国内经济、国际化程度、政府政策及运行、基础设施、金融环境、科学技术、企业管理、国民素质，每个要素又包括若干个子要素，如 2000 年这 8 类要素共包括 47 个子要素，通过对 290 个评价指标进行定量分析（其中 180 个指标来自机构的统计数据，110 个指标来自问卷调查）来确定各要素的排名。

另外，联合国国际贸易中心开发的贸易绩效指数（TP 指数）、联合国工发组织开发的工业绩效指数（CIP 指数）也属于指标综合评价方法。

2. 竞争结果评价法

竞争结果评价法主要是从竞争的结果表现角度来评价产业竞争力，主要分析指标都是竞争力的显性指标，如市场占有率、净进口等。最典型的是市场占有率法和进出口贸易数据量测法（包括贸易竞争力指数法、显示性比较优势指数法、显示性竞争优势指数法等）。

3. 影响因素剖析法

产业竞争力研究的目的除了要客观描述特定产业的国际竞争的实际结果，还要探究决定或影响各国特定产业的国际竞争力的各种因素[76]，因此，对产业竞争力的评价可以采取从影响产业竞争力的因素角度着手来进行。一般来说，越是内在的因素对产业竞争力的影响越深刻、越长久，其产生作用的逻辑因果关系也可能越复杂。影响因素剖析法的基本要求就是尽可能地将决定和影响产业竞争力的各种内在因素分解和揭示出来。

4. 全要素生产率（TFP）模型

在波特、克鲁格曼等学者看来，国际竞争力在国家层次如果被定义为生活水平、在产业和企业层次被定义为投入产出效率的话，那么竞争力几乎就是生产率的同义词。因此，生产率是衡量一个生产单位（国家、地区、产业或企业）发展潜力和竞争力的最重要因素[78]。只有一个生产单位的生产率具有优势，它才能在竞争中取胜。波特也指出，竞争力在国家水平上仅仅有意义的概念是国家的生产率。对于一个产业来说，生产率和效率也是产业竞争力概念中最重要和最主要的部分。

5. 标杆法

前面所讨论的竞争力评价方法，不但有理论上的分析和说明，而且有计算方法和公式，能够对产业国际竞争力的高低作出定量判断。但这些方法均不能告诉我们要提高竞争力，应该采取哪些措施。而标杆法（Benchmarking Methods）不但能够评价和判断竞争力的高低，找出竞争力高低的主要原因，而且还能告诉我们，应该怎样做才能提高竞争力。应该说这种方法比传统的竞争力评价方法更加贴近于竞争力研究的目的。

标杆法采取的是对研究对象直接加以比较的方法，如可以作国家与国家、产业与产业或企业与企业的直接对比[80]。假定同类对象中最优秀的一家或几家（暂且作为标杆）的一系列显性特征对竞争力具有明显的影响，则可以通过研究对象与标杆的比较来评估在竞争力上存在的差距。这种研究方法主要涉及以下几个环节：选取对比指标；比较待研究产业与同类产业中的最优秀产业各指标的差距；进行综合汇总，评价待研究产业与最优秀产业之间的总体差距。

2.3.2 评价方法以及研究成果分析

产业竞争力具有内在性和综合性的基本特点，对产业竞争力进行评价，就是要使其内在性尽可能显现出来，成为可感知的属性，同时要对其综合的属性进行分析和分解，并尽可能指标化，使其成为可计量的统计数值。

关于产业竞争力研究可用的定性、定量方法不少，参照首都经贸大学朱晓娟博士的归纳总结，从分析竞争的结果出发，可以采取竞争结果评价法（显示性指标法）等；从分析决定和影响竞争力的原因着手，可以采取影响因素剖析法和标杆法；而如果要寻求一个对竞争力的整体判断的话，可以从竞争结果和影响竞争结果的因素两方面着手进行指标的综合分析，采用指标综合评价法。

国内外学者和研究者采用了多种多样的方法来研究各层次的竞争力问题。有一些方法既能用于国家层次竞争力的分析评价，也能用于产业层次和企业层次的竞争力研究，如指标综合评价法。但有些方法不是都能适用，例如影响因素剖析方法要是用于国家竞争力的研究就过于繁琐，它更适合于产业和企业层次的竞争力研究。本文研究基于投入产出技术对建筑业竞争力进行影响效应分析，运用系统的思想与原理进行因素剖析，然后结合中国建筑业竞争力的因果进行中国建筑业产业竞争力的成长性对策分析与研究，揭示中国建筑业产业竞争力的成长源泉与发展趋势，从而为政府与企业制定政策和发展战略提供相应的支持。

2.4　论文相关的技术方法综述

2.4.1　投入产出技术分析法

投入产出技术（Input-Output Analysis）是由俄裔美国经济学家瓦西里·列昂惕夫（W. Leontief, 1936）所创立的。他利用数学方法与经济学理论相结合，研究作为生产单位或消费单位的个体（部门、行业或产品）之间的投入与产出的相互依存关系。其中，投入是指产品生产或服务所需原材料、能源动力、固定资产折旧和劳动力的投入；产出是指产品生产或服务提供的总量及其在再生产、消费、积累和净出口间的分配使用[81]。投入产出技术中最基础的部分是投入产出表。投入产出表是以棋盘式平衡表的形式反映经济系统中生产单位和消费单位的相互关系。投入产出技术被普遍应用于国民经济各部门间的数量关系，预测和计划未来时期的经济活动，研究和分析宏观经济政策的经济影响，研究产品的价格形成与效应[82]。目前世界上已有100多个国家编制和应用了投入产出表，列昂惕夫曾由此获得1973年诺贝尔经济学奖。

2.4.1.1 投入产出技术的起源与发展

瓦西里·列昂惕夫在前人关于经济活动的相互依存性的研究基础上，于 1931 年开始研究投入产出技术，编制了 1919 年和 1929 年美国投入产出表，分析美国经济结构和经济均衡问题，并于 1936 年发表了投入产出技术的第一篇论文《美国经济制度中投入产出数量关系》，标志着投入产出技术的诞生。列昂惕夫在 1941 年出版了《美国经济结构，1919～1929》一书，详细地介绍了"投入产出分析"的基本内容，1951 年该书再版，并增加了所编 1939 年投入产出表和几篇论文。1953 年，列昂惕夫出版了《美国经济结构研究》，进一步阐述了投入产出的基本理论及其发展。

1. 投入产出技术的理论来源

西方经济学家认为，投入产出技术的思想渊源，最早可以追溯到 18 世纪法国重农学派弗朗斯瓦·魁奈（Francois Quesnay，1694～1774）的《经济表》。但是列昂惕夫研究和提出投入产出技术时所受到的直接启发，主要是 19 世纪下半期的数理经济学家里昂·瓦尔拉斯（Léon Walras，1834～1910）提出的一般均衡分析（General Equilibrium Analysis）和前苏联计划平衡方法以及马克思再生产理论。

（1）早期的资本理论

古典的资本理论起源于重农学派。重农学派的代表人物弗朗斯瓦·魁奈考察了一种特殊的生产资本形式——农业资本，他认识到要进行农业生产，必须首先投入各种物质资料，因而把资本称作预付。预付的最终目的是生产纯产品，虽然他把纯产品武断地归因于自然，然而在实践中他的观点还是隐约地体现了预付资本的某种职能，即体现为生产劳动的一种剩余。他又根据预付资本消耗和补偿方式的不同，将预付分为"年预付"和"原预付"两部分，前者为每年预付一次且在当年补偿，后者为几年预付一次而不在当年补偿，从而在资本史上第一次区分了固定资本与流动资本[83]。同时魁奈还对社会总资本的再生产和流通做了分析，通过五根线连接十来个出发点和复归点绘制而成的"经济表"，第一次对宏观经济总体运行进行了分析，并取得伟大成就。

魁奈从他的重农主义理论出发，用简明的图式描绘了社会总资本的再生产过程，这是当时经济学发展史上第一个用图式的方法描绘社会再生产过程全貌的创举。

（2）里昂·瓦尔拉斯的一般均衡理论

一般均衡理论是里昂·瓦尔拉斯（Léon Walras）在其名著《纯粹经济学要义》中提出的。所谓一般均衡分析，是指从所有商品和服务市场的相互依存性出发，研究全部均衡价格实现的可能性和条件。瓦尔拉斯一般均衡论的整个结构包括消费财货市场均衡、生产劳务市场均衡、资本财货市场均衡和流动资本市场均衡四个层次。这四个市场是相互依存、彼此影响的，只有当它们同时达到均衡时，整个经济才会出现均衡。一般均衡论的基本命题是各个特殊市场是相互联系的，也就是说各种价格是相互联系的，不仅各种消费品价格之间和各种生产要素价格之间是相互联系的，而且消费品价格与生产要素价格之间也是彼此影响的。因此，不能撇开别的价格，单独地来讨论某一种消费品或生产要素的均衡价格，而必须研究整个经济，即整个总市场上所有的价格如何相互作用，最终同时达到均衡的。为证明其理论的正确性，里昂·瓦尔拉斯用数学方法联立方程形式构建了一般均衡模型。瓦尔拉斯的一般均衡理论对现代西方经济学特别是数理经济学的发展产生了重大的影响。在西方经济学中，一般均衡理论是与马歇尔的局部均衡理论相对而言的。

列昂惕夫从一般均衡理论所揭示的经济相互依存性中得到启示，他认为，一般均衡优点在于能够使我们考察经济中复杂交错的相互关系，这种关系贯穿于经济的各个领域[84]。但是，就列昂惕夫看来，瓦尔拉斯的一般均衡论显得包罗万象，尽管从理论上看是严密的，但它太繁杂了，无法用来解释实际的经济问题。投入产出则是一般均衡理论的一种简化，这主要体现在投入产出技术是将瓦尔拉斯一般均衡模型中不可胜数的方程式和变量简化，将成千上万的产品和服务归并为有限数量的部门或行业，从而转化成投入产出技术中几十个方程。但是投入产出技术也并不等同于一般均衡理论，它省略了生产资源供给和价格的影响，并引进消耗系数等一系列系数概念用以分析，而且投入产出技术不仅使用数学方程形式，同时也使用棋盘表格式。这样，列昂惕夫以国民经济的均衡为对象的模型就成了可以计算的应用模型。

（3）前苏联计划平衡方法

列昂惕夫提出投入产出技术的另一个理论来源，是以马克思再生产理论为根据的前苏联计划平衡方法。1921～1925年，列昂惕夫在前苏联列宁格勒大学学习，并发表了《俄国经济的平衡——一个方法的研究》。1924年，苏联中央统计局编制1923～1924年国民经济平衡表，包括各种产品生产与消耗棋盘式平衡表，以经济标的形式标出整个再生产过程的一般面貌[86]，这对列昂惕夫有很大影响。但前苏联国民经济平衡表未利用数学方法，也未计算直接和完全消耗系数。进一步来看，投入产出分析和投入产出表，主要是使用经济变量反映社会再生产过程，这些经济变量直接来源于马克思再生产理论，如：总产出/总产品、中间投入/中间产品、最终使用/最终产品、最初投入/增加值/（$c+v+m$）等等。而这些概念，也是投入产出区别于一般均衡理论的重要特征。

从投入产出技术的理论来源可以看出，投入产出技术是对错综复杂的经济联系作出比较精确反映的一种经济分析方法，具有较强的实用性。

2. 投入产出技术的理论发展

随着投入产出技术的发展，投入产出模型演绎出很多种类。按分析的时期可以分为静态模型和动态模型；按模型计量单位可以分为价值型、实物型和能量型；按研究对象范围可以分为世界模型、全国模型、地区模型、地区间及国家间模型、部门模型和企业模型；按分析时间可分成计划期投入产出模型和报告期投入产出模型；按照投入产出最终需求是否为外生变量可以分为开模型、闭模型和局部闭模型；按照所研究的系统与外部环境（输入、输出）的处理方式可分为A、B、C、D四种类型[87]。

（1）静态投入产出模型

静态投入产出模型是最基本的投入产出模型，也是其他各种模型的基础，它反映了投入产出技术的基本原理。静态模型是研究描述对象的某一特定时间内各产品或部门间投入产出关系。主要有投入产出表和投入产出数学模型两种表现方式。列昂惕夫最早提出的模型就是静态投入产出模型。

（2）动态投入产出模型

刘新建（1995）[81]总结了动态投入产出技术的发展历史，将其分为四个阶段，分别是：

第一个阶段，微分形式或称连续时间过程模型阶段。有一种意见认为，最早的微分模型是由 David Hawkins 1946 年提出的；另一种意见认为是列昂惕夫于 1949 年提出，1953 年发表。这种模型的数学性质后来被许多人详细研究过，但一般只限于理论上的研究，实际的应用不多。

第二个阶段，差分形式或称离散时间过程模型阶段。这一阶段的最早模型普遍认为是列昂惕夫 1970 年提出的。这个模型提出以后得到了广泛的研究，涉及到有意义的解的存在性、稳定性，解法以及建模等一系列的问题。

第三个阶段，模型中考虑投资时滞的阶段。列昂惕夫提出的差分模型假定投资时滞为一年，Jonhnson 1978 年引入了不同资本货物具有不同投资时滞的代数表示，1981 年 Aberg & Person 等做了进一步的研究。但由于这种模型的复杂结构，难以讨论其有关数学性质，后来很少有人研究。

第四个阶段可以称为动态投入占用产出分析阶段，目前已经有了一定的发展。这一阶段的最早开始可以认为是有关人力资源的动态投入产出技术的研究，正式分界标志可以认为是 1987 年芬兰学者 Pirkko Aulin - Ahmavaara （PAA）的博士学位论文[83]。陈锡康教授于 1988 年提出一般投入占用产出分析的思想，这一思想的提出，使我们真正站在系统的角度，用投入产出技术全面把握经济系统中各种生产要素和各种产出的相互联系、相互作用。

（3）投入占用产出技术

20 世纪 80 年代初，中科院**陈锡康**教授为进行全国粮食产量预测，编制了中国农业投入产出表，发现耕地在粮食生产中起着远比化肥、农药更为重要的作用，但包括耕地在内的自然资源在投入产出分析中完全没有得到反映[82]。以后在研究中国各省、市、自治区的农民人均收入时又发现，各地区农民的平均受教育水平是决定农民人均收入高低的最重要因子。但是人力资本（劳动力熟练程度）、科学技术（如知识和固定资产质量）等在投入产出分析中也基本上没有得到反映。经过较长时间研究后，1988 陈锡康教授首次在国际上提出投入占用产出技术和考虑占用的完全消耗系数计算方法，得到了美国科学院院士 W. Isard、诺贝尔奖获得者 W. Leontief 和 L. Klein 及国际投入产出协会主席 K. R. Polenske 的很高评价。

投入占用产出技术方法的特点是不仅研究部门间产品的投入与产出的关系，而且研究占用与产出、占用与投入之间的数量关系。常规的投入产出模型只研究经济系统在某个时期所发生的经济流量的投入与产出关系，而没有反映这个经济系统在某个时点上的存量情况，即自然资源、固定资产、流动资产、劳动力、科技和教育等存量的占用状况[86]。占用是进行生产过程的前提和基础。投入占用产出分析的特点是把经济系统的流量分析与存量占用联为一体进行考察和分析。在此基础上，陈锡康教授提出了新的模型和很多计算方法，如考虑占用的完全消耗系数计算方法等。

占用是指在进行生产前所必须具有掌握相应科学技术和管理知识的劳动力、固定资产、流动资金以及相应自然资源等[91]。生产的规模和效益很大程度上是由占用情况所决定的。可以说，占用是生产过程的前提和基础。投入占用产出技术是对投入产出技术的完善和发展，得到了许多经济学家的好评。

在动态占用研究方面，刘新建、陈锡康等分析了动态投入产出分析模型存在的问题，提出了资本补偿的机制问题，纠正了原有动态投入产出分析中的基本缺陷，从一般概念角度指出了宏观经济投入产出分析与微观企业投入产出分析的差异，从而在实质上确立了占用因素在动态投入占用产出模型中的基本地位。黄银忠、陈锡康等在斯通的人口投入产出模型基础上，还提出了教育部门的投入占用产出模型[85]。中国人民大学刘起运教授研究了固定资产占用、土地、水、矿产资源的占用问题，提出了存量投入占用产出模型[90]。

2.4.1.2 投入产出目前在中国的发展与应用

投入产出技术应用于中国最早可以追溯到日本经济学家 Haruki Niwa[88]，他在日本经济发展协会支持下，利用日本 1951 年系数，编制 1956 年中国投入产出表。在中国，投入产出技术的研究真正起始于 20 世纪 60 年代，当时中国科学院数学所运筹室和中国社会科学院经济所的学者开始研究投入产出技术。1972 年，中国原国家计委在人大会议上首次提出编制全国投入产出表来对中国经济进行分析。1974 年，在原国家计委、国家统计局和国家信息（情报）局的支持下，陈锡康等试编了第一个中国投入产出表——《1973 年中国国民经济投入产出实物型表》。20 世纪 80 年代以来，投入产出分析在中国宏观经济和微观经济管理各方面获得广泛应用，获得不错的成果。

自 1974 年中国第一个全国投入产出表——《1973 年中国国民经济投入产出实物型表》编制以来，国内投入产出技术研究机构和学者编制了数目和种类众多的投入产出表[89]，其中主要有全国投入产出表、地区与地区间投入产出表、部门投入产出表和企业投入产出表等。

在中国，投入产出技术被广泛应用于经济分析、计划、管理和预测等方面。影响比较大的有：1）使用投入产出技术检测每年计划和五年计划的均衡。1978、1979、1981 年，陈锡康等使用1973 年修正的消耗系数去检测 1979、1980 和 1991 年国家经济计划中原料平衡问题，发现一些能源产品，如电力、原油和煤的严重短缺，1975 年近 1500 万 t 原油直接被电力部门替代煤和燃料油烧掉，因而建议原国家计委停止燃烧原油并增加原油进口量。2）对中国发展提供建议。1990 年初，国家统计局利用 1987 年投入产出表检测 1990 年当年计划的主要目标，发现政府基础建设投资太少，它将对中国经济发展带来负面影响。因此，在全国人大会上，提出增加 400 亿元基础设施建设投资建议。3）在价格调整和价格改革中应用投入产出技术。全国人大价格研究中心和国家物价局价格研究所,共同成立了1981、1983、1985年理论价格计算体系。1981年价格计算体系包括了1200种货物,其中有100种农产品、40种矿产、600种机械产品、100种轻工业产品、100种丝织品。1990、1991年,财政部使用投入产出表测算了部分进口产品价格上升的影响效用,比如谷物、煤炭等。铁道部使用投入产出方法,研究了铁路运输的价格提升对国民经济的影响。4)研究加入WTO对中国经济发展的影响。国务院发展研究中心李善同,用投入产出表和可计算一般均衡CGE模型(Computable General Equilibrium Model,CGE Model)研究加入WTO对中国GDP和广东省的影响。研究结果表明,加入WTO对中国2001~2010年GDP增长率的影响作用超过0.5%。5)研究2008年奥运会对中国经济发展的影响。首都经贸大学廖明球,创建了北京奥运会经济模型,用投入产出分析、经济学理论和优化方法分析其影响。6)在对外贸易中使用投入产出技术。中科院陈锡康、斯坦福大学Lawrence J. Lau,编制了中国1995年对外贸易投入产出表,研究中国出口对GDP、总产出、就业的影响。发现中国出口国际市场产品增加1美元,中国GDP增加0.57美元,中国向美国出口产品增加1美元,中国GDP增加0.49美元。申力生和吴振宇通过调整分配系数,研究进口对中国经济和进口产品结构的影响。7)在环保中使用投入产出技术。天津环保局和天津统计局,编制了1982、1985、1992年天津环保经济投入产出表。天津环保局使用1987年投入产出表,预测了1995年天津市4种污染(重金属、COD、灰尘和垃圾)的程度[90]~[94]。

随着中国投入产出技术的迅速发展,为了更好地进行相互探讨和交流,1987年成立了中国投入产出学会,并于1988年在江西南昌召开了第一届中国投入产出学术会议。1991年、1994年、1997年、2001年、2004年,先后在内蒙古包头、宁夏银川、吉林长春、青海西宁、云南昆明召开了五次中国投入产出学术会议。

2.4.1.3 投入产出技术与其他科学技术方法的结合

1. 投入产出技术与相关数学规划方法相结合

投入产出技术与数学规划方法都是经济数学的基本方法。数学规划方法包括线性规划、非线性规划、整数规划和目标规划等。最常见的投入产出技术与数学规划方法结合是与线性规划相结合，形成投入产出优化模型，使得投入产出分析具有择优功能，使系统中各经济部门相互平衡，在保持一定比例的条件下而求得某一个目标达到最优的分配计划[95]。投入产出技术与数学规划结合的基础是先行规划模型与投入产出分析的兼容性，但是投入产出分析要进行先行优化分析还需要进一步处理。

2. CGE 模型

CGE 模型（Computable General Equilibrium Model）由两部分组成，一部分是用投入产出技术和线性规划相结合进行描述的生产供给模型，另一部分是用需求函数表示的最终需求模型。在这两个模型中，产量和需求量同时是商品价格的函数，由此利用市场交易和计划模拟，通过迭代求出均衡时的生产供应量和最终需求量，同时也可以得出均衡时的商品价格向量。

最早开始提出 CGE 模型的是挪威经济学家 Johansen L，他建立的挪威多部门经济增长模型被视为最早的 CGE 模型。国际上有关 CGE 模型的研究已经经历了 40 多年的发展，CGE 模型正被广泛地应用于对外贸易、环境和各国经济的税收政策、财政政策、能源政策以及发展中国家的经济规划和产业政策分析。

国内研究 CGE 模型是在 1990 年前后，比较有影响的是国务院发展研究中心的中国经济模型[96]和中国社会科学院技术经济与数量经济研究所的中国经济模型[97]。在理论研究方面，清华大学张金水研究了动态投入产出模型与 CGE 模型的结合[99]。

3. 投入产出技术与高速增长模型结合

高速增长模型与投入产出模型和 CGE 模型一样，是一种线性的一般均衡模型。不同的是高速增长模型研究经济动态变化的均衡模型。1958 年美国经济学家 Dorfman、Samuelson 和 Solow 在《线性计划与经济分析》一书中首次提出高速增长模型[98]。他们在研究有效的资本积累时，以计划期期末资本存量最大为目标，利用线性规划方法建立了资本积累的数学模型。最终他们得出：就长期规划而言，不管系统初始状态和最终状态如何，系统经济发展的最优途径总是趋近于冯·诺伊曼射线（Von Neumann Ray）。

投入产出技术与高速增长模型相结合的基本形式，以投入产出动态模型作为基本约束条件，以计划期的最终目标为目标函数，所组成的线性规划模型，可称为投入产出大道模型。

4. 投入产出模型与计量经济模型结合

在投入产出模型中，最终需求是外生变量，而对这些外生变量的预测，一般是利用计量经济模型，建立最终需求部分回归方程，在此基础上把投入产出技术与计量经济模型相结合。最有名的是匈牙利投入产出经济计量模型和美国的 INFORUM 模型[100]。

（1）匈牙利投入产出经济计量模型

匈牙利从 20 世纪 60 年代开始利用计量经济模型和投入产出模型结合，建立匈牙利投入产出经济计量模型。1973 年前增编制了命名为 M_1，M_2，M_3，M_4 的匈牙利经济计量模型。

匈牙利投入产出经济计量模型分为随机模块和非随机模块两部分。随机模块将各部门增加的价值表示为主要生产要素的函数，再由计量经济方法测算得该函数的相关系数。非随机模块又称投入产出块，包含两组方程：一组由各部门增加价值计算各部门产值；另一组由各部门总产值计算各部门最终产值，这两组方程都是应用投入产出技术进行测算分析。

（2）美国 INFORUM 模型

INFORUM 模型是 Interindustry Forecasting at the University of Maryland 的简称。该模型是由 Clopper Almon 于 1965 年建立。主要是由投入产出技术和计量经济模型相结合的经济预测模型。

在投入产出模型中，最终需求是外生变量，被分为个人消费支出、投资、部门储备、进口和出口等 5 部分组成。而这 5 部分都可以利用计量经济模型进行预测。当每个部分的最终需求确定以后，就可以利用投入产出的基本关系方程组求解各部门的总产出。目前，INFORUM 模型已应用于研究世界经济结构。

5. SDA 与投入产出技术结合

SDA 是 Structural Decomposition Analysis 即结构分解分析技术的简称。某个经济变量经常可以分解为若干因素的乘积，这个变量的变动也可以分解为这些因素变动的乘积。SDA 经常与投入产出技术结合起来，用来分析能源消耗、污染排放、产量（产值）的增长等。在投入产出技术与 SDA 结合研究一系列经济、资源、环境问题方面，Syrqiu. M（1975）将总产出变动分解为最终需求变动、技术变动、进口比例变动和出口比例变动等。Xiaoli Han 利用 SDA 和投入产出技术研究 1975 ~ 1985 年劳动力需求变动对日本经济结构的影响。在我国，林贤暖与 Karen R. Polenske 的论文利用 SDA 和投入产出技术研究中国 1981 ~ 1987 年能源变动。陈锡康与郭菊娥利用 SDA 和投入产出技术研究中国 1981 ~ 1995 年经济增长等。另外，SDA 不仅可用于研究某个经济变量在时间上的变动，而且可进行空间上的比较，比如研究中国乡镇企业和国有企业能源消耗问题。前者称为 Temporal Structural Decomposition Analysis（TSDA），后者称为 Spatial Structural Decomposition Analysis（SSDA）。

另外，随着相关理论的发展，一些学者将投入产出技术与新的理论方法进行了尝试性的结合。比如 Kurz 和 Salvadori（2000）提出了把动态投入产出转换为线性内生增长模型，曹庭珠（2004）提出现代优化算法（人工神经网络和蚁群算法）相结合的探讨等。

2.4.1.4　投入产出技术在产业竞争力分析中的应用研究

投入产出技术作为一个完整的核算方法，能够全面、科学地反映国民经济各部门之间相互依存、相互制约的技术经济联系，以及国民经济各总量指标的形成过程，为调整产业结构和产品结构提供了系统全面的基础数据，为宏观经济决策、宏观经济调控和宏观经济管理提供了有力的工具[103]。实际上，人们早已在广泛使用投入产出分析框架研究经济问题，目前世界上已有 100 多个国家编制和应用投入产出表进行分析研究，甚至投入产出分析还被用来阐释经济学理论。1953 年，列昂惕夫利用投入产出分析技术分析了在对外贸易中美国资本的地位，得出了后来被国际经济学界称为"Leontief 悖论"的著名命题，引起了经济学界的广泛兴趣。这是用投入产出技术这一实证分析工具研究理论经济学命题的一个典型案例。70 年代由石油危机引起的滞胀问题曾困扰西方经济学界多年，最后通过在总供给模型中引入中间投入成本项获得解释。所以说，使用投入产出分析框架阐释经济学理论是一种较为理想的模式。

在国民经济体系中，一个行业的经济竞争力高低，主要体现在以下两个方面：与其他行业的经济依存关系，也即产业关联；该行业的经济效益。其中，产业关联分析主要是行业间的经济依存关系和产品分配结构分析；行业经济效益分析主要体现在成本、技术和资源使用效益分析中。

在经济社会系统中，各行业间的关系表现得极为错综复杂，它们既相互依存又相互制约。因此，在分析一个行业的竞争力时，首先必须处于整个国民经济系统中，分析该行业与其他行业之间在经济上的相互依存关系[109]。在投入产出技术中体现为各行业间产品相互消耗和分配的关系，利用投入产出技术可以分析这种投入与产出之间的依存关系，具体体现在投入产出分析中利用许多重要经济参数来反应[92]。比如直接消耗系数、增加值系数、完全消耗系数、感应度系数和影响力系数等；另外各行业产品生产及分配结构，比如全社会各行业的产品结构、行业产品在各行业中的分配以及在最终使用中的结构，也反映出各行业生产对经济的贡献。这些在投入产出分析中可以得到完整而系统的诠释。

投入产出表作为国民经济核算体系中重要组成部分，利用投入产出表数据自然可以详细地进行行业经济效益分析[93]。在成本效益分析中，投入产出表可以提供折旧产值率、原材料消耗产值率、工资产值率以及产值利税率等一系列系数来进行分析。通过投入产出分析中的技术系数变动效应，可以分析行业技术进步的效益。资源占用是每个行业进行生产的前提条件，它反映了产出对资源的消耗和占用。这里资源包括能源、水、土地以及劳动力等。随着国民经济的快速发展，能源、水、土地的有限性问题越来越突出，将成为经济持续快速发展的瓶颈。因此，产业使用这些资源的效率，将是产业竞争力的重要指标之一。

具体来讲，投入产出技术在进行产业经济竞争力分析中，存在以下优势：

（1）投入产出表按纯部门分类，突破了传统行业体系结构的限制，体现出各种产品和服务功能的实现。投入产出技术是按照纯产品部门，而不是传统混合部门的分析框架进行实证分析。

（2）在各产业生产技术快速发展的现实情况下，产品的生产过程和形态也发生了极大的变化，而各部门在满足各种不同需求的功能上具有相对稳定性，从而在动荡的环境中，运用功能范式可以更清晰的认识和把握建筑经济的内在关系及其演化趋势。而且，功能范式所表明的功能观点实际上与经济学中的需求导向观点是一致的，因此从出发点上与投入产出分析方法也是一致的。

（3）系统定量地度量行业的经济贡献。现有实证研究探讨，大都是直接或者单方面，缺少系统定量的结论。利用投入产出表的大量数据和其分析工具，可以获得各产业对经济增长各方面（层次）系统贡献的定量结论。

（4）结合优化方法专门研究各产业资源配置。投入产出模型本身不具有择优功能，利用它建立的计划模型只能得到各部门相互协调的平衡计划方案。可选择经济计量方法或优化方法与投入产出模型相结合建立投入产出优化模型，从而获得一个既满足投入产出的平衡关系又能使经济系统取得最优经济效果的办法。由于投入产出模型可以用一组线性方程表示，与规划方法可以很好结合，这样可以测算出各行业的潜在竞争力。

（5）建筑部门竞争力研究需要从多维度、多视角来进行分析，如各产业间、产业部门内部的生产结构分析。从投入角度考虑可分析总投入结构、中间投入结构、最初投入结构，若从使用角度考虑则可分析中间使用结构、最终使用结构以及最终使用的内部结构、总消费、资本形成、净出口各自占最终使用的比例等。投入产出技术为部门竞争力研究提供了详尽的统计资料和科学的分析方法。

（6）运用投入产出技术建立投入产出模型，对产业内部各部门的结构效应进行分析。通过测算建筑业产业部门单位投资的增加，其生产需求对其相关产业部门提供的中间使用和最终使用，进而测算建筑业投资增加对 GDP 和总产出的影响，也可以测算建筑业部门增加单位投资，建筑业产出增加对 GDP 和总产出产生的影响。

但是，由于投入产出理论的局限性，也造成了其应用研究的一些缺陷，主要表现在：

（1）在同质性假定下，不同部门生产的产品不具有替代性，无法反映生产要素之间的替代效应。

（2）虽然体现了社会产品的价值构成和使用价值的分配使用的统一，但国民收入的再分配、收入的转移等都没有纳入模型中。

（3）在投入产出模型中，技术进步因素只能通过投入系数的修订间接反映出来，但比例性假定隐含了当期各种投入系数固定不变的条件，因此在静态模型中无法体现技术进步。

（4）最简单的投入产出静态模型只能表示当期（如某一年）的经济流量。

2.4.2 系统工程的思想与分析方法

系统工程作为一门新兴的交叉学科，采用定量和定性相结合的系统思想和系统方法处理大型复杂系统的问题，无论是系统的设计和组织的建立，还是系统的经营理念，都是在组织管理中实施规划、研究、设计、制造、试验和使用的科学方法。

1. 解释结构模型 ISM 分析法（Interpretative Structral Modelling Method）

系统是有很多相互作用的要素构成的，研究一个系统，首先要知道系统中各要素之间的相互关系，也就是要知道系统的结构或者建立系统的解释结构模型。解释结构模型是表明系统中各要素之间相互关系的宏观模型。

2. 层次分析法

层次分析法（Analytic Hierarchy Process，AHP）是 20 世纪 70 年代由美国数学家萨坦（A. L. Satty）最早提出的一种多目标评价的决策方法，他将决策人对复杂系统的评价决策思维过程数学化，其基本思想是决策人通过将复杂问题分解为若干层次，每一层次又有若干要素组成，然后对同一层次各要素以上一层次的要素为准则进行两两比较，判断和计算，以获得各要素的权重，从而为选择最优方案提供决策依据。

3. 模糊层次分析方法（FAHP）

层次分析法虽然目前在能源规划、交通系统设计、房地产管理等经济领域的多规则决策问题中得到广泛应用，但 AHP 存在递阶层次结构（评价指标体系）不尽合理、完善和权重确定主观、粗糙等缺陷[121]，并且忽视了硬性标度的模糊性和不确定性。实际中为了使决策更加科学、可靠，对一个复杂系统通常有多个决策者或决策部门参与决策，在利用层次分析法（AHP 方法）进行专家咨询时，对同一个问题，不同专家往往给出不同的判断矩阵。为了能更好地反映主观判断的模糊性，本文运用模糊层次分析方法（Fuzzy Analytic Hierarchy Procens，简称 FAHP）对建筑业产业竞争力指数进行综合分析。

2.4.3 经济预测的相关技术与方法

1. 计量经济学与线性预测

对于宏观经济态势的预测研究，在多因素变量情况下，从统计层面上往往采用多元线性回归预测或者多元非线性回归预测，基本模型如下：

$$\hat{y} = b_0 + b_1 x_1 + b_2 x_2 + \cdots + b_n x_n$$

回归预测分析在理论上证实社会现象与社会现象指标之间确实存在相关关系之后，才能利用回归预测方法具体研究和测定社会现象相关关系值的分析[120]。由于社会现象与社会现象指标之间的不确定关系，往往利用回归预测分析在作用和范围的度量上不能确定标准，超过了相应的度量范围还去推断和预测，往往出现错误的结论。

线性模型在研究经济预测时，使用收入、人口等作解释变量，但是一些潜在变量如地区因素、预期因素以及收入分配因素对因变量有显著的影响，线性模型对此类变量显得无能为力。Matyas 于 1992 年在《截面时序数据计量经济学：理论与应用手册》中提出用时间序列与截面数据相结合的截面时序（Panel data）模型来分析潜在变量对消费结构的影响，这主要是因为时间与截面数据资料中既包含个体特征随时间变化而发生的变化，又包含个体之间的差异，使许多不可观测的作用得到识别。

截面时序模型在国外已经得到了比较广泛深入地研究和应用，但是尚未引起国内统计界和计量经济分析的重视，该方法在数量经济学中有着广泛的应用前景。假定抽取一个样本容量为 N 的样本，对样本的每一个体观测 T 年（月），就形成一个样本为 NT 的新样本。这就是时间序列与截面数据结合的资料，用这样的资料建立的模型称为 Panel Data 模型。Panel Data 模型又称为 TS/CS（Time Series /Cross Series）模型，它是把时间序列沿空间方向发展，或者把截面数据沿时间方向扩展而成的二维结构的数据集合。与单纯的时间序列或者截面数据相比，TS/CS 数据为研究工作提供了更多的样本点，从而有利于参数估计的有效性和更深入分析复杂的经济问题。正如截面数据一样，Panel Data（TS/CS）数据能够描述每个个体数据的规律；也正如时间序列一样，Panel Data（TS/CS）数据也能够描述每个个体随时间变化的规律。

截面时序数据是由对若干横截面单元作连续观测所得到多位时间序列数据组成的，截面时序模型利用截面时序数据，分析变量之间的相互关系并预测其变动趋势。相对于单纯的横截面数据和单纯的时间序列模型而言，该模型的优点在于：（1）观测样本量大大增加，是构造更加可靠的参数估计量成为可能，而且最重要的是使识别和检验约束条件放松了，更为一般的模型；（2）多重共线性的影响被减弱，当解释变量在两个方向上同时变动时，由于潜在因素增多使得因素之间的强相关的可能性大大降低；（3）能够识别和度量一些纯粹横截面模型和纯粹时间序列模型所不能识别的因素，如潜在变量因素的影响；（4）降低估计误差。

模型的一般表达式为：

$$Y_{it} = a_{it} + \beta_{1i}X_{1it} + \beta_{2i}X_{2it} + \cdots + \beta_{ki}X_{kit} + \mu_{it}$$
$$(i = 1, 2, \cdots, p; \ t = 1, 2, \cdots, T)$$

2. 非线性模型与灰色预测

基于信息思维，自然现象往往是灰色的，灰色现象里含有已知的、未知的与非确知的各种信息，含有含糊不清的机理，存在数据不足的表现。少数据与少信息带来的不确定性，称为灰色不确定性。灰色系统理论（简称灰理论或者灰论，Gray Theory），是研究少数据不确定性的理论[122]。灰理论在分析少数据的特征，了解少数据的行为表现，探讨少数据的潜在机制，综合少数据现象的基础上，揭示少数据、少信息背景下事物的演化规律，为建立人与自然、经济与资源的和谐关系提供依据，为用有限信息解决工农业生产合理布局、生态环境协调平衡、资源优化利用，经济条件有效组合、商品经济健康发展、城镇建设有序规划提供支持。具体来说，在少数据不确定性背景下，数据的处理、现象的分析、模型的建立、发展趋势的预测、事物的决策、系统的控制与状态的评估，是灰色理论的技术内容。

　　一般预测是基于概率外推、函数外推、经验外推等技术为基础的预测方法，一般包括德尔非法、统计趋势预测、回归分析预测、指数平滑法、马尔可夫模型预测、最小方差预测等，一般预测的最基本要求是对大样本量的追求，这种预测方法的预测精度是建立在大样本统计分析的基础上的。

灰色预测与一般预测的比较 表 2-1

预测方法	特　　点
一般预测	对大样本量的要求严格
灰色预测	（1）允许少数据预测；（2）允许对灰因果律事件进行预测；（3）具有很强的可检验性

　　灰色预测是基于少数据模型 GM（1，1）的预测方法，简称灰预测，一般包括数列灰预测、灾变灰预测、季节性灾变灰预测、拓扑灰预测、系统灰预测。灰预测方法的共同特点是允许少数据预测，允许对灰因果律事件进行预测，同时，灰预测的事前检验、事中检验和事后检验保证了预测的精度，事前检验是指建模可行性的级比检验，事中检验是指建模的精度检验（模型检验），事后检验是指预测的滚动检验（预测检验），从而保证了预测模型的可用性和预测精度。

2.5 小　　结

本章在文献研究的基础上，全面分析了产业及竞争力的理论解释及研究方法。从国外学者的研究看，竞争力的研究集中于宏观和微观两个层面，而对处于中观层面的产业竞争力的研究文献较少。国内对于建筑业产业竞争力的研究处于起步阶段，所以，研究成果不多，主要成果多集中于竞争力指标体系以及建筑业企业竞争力的研究。本文的主要研究方法为投入产出技术、系统思想以及灰色预测理论等。

3 中国建筑业产业竞争力的投入产出分析

投入产出分析是基于投入产出表所提供的数据而进行的一系列的经济分析。投入产出分析的核心是各产业之间的生产技术联系以及以生产技术为主的经济联系。产业之间有直接联系和间接联系，有前向联系和后向联系等。通过投入产出表，以及基于投入产出模型计算的直接消耗系数、完全消耗系数等投入产出模型各种效应系数的计算，可以反映出各产业对整个国民经济的影响关系[92]。投入产出模型不仅可以研究各产业的生产结构，而且还可以研究投入结构、消费结构、进出口结构等。投入产出表把生产、消费、投资、进出口结构联系起来成为一个系统，投入产出分析则是从整体系统上分析各产业间的经济效应，对于产业竞争力研究来讲，具有重要的现实指导意义。

3.1 建筑业投入产出模型的构建与相关系数定义

在国民经济大系统中，研究其产业体系以及产业间的关联关系，就是研究它们相互之间的投入与产出关系。产业间投入与产出关系的数量化研究的基础是投入产出表和投入产出数学模型。

3.1.1 投入产出基本模型

1. 传统静态投入产出模型

在所有的投入产出模型中，静态投入产出模型是最基本的模型，也是其他各种模型的基础，它反映了投入产出技术的基本原理。它的简易表式结构如表3-1。

投入 ＼ 产出		中间需求 1, 2, …, n	最终需求	总产出
中间投入	1 2 … n	X_{ij}	Y_i	X_i
最初投入		V_j		
总投入		X_j		

其中 X_{ij} 为当期第 i 部门对第 j 部门的产品投入量，Y_i 为当期第 i 部门的最终需求，V_j 为当期第 j 部门的最初投入，X_i 为当期第 i 部门的总产出，X_j 为当期第 j 部门的总投入。

表 3-1 水平方向表示各部门产品的使用情况。其中中间需求 (Intermediate Demands) 又称为中间使用或中间产品，是指在本期系统内进行进一步加工的产品；最终需求 (Final Demands) 又称为最终产品或最终使用，是指在本期本系统内已经最终加工完毕的产品，包括消费、资本形成和进出口等。水平方向有关系式：

$$\sum_{j=1}^{n} X_{ij} + Y_i = X_i \qquad (i = 1, 2, \cdots, n)$$

表 3-1 垂直方向表示各部门产值的构成，或各部门生产过程中的消耗，即投入。其中中间投入 (Intermediate Input) 是指本期系统内消耗的产品。最初投入 (Primary Input) 又称为增加值 (Value Added)，是指本期进行生产前需投入的产品，包括固定资产折旧、劳动者报酬、税收和利润等。垂直方向有关系式：

$$\sum_{i=1}^{n} X_{ij} + V_j = X_j \qquad (j = 1, 2, \cdots, n)$$

根据投入产出表，可以定义出直接消耗系数 (Direct input coefficient) 和产出 (分配) 系数 (output coefficient)，据此推出完全消耗系数、完全供给系数和完全需要系数。其中完全需要系数矩阵又称为 Leontief 逆矩阵。

2. 建筑业投入占用产出模型

本文在分析公开公布的投入产出表结构的基础上，利用投入占用产出技术，将投入产出流量表扩展成建筑业投入占用产出表（价值型），表式结构如表3-2。

建筑业投入占用产出表^注 表3-2

投入\产出		中间使用			最终需求	总产出
		非建筑部门	建筑部门	中间使用合计		
中间投入	非建筑部门	X_{ij}	T_{in}		Y_i	X_i
	建筑部门	U_{nj}	W_{nn}		Y_i^{W}	X_i^{W}
	中间投入合计					
增加值		V_j	V_n^{W}			
总投入		X_j	X_n^{W}			
占用	固定资产	G_j	G_n^{W}		G^{Y}	G
	流动资产	L_j	L_n^{W}		L^{Y}	L
	建筑设施	C_j	C_n^{W}		C^{Y}	C

注：本文使用的投入产出表及数据来自国家统计局投入产出司编制的历年投入产出延长表。

根据投入产出表原理，可以得出建筑业投入占用产出表中系数的对应关系如下：

1. 从表的水平方向看，满足如下平衡关系：

（1）非建筑部门的使用与产出

$$\sum_{j=1}^{n-1} X_{ij} + T_{in} + Y_i = X_i \qquad (i=1,2,\cdots,n-1)$$

其中，X_{ij} 为非建筑部门的内部使用或消耗，T_{in} 为非建筑部门提供给建筑部门作为中间使用的数量，X_i、Y_i 分别为非建筑部门的总产出和最终需求。

注：为简化表式结构和减少编表工作量，同时结合本文研究目的需要，本文的建筑业投入占用产出表未将建筑业进行进一步细分，从这一点上说表3-2不属于部门投入占用产出表。

（2）建筑部门的使用与产出

$$\sum_{j=1}^{n-1} U_{nj} + W_{nn} + Y_i^W = X_i^W$$

其中，U_{nj} 为建筑部门提供给非建筑部门的中间使用，W_{nn} 为建筑部门的内部使用，X_i^W、Y_i^W 分别为建筑部门的总产出和最终需求。

（3）占用表平衡关系

$$\sum_{j=1}^{n-1} G_j + G_n^W + G^Y = G$$

其中，G_j 为非建筑部门的固定资产占用量，G_n^W 是建筑部门的固定资产占用量，G^Y 为居民和政府对固定资产的占用量。

$$\sum_{j=1}^{n-1} L_j + L_n^W + L^Y = L$$

其中，L_j 为非建筑部门的流动资产占用量，L_n^W 是建筑部门的流动资产占用量，L^Y 为居民和政府对流动资产的占用量。

$$\sum_{j=1}^{n-1} C_j + C_n^W + C^Y = C$$

其中，C_j 为非建筑部门对建筑设施的占用量，C_n^W 是建筑部门对建筑设施的占用量，C^Y 为居民和政府对建筑设施的占用量。

2. 垂直方向有如下关系式：

（1）非建筑部门的消耗与投入

$$\sum_{i=1}^{n-1} X_{ij} + U_{nj} + V_j = X_j \qquad (j=1, \cdots, k)$$

其中，X_{ij} 为非建筑部门的内部消耗、U_{in} 为各非建筑部门消耗建筑部门服务的数量，V_j、X_j 分别为非建筑部门中第 j 部门的最初投入和总投入。

（2）建筑部门的消耗与投入

$$\sum_{i=1}^{n-1} T_{in} + W_{nn} + V_n^W = X_n^W \qquad (j=k+1, \cdots, n)$$

其中，T_{in} 就表示建筑部门消耗各非建筑部门的产品或服务的数量，W_{nn} 表示建筑部门的内部消耗，V_n^W、X_n^W 分别为建筑部门中第 j 部门的最初投入和总投入。

在编制建筑投入占用产出表过程中，流量部分主要是依据国家统计局公布的历年投入产出表，其中1990、1992、1995年表为33部门，1997、2000年投入产出表为40部门[①]。本文为了研究需要，将40部门表统一调整为33部门表[②]。其他年份的投入产出表由当年的各部门总产值和最近公布年份投入产出表的技术系数，采用RAS法进行修正而得。占用部分主要依据国民经济资产负债表，确定固定资产和流动资产占用总量和工业部门的占用量。建筑设施占用部分总数利用我国的建筑设施折旧年限前推累计建筑部门固定资本形成而得，分部门建筑设施占用量由各部门上市公司资产负债表固定资产中建筑设施比例换算而得。

3.1.2 建筑业投入产出模型相关系数定义

投入产出模型是建立在投入产出表和其基本平衡关系基础之上的，是由系数、变量、函数关系所组成的数学表达式。根据上节建筑业投入占用产出模型，对各部门经济竞争力进行分析，需要对引用的相关系数做出相应定义及测算，这是进行各部门经济竞争力分析研究的前提和基础。

3.1.2.1 投入产出流量表相关系数定义

1. 直接消耗系数 a_{ij}

投入产出表中的数据，只是反映一定时期投入与产出的流量，反映一定时期产品之间的生产技术联系和部门之间的技术经济联系，这种联系通常是通过计算直接消耗系数来实现的。

直接消耗系数也称为投入系数，是投入产出分析中最基本的概念。它是指某一产品部门，如 j 部门在生产经营过程中单位总产出直接消耗的各产品部门，如 i 部门的产品或服务的数量。其计算方法是依据投入产出表的数据，用 j 产品部门的总投入 X_j 去除该部门生产经营中所直接消耗的第 i 产品部门的产品或服务的数量 X_{ij}，也即生产 j 部门单位产品对 i 部门产品的消耗量。计算公式

---

① 33部门代码对应表和40部门代码对应表见附录表1和表2。

② 投入产出40部门体系并不能直接归并成33部门，需要进行相应拆分。

为：

$$a_{ij} = X_{ij}/X_j \qquad (i,j=1,2,\cdots,n) \qquad (3\text{-}1)$$

式中 X_{ij}——j 部门产品在生产中消耗 i 部门产品的数量；

X_j——j 部门产品年度的投入总量；

a_{ij}——j 部门产品对 i 部门产品的直接消耗系数。各部门的直接消耗系数组成直接消耗系数矩阵 $A = (a_{ij})$。

矩阵 A 反映了投入产出表中各产业部门间技术经济联系和产品之间的技术经济联系。

消耗系数是建立模型最重要、最基本的系数，是投入产出模型的核心。引入直接消耗系数后，我们就可以把经济因素和技术因素有机地结合起来，使经济分析建立在定性和定量分析的基础之上。

历年投入产出表直接消耗系数可以从中国投入产出学会（http://www.iochina.gov.cn/）和中国国家统计局（http://www.stats.gov.cn/）网页上查到，这里就不做一一详细列出。其中 1990 年、1992 年、1995 年为 33 部门表，1997 和 2000 年为 40 部门表。

2. 完全消耗系数 b_{ij} 和列昂惕夫逆系数 $\bar{b}_{ij}$

由于各产业的产品在生产过程中除了与相关产业有直接联系外，还与有关产业有间接联系。从而各产业的产品在生产中除了直接消耗外，还存在着间接消耗。完全消耗系数则是这种直接联系与间接消耗联系的全面反映。完全消耗系数同样在投入产出分析中起着重要的作用，它能深刻地反映一个部门的生产与本部门和其他部门发生的经济数量关系[94]。因此，它比直接消耗系数更本质、更全面地反映部门内部和部门之间的技术经济联系。这对正确地进行国民经济各部门竞争力比较研究十分重要。

完全消耗系数是指某一产品部门，如 j 部门每提供一个单位产品，需直接消耗和间接消耗各产品部门，如 i 部门产品或服务的数量，也即生产 j 部门单位产品需要完全消耗 i 部门产品的数量。这里所谓的完全消耗，应包括直接消耗和全部间接消耗。计算公式为：

$$b_{ij} = a_{ij} + \sum_{k=1}^{n} a_{ik}a_{kj} + \sum_{k=1}^{n}\sum_{r=1}^{n} a_{ik}a_{kr}a_{rj} + \sum_{k=1}^{n}\sum_{r=1}^{n}\sum_{t=1}^{n} a_{ik}a_{kr}a_{rt}a_{tj} + \cdots$$

全部完全消耗系数组成的矩阵称为完全消耗系数矩阵，是直接消耗系数矩阵与各次间接消耗系数矩阵之和，记为 $B = (b_{ij})_{n \times n}$。

国民经济是由多部门组成的有机整体，其间的技术经济联系错综复杂，因而在实际工作中不能用上述办法来计算完全消耗系数。但这种分析方法为我们提供了一种由直接消耗系数计算完全消耗系数的思路。

根据直接消耗系数矩阵的定义，当国民经济各部门分别生产一个单位的最终产品时，它们所需要直接消耗的各部门产品或服务所形成的矩阵 $X(0)$，为：

$$X(0) = AI = A$$

A 为直接消耗系数矩阵

一次间接消耗组成的矩阵：$X(1) = AX(0) = A^2$

二次间接消耗组成的矩阵：$X(2) = AX(1) = A^3$

$k-1$ 次间接消耗组成的矩阵：$X(k-1) = AX(k-2) = A^k$

k 次间接消耗组成的矩阵：$X(k) = AX(k-1) = A^{k+1}$

那么当国民经济各部门都分别生产一个单位的最终产品时，它们的直接消耗和全部间接消耗所组成的完全消耗系数矩阵 B 为：

$$B = A + A^2 + A^3 + \cdots + A^k + A^{k+1} + \cdots$$

式中 A^k $(k \geqslant 2)$ 为 $k-1$ 次间接矩阵。

由于直接消耗系数矩阵 A 满足 $\sum_{i=1}^{n} a_{ij} < 1$，即由 a_{ij} 组成的矩阵 A 的幂级数是收敛的。因此完全消耗系数阵：

$$\begin{aligned} B &= A + A^2 + A^3 + \cdots \\ &= (I + A + A^2 + A^3 + \cdots) - I \\ &= (I - A)^{-1} - I \end{aligned} \tag{3-2}$$

所以，只要我们知道了直接消耗系数矩阵 A 便可求得完全消耗系数矩阵 B 和完全消耗系数 b_{ij}。

列昂惕夫逆系数又称为完全需求系数，记为 $\bar{b}_{ij}$。指的是 j 部门每提供一个单位产品，对 i 部门产品或服务的完全需求量。由列昂惕夫逆系数构成的 $n \times n$ 阶矩阵 $\bar{B}$ 称为列昂惕夫逆矩阵。

列昂惕夫逆系数矩阵 $\bar{B} = (I - A)^{-1}$，它与完全消耗系数矩阵 B 有着密切的联系，两者仅相差一个单位矩阵，但二者的经济意义是不同的。

3. 分配系数 h_{ij} 和完全供给系数 d_{ij}

在基本流量表中第一象限每一行表示该部门产品或服务在国民经济各部门中的分配情况。而分配系数就是度量或体现这种分配情况。计算公式为：

$$h_{ij} = X_{ij}/X_i \qquad (i,j = 1,2,\cdots,n) \qquad (3\text{-}3)$$

h_{ij} 表示 i 部门产品分配给 j 部门产品消耗使用量在总产出中所占的比例。各部门的分配系数组成了分配系数矩阵 $H = (h_{ij})$。

完全供给系数 d_{ij} 是 i 部门最终产品对 j 部门生产单位产品的完全供给量。完全供给系数 d_{ij} 组成完全供给系数矩阵 D，计算公式为：

$$D = (I - H)^{-1} - I \qquad (3\text{-}4)$$

完全供给系数矩阵反映了某部门最终产品对国民经济各部门的供给量。

当然，分配系数还有另外一种定义，即将分配系数范围扩大，不仅表示在基本流量表中第一象限每一行表示该部门产品或服务在国民经济各部门中的分配情况，还表示了该部门产品或服务在最终使用中的分配情况，也即：

$$h_{ij} = X_{ij}/X_i \qquad (i = 1,2,\cdots,n; j = 1,2,\cdots,n,n+1,\cdots,n+q)$$

其中 q 为最终使用的用途种类数。

4. 最终使用结构系数

最终使用结构系数是指国民经济各产品部门提供给某种最终使用的产品或服务的数量占该种最终使用总额的比重。最终使用结构系数 S_{ij} 的计算公式为：

$$S_{ij} = Y_{ij}/Y_i \qquad (i = 1,2,\cdots,n; j = 1,2,\cdots,q)$$

式中 Y_{ij} 为第 i 部门提供给第 j 种最终使用的产品或服务的数量，Y_j 为第 j 种最终使用的总额。

5. 增加值系数及相关系数

增加值系数包括固定资产折旧系数 a_{dj}、劳动者报酬系数 a_{pj}、生产税净额系数 a_{tj}、营业盈余系数 a_{rj} 和增加值系数 a_{vj}。

(1) 固定资产折旧系数 a_{dj}。

计算公式为：

$$a_{dj} = D_j/X_j \qquad a_{vj} = v_j/X_j \quad (j=1,2,\cdots,n) \qquad (3-5)$$

其中 D_j 表示 j 部门在生产过程中的固定资产折旧总额，a_{dj} 表示 j 部门单位产品中的折旧，形成向量 $A_d = (a_{d1}, a_{d2}, \cdots, a_{dn})$。由此计算出完全折旧系数向量 B_d。

$$B_d = A_d(I-A)^{-1} \qquad (3-6)$$

(2) 劳动者报酬系数 a_{pj}。

计算公式为：

$$a_{pj} = P_j/X_j \qquad (j=1, 2, \cdots, n) \qquad (3-7)$$

其中 P_j 表示 j 部门在生产过程中的劳动者报酬投入总额，a_{pj} 表示 j 部门单位产品中的劳动者报酬，形成向量 $A_p = (a_{p1}, a_{p2}, \cdots, a_{pn})$。由此计算出完全劳动者报酬系数向量 B_p。

$$B_p = A_p (I-A)^{-1} \qquad (3-8)$$

(3) 生产税净额系数 a_{tj}。

计算公式为：

$$a_{tj} = T_j/X_j \qquad (j=1, 2, \cdots, n) \qquad (3-9)$$

其中 T_j 表示 j 部门在生产过程中所缴纳的生产税净额，a_{tj} 表示 j 部门单位产品中的生产税净额，形成向量 $A_t = (a_{t1}, a_{t2}, \cdots, a_{tn})$。由此计算出完全生产税净额系数向量 B_t。

$$B_t = A_t (I-A)^{-1} \qquad (3-10)$$

(4) 营业盈余系数 a_{rj}。

计算公式为：

$$a_{rj} = R_j/X_j \qquad (j=1, 2, \cdots, n) \qquad (3-11)$$

其中 R_j 表示 j 部门在生产过程中所获得的营业盈余总额，a_{rj} 表示 j 部门单位产品中的营业盈余额，形成向量 $A_r = (a_{r1}, a_{r2}, \cdots, a_{rn})$。由此计算出完全营业盈余系数向量 B_r。

$$B_r = A_r (I - A)^{-1} \qquad (3\text{-}12)$$

（5）增加值系数 a_{vj}。

计算公式为：

$$a_{vj} = V_j / X_j \qquad (j = 1, 2, \cdots, n) \qquad (3\text{-}13)$$

其中 V_j 表示 j 部门在生产过程中的增加值总额，a_{vj} 表示 j 部门生产单位产品中的增加值，形成向量 $A_v = (a_{v1}, a_{v2}, \cdots, a_{vn})$。

以上系数为投入产出流量表的系数，用以分析国民经济各部门间投入产出相关分析。另外，在流量表分析中还有生产诱发系数和最终需求结构系数。这些在本文中未使用到，这里就不做分析了。

3.1.2.2 投入占用产出表相关系数定义

1. 固定资产直接占用系数 g_j。

计算公式为：

$$g_j = G_j / X_j \qquad (j = 1, 2, \cdots, n)$$

其中 G_j 表示 j 部门在生产过程中的固定资产占用总额，g_j 表示 j 部门生产单位产品需要占用的固定资产平均额，形成向量 $G = (g_1, g_2, \cdots, g_n)$。由此计算出固定资产完全占用系数向量 B_g。

$$B_g = G (I - A)^{-1}$$

2. 流动资产直接占用系数 l_{ij}（$i = 1, 2, \cdots, m$）。

计算公式为：

$$l_{ij} = L_{ij} / X_j \qquad (j = 1, 2, \cdots, n)$$

其中 L_{ij} 表示 j 部门在生产过程中的第 i 项流动资产占用总额，l_{ij} 表示 j 部门生产单位产品需要占用的第 i 项流动资产平均额，形成向量 $L_i = (l_{i1}, l_{i2}, \cdots, l_{in})$。由此计算出第 i 项流动资产完全占用系数向量 B_{li}。

$$B_{li} = L_i (I - A)^{-1} \qquad (i = 1, 2, \cdots, m)$$

3. 建筑设施直接占用系数 c_j。

计算公式为：

$$c_j = C_j / X_j \qquad (3\text{-}14)$$

其中 C_j 表示 j 部门在生产过程中的建筑设施占用总额，c_j 表示

j 部门生产单位产品需要占用的建筑设施平均额,形成向量 $C = (c_1, c_2, \cdots, c_n)$。由此计算出建筑设施完全占用系数向量 B_c。

$$B_c = C (I - A)^{-1} \qquad (i = 1, 2, \cdots, m) \qquad (3\text{-}15)$$

以上为投入产出占用表相关系数。

本节基于对建筑业产业竞争力分析研究的需要,利用投入产出技术,构建了建筑业投入占用产出模型,并对相关的系数、变量及函数关系进行了定义。

3.2 建筑业总产值和增加值对国民经济直接影响分析

3.2.1 国民经济总产出与 GDP 增长分析

1. 国民经济总产出与 GDP 的增长

上世纪 90 年代以来,中国经济得到了迅猛的发展,虽然"九五"计划以后,经济发展速度有所回落,但从国际比较来看,经济发展速度还是遥遥领先的。中国 20 世纪 90 年代以来经济发展趋势如图 3-1 所示:

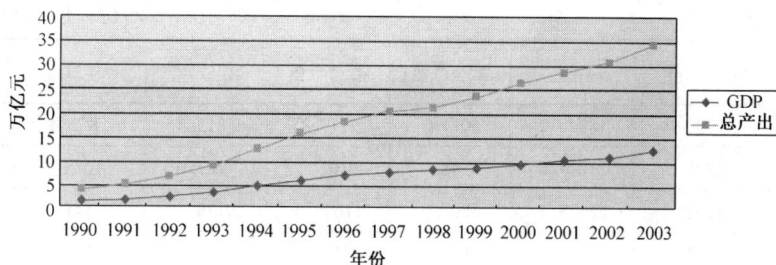

图 3-1 我国 1990~2003 年经济发展趋势图

注:1. 数据为名义 GDP 和总产出

2. 数据来源为《2004 年中国统计年鉴》

由上图可以看出,GDP 和总产出均呈现不断增长态势。但是总产出的增长明显快于 GDP 的增长,也就是说,GDP 相对总产出的增长呈现缓慢下降态势。

但仅从 GDP 增长的速度来看，"八五"期间增长较快，年增长速度除 1991 年外均在 10 个百分点以上，年平均增长速度达到 12%。"九五"期间及以后几年增长的速度则明显放慢，年增长速度均在 10 个百分点以下，年平均增长速度为 8.3%。从 1991 年至 2004 年 14 年间我国 GDP 年平均增长速度达到 10.05%。

1991~2004 年中国 GDP 增长率表　　表 3-3

单位 %

年　份	1991	1992	1993	1994	1995	1996	1997
增长率	9.2	14.2	13.5	12.6	10.5	9.6	8.8
年　份	1998	1999	2000	2001	2002	2003	2004
增长率	7.8	7.1	8.0	7.5	8.3	9.3	9.5

注：数据来源为《2004 年中国统计年鉴》。

2. 国民经济总产出和 GDP 结构分析

中国 1990~2003 年 GDP 与三次产业以及建筑业增加值如表 3-4。

1990~2003 年中国三次产业和建筑业增加值表　　表 3-4

单位：亿元

年　份	GDP	第一产业	第二产业	第三产业	建筑业
1990	18547.9	5017.0	7717.4	5813.5	859.4
1991	21617.8	5288.6	9102.2	7227.0	1015.1
1992	26638.1	5800.0	11699.5	9138.6	1415
1993	34634.4	6882.1	16428.5	11323.8	2284.7
1994	46759.4	9457.2	22372.2	14930.0	3012.6
1995	58478.1	11993.0	28537.9	17947.2	3819.6
1996	67884.6	13844.2	33612.9	20427.5	4530.5
1997	74462.6	14211.2	37222.7	23028.7	4810.6
1998	78345.2	14552.4	38619.3	25173.5	5231.4
1999	82067.46	14471.96	40557.81	27037.69	5470.6
2000	89468.1	14628.2	44935.3	29904.6	5888.0

年　份	GDP	第一产业	第二产业	第三产业	建筑业
2001	97314.8	15411.8	48750.0	33153.0	6375.4
2002	105172.34	16117.3	52980.19	36074.75	7005.04
2003	117251.9	17092.1	61274.1	38885.7	8181.3

注：数据来源为《2004 年中国统计年鉴》

对于 GDP，上文已做了相应的增长分析。下面就三次产业和建筑业的增加值进行增长性分析：

从表 3-4 统计数据可见，1990 年以来第一产业增加值从总量看产出绝对水平是不断增长的，2003 年第一产业增加值达到 17092.1 亿元，是 1990 年 5017 亿元的 3.4 倍。从增长速度看，"八五"计划期间略有上升，到"九五"计划期间开始减慢，1999 年甚至出现下降的局势。同期，第一产业增加值在 GDP 中的比例也由 27.05% 下降到 14.58%，这个比例数降低了将近一半。说明第一产业的发展远低于国民经济的增长。

1990～2003 年第二产业的增加值绝对水平增长相当快，2003 年第二产业增加值达 61274.1 亿元，是 1990 年 7717.4 亿元的 7.94 倍。从增长速度来看，第二产业增长速度远快于第一产业和整个国民经济，"八五"期间增长速度在两位数以上，"九五"以来增长速度略有回落，但还是比同期其他国家高很多。1990～2003 年，第二产业增加值在 GDP 中的比例由 1990 年的 41.61% 上升到 2003 年的 52.26%，这个结构变化还是很可观的。

第三产业自 1990 年以来有较大发展，无论增加值的绝对量还是增加值的增长速度均有较快的增长。2003 年第三产业增加值达 38885.7 亿元，是 1990 年 5813.1 亿元的 6.69 倍，年平均增长速度达 9.04%，"八五"计划期间年平均增长 10%，"九五"计划期间年平均增长 8.2% 增长最快的年份是 1992 年和 1993 年，以后各年增长速度略有波动，总的来说第三产业增加值增长的速度接近且略低于国内生产总值 GDP 的增长速度。

3.2.2 建筑业总产值和增加值增长对国民经济直接贡献分析

1. 建筑业的发展与国民经济增长直接关系分析

建筑业作为第二产业的一部分，其发展趋势和同为第二产业的工业非常相似。根据《中国统计年鉴》，1990~2004年建筑业增加值增长了9倍左右。其实际增长速度如表3-5所示。

1991~2004年建筑业增长速度表   表3-5

单位:%

年　份	1991	1992	1993	1994	1995	1996	1997
增长率	9.6	21.0	18.0	13.7	12.4	8.5	2.6
年　份	1998	1999	2000	2001	2002	2003	2004
增长率	9.0	4.3	5.7	6.8	8.8	12.1	11.8

注：1. 数据来源为国家统计局网站。

  2. 以不变价格计算。

可以看出，"八五"期间建筑业的发展非常迅速，但1996~2001年，建筑业进入调整期，增长速度明显放慢，2001年以来，建筑业增长速度上升很快，在2003年突破两位数。

根据1990~2002年投入产出基本流量表，可计算出国民经济各部门的总产值和增加值在当年总产出和GDP中的结构比例系数(见附录表3)。其中建筑业的比重从1990~2002年变化的趋势图如图3-2：

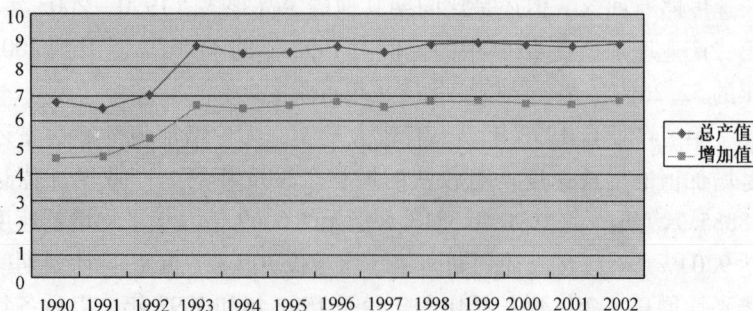

图3-2　1990~2002年建筑业总体变化趋势图

注：数据来源为国家统计局网站。

从图 3-2 可见，建筑业总产值结构系数一直高于增加值，因此，可以推出建筑业的中间消耗较大，对国民经济的拉动效应较强。另外建筑业的比例也呈上升趋势，增长较快的年份为 1992、1993、2000、2001 和 2002 年。建筑业在 1995~1999 年占国民经济的比例是较为稳定的，也就是说，这几年建筑业增长和国民经济增长是同步的。从建筑业排名上看，建筑业一般排在农业之后，和商业、化学工业和食品制造业等排在第 2~5 位。建筑业增加值和总产值的平均排名都在第 3 位左右。

通过投入产出基本流量表计算出国民经济各部门的总产值和增加值在当年总产出和 GDP 中的结构比例系数，再对相应年份的结构数进行排序，可以知道该年总产出和 GDP 中哪些部门比例较大。具体各部门的总产值和增加值的结构系数可以在国家统计局网站(http://www.stats.gov.cn)上可以查到，由于篇幅，本文不作分析。

2. 建筑业产业贡献率和产业拉动率

在分析建筑业对国民经济的直接贡献时，不仅要分析建筑业增加值和总产值在 GDP 和总产出中的比例以及各部门的相应比例结构数，还需要分析建筑业或其他部门增加值的增加对 GDP 增加的直接贡献和影响。要对这种影响进行测算与分析，这里就需要引入两个系数：产业贡献率和产业拉动率。

产业贡献率是指某一部门或产业增加值的增加对 GDP 增长的直接贡献比率，用产业增加值的增量与 GDP 增量的比值作为测算定义。

产业拉动率即为产业贡献率与 GDP 增长速度的乘积，用以测算每年各产业对 GDP 增长所作出的直接贡献。根据中国统计年鉴中所给的数据，可以测算出建筑业产业贡献率和产业拉动率的每年数据结果如下。

根据表 3-6 数据，绘制出 1990~2003 年建筑业产业贡献率和产业拉动率趋势图如图 3-3。可以看出，1990 年建筑业产业贡献率和产业拉动率相当低。原因是 1988 年 8 月中央作出三年治理整顿的决定，1989、1990 年投资紧缩，宏观经济减速，对建筑业发展影响很大，建筑业产业贡献率和产业拉动率只有1.19和0.05；1991年治理整顿结束，特别是1992年小平同志南巡讲话以后，宏观经济进入新一轮快速发展，建筑业产业贡献率和产业拉动率均达到新高，分别为6.87和0.98；1993年下半年开始宏观调控以及后来的亚洲金融危机，宏观经济发展引起波动，建筑业产业贡献率和产业拉动率在1997年处于低谷；1998年，宏观经济实现软着陆，加之1999年建国50年大庆，以及迎接新世纪，中国加入WTO，宏观经济快速发展，建筑业对GDP直接贡献进一步增大，建筑业产业贡献率和产业拉动率2003年分别达到8.5和0.79，产业贡献率超过了1992年。这说明，建筑业产业的发展进步，与国民经济宏观总体发展形势有着较强的正相关关系。

1990~2003年建筑业产业贡献率和产业拉动率表　　　表3-6

年　　份	1990	1991	1992	1993	1994	1995	1996
产业贡献率	1.29	4.83	6.87	6.56	5.54	6.09	4.66
产业拉动率	0.05	0.44	0.98	0.89	0.7	0.64	0.45
年　　份	1997	1998	1999	2000	2001	2002	2003
产业贡献率	1.54	5.66	2.97	3.44	5.96	6.89	8.5
产业拉动率	0.14	0.44	0.21	0.28	0.45	0.57	0.79

注：部分数据来源为历年《中国统计年鉴》。

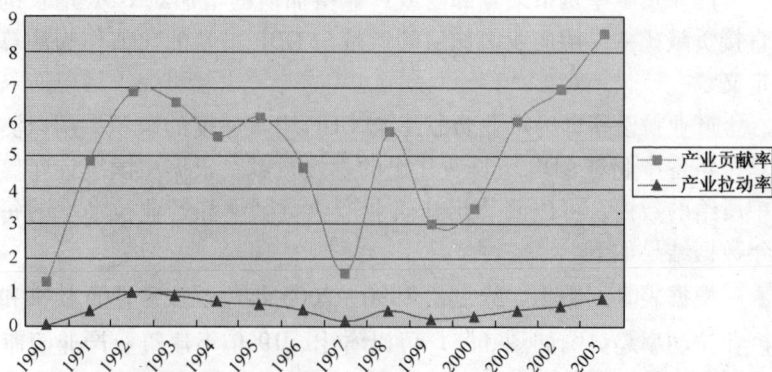

图3-3　1990~2003年建筑业产业贡献率和产业拉动率趋势图

3.3 建筑业与相关产业关联效应分析

在经济活动的过程中，建筑业与其他产业存在着广泛的、复杂的和密切的技术经济联系，即产业关联，采用投入产出技术分析解释建筑业产业发展和经济增长的因果关系，进行产业关联及产业波及效果分析，在传统分析直接和完全消耗系数、分配系数以及完全供给系数的基础上，引入两个重要参数即"影响力系数"和"感应度系数"[101]，做进一步深入分析。

3.3.1 建筑业后向效应测算分析

按照美国经济学家艾伯特·赫希曼（A. O. Hirshman）《经济发展的战略》一书中的解释，所谓后向关联，就是通过需求联系与其他产业部门发生的关联。也可以说，是指在一产业生产过程中，需消耗（投入）其他产业生产的产品而形成的关联。

3.3.1.1 建筑业直接经济后向效应分析

1. 建筑业直接消耗系数

根据3.1.2节对直接消耗系数的定义，利用已有公布的投入产出流量表，测算出建筑业历年直接消耗系数表（附录表6）。可以看出：历年建筑业消耗中间产品最多的几个部门依次是：建筑材料及其他非金属矿物制品业、金属冶炼及压延工业、金属制品业、商业、其他非金属矿采选业、机械工业等。其中建筑材料及其他非金属矿物制品业最大，一般都超过0.2。历年建筑业直接消耗系数在附表中可以查得，本章不作分析。

2. 综合消耗系数

综合消耗系数 $a_{cj} = \sum_{i=1}^{n} a_{ij}$ 反映了任一部门 j 与所有部门的直接依存关系，即 j 部门产品的生产与所有产品生产之间的供求的关系[101]。a_{cj} 越大，说明该部门对所有部门（包括本部门）产品的需求度比较高，部门间联系也越紧密。所以综合消耗系数 a_{cj} 可以用来反映各部门对社会所有部门的依存关系的强弱。

通过对历年投入产出表的数据测算，可以得到历年各部门综合消耗系数，建筑业综合消耗系数在 0.70~0.74 之间，这在国民经济各部门中还是比较大的。也就是说，建筑业对其他行业的依存关系强度比较高。同时也可以看出，第二产业（工业与建筑业）对其他行业的直接依存程度明显高于农业和第三产业。历年建筑业综合消耗系数如图 3-4：

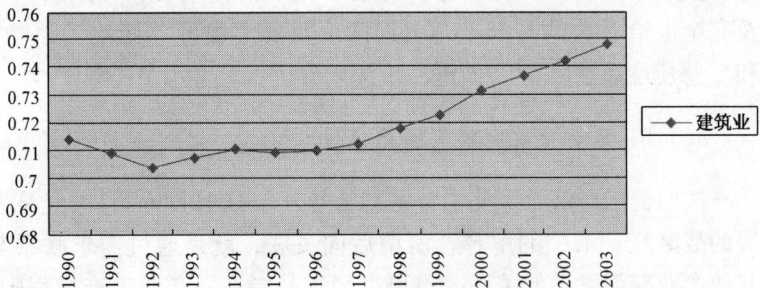

图 3-4　建筑业综合消耗系数趋势图

可以看出，建筑业综合消耗系数在 1990~1992 年有一个下降期，在 1992 以后就一直呈向上攀升趋势。说明建筑业对国民经济其他部门的需求直接依存性在逐步增强。

3.3.1.2　建筑业完全经济后向效应分析

1. 完全消耗系数

从附录表 7 完全消耗系数表可知，建筑业完全消耗较大的几个部门分别是：建筑材料及其他非金属矿物制品业、金属冶炼及压延加工业、化学工业、机械工业和商业等，其中以建筑材料及其他非金属矿物制品业、金属冶炼及压延加工业的建筑完全消耗最大。

2. 影响力系数

影响力系数是指从需求角度，j 部门增加一个单位最终产品时，对各个部门总产出需求的波及效应程度。影响力系数实际上是 j 部门的影响力与国民经济各个部门平均影响力之比，其数值越大，表明对国民经济各部门生产的需求拉动作用越大。影响力系数的测算公式为：

$$\delta_j = b_{0j}/S = \sum_i b_{ij} / (1/n) \sum_i \sum_j b_{ij} \qquad (3-16)$$

其中，b_{ij}表示j部门对i部门产品的完全需求系数。

根据以上计算公式，可以求得1990～2000年各部门的影响力系数如附表8。下面以2000年数据对各部门影响力系数加以分析。

（1）影响力系数大于1。有电子及通信设备制造业、电气机械及器材制造业、金属冶炼及压延加工业、交通运输设备制造业、机械工业、建筑业、煤气生产和供应业、卫生体育和社会福利业等。说明这些部门的影响力超过了国民经济部门平均影响力，将会对国民经济发展有更大的影响或带动作用，以此可以确定国民经济发展的重要产业和部门。影响力系数较大，也就是说对国民经济各部门的需求拉动作用很大。可以看出，影响力系数大于1的部门基本上属于制造业和建筑业，说明制造业和建筑业对国民经济的影响或需求拉动作用相对较大。

（2）影响力系数小于1、大于0.8。有电力及蒸汽热水生产和供应业、旅客运输业、邮电业、非金属矿采选业、煤炭采选业、自来水的生产和供应业、综合技术服务业、货物运输及仓储业、教育文化艺术及广播电影电视业等。这些部门影响力系数略低于平均水平，也就是说这些部门对国民经济各部门的需求拉动作用一般。可以看出，影响力系数小于1、大于0.8的部门一般都是采掘业、能源工业和服务性行业，说明这些行业对国民经济的影响或带动作用相对较小。

（3）影响力系数小于0.8。有农业、金融保险业和废品废料等部门，这些部门影响力系数很小，也就是说对国民经济各部门的需求拉动作用较小。

从历年建筑业影响力系数变化趋势上看（如图3-5）：

建筑业对国民经济需求拉动作用从1990年以来经历了三个阶段：1990～1992年，建筑业影响力系数快速下降，建筑市场需求不足，对国民经济拉动作用较小；1992～1997年，建筑业影响力系数上升较快，建筑业发展较快，对国民经济需求拉动作用较大，并在 1997 年建筑业的拉动作用达到最大；1997 年以后，建筑业影响力系数缓慢下降，建筑业发展进入调整期，对国民经济需求拉动作用主要体现在理性回归上。

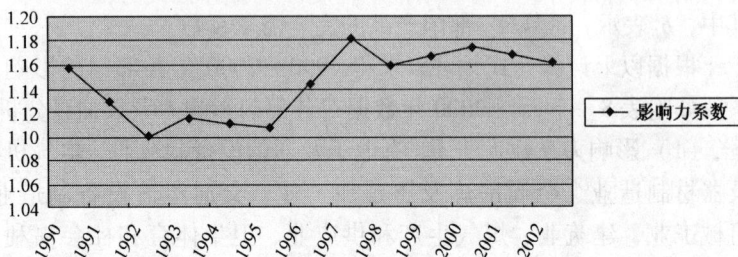

图 3-5　历年中国建筑业影响力系数变化趋势图

3.3.2　建筑业前向效应及测算分析

按照赫希曼《经济发展的战略》一书中的解释，所谓前向关联，就是通过供给联系与其他产业部门发生的关联。也可以说，是指在一产业生产的产品，作为其他产业生产中的生产资料而形成的关联。

1. 直接分配系数和完全分配系数

在投入产出流量表编制过程中，建筑业的当年所有产出都是为当年的固定资本形成，因此，建筑业直接分配系数都是 0[注]，其完全分配系数也全为 0。对此这里就不做分析了。

混合消耗系数 $a_{ie} = \sum_{j=1}^{n} a_{ij}$，反映的是所有部门与某一部门生产之间的供求关系。混合消耗系数越小，说明该部门生产对其他部门的感应程度越小。混合消耗系数与综合消耗系数具有对称性。同样，由于建筑业的直接分配系数都是 0，所以分析建筑业的混合消耗系数在这里来说也无意义。

注：建筑业由于其产品特殊性，产出在投入产出表中基本上都是当作最终产品用以分配，所以建筑业中间产品分配使用一般都是没有的。

2. 感应度系数

感应度系数也是利用完全需求系数计算得到的，反映了各部门增加一个单位最终产品时，i 部门由此而受到的需求感应程度，即 i 部门对各部门生产的供给推动程度。其计算公式为：

$$\delta_j = b_{0j}/S = \sum_i b_{ij} / (1/n) \sum_i \sum_j b_{ij} \qquad (3\text{-}17)$$

感应度系数与影响力系数类似，其数值越大表明该部门对国民经济其他部门产出的推动能力越强，这样其系数的大小可以判断该部门的相对重要性。

3. 测算分析

根据感应度系数计算公式，可以求得 1990～2000 年各部门的感应度系数如附表 9。下面以 2000 年数据对各部门感应度系数加以分析。

（1）感应度系数大于 1。有金属矿采选业、石油和天然气开采业、煤炭采选业、电力及蒸汽热水生产和供应业、金属冶炼及压延加工业、石油加工及炼焦业、化学工业、金融保险业、非金属矿采选业、货物运输及仓储业、造纸印刷及文教用品制造业等，说明这些部门的感应度超过了国民经济部门平均感应度，对国民经济发展有更大的影响或带动作用，以此可以确定国民经济发展的重要产业和部门。感应度系数较大，也就是说对国民经济各部门的供给推动作用很大。

可以看出，感应度系数大于 1 的部门一般都是采掘业、能源工业、部分制造业和服务业。这些行业对国民经济各部门的供给推动作用非常显著。

（2）感应度系数小于 1、大于 0.8。有电子及通信设备制造业、金属制品业、电气机械及器材制造业、商业、非金属矿物制品业、交通运输设备制造业、木材加工及家具制造业、饮食业等，这些部门感应度系数略低于平均水平，说明对国民经济各部门的供给推动作用较低。

感应度系数小于 1、大于 0.8 的部门，主要是制造业、商业和饮食业。这些行业对国民经济各部门的供给推动作用相对比较小。

(3)、感应度系数小于 0.8。表示感应度系数很小，有农业、食品制造业、缝纫及皮革制品业、旅客运输业、综合技术服务业、文教卫生科研事业、建筑业、行政机关及其他行业等。可以看出，感应度系数很小的部门是行政机关及其他行业、建筑业、文教卫生科研事业等，也就是说，这些行业对国民经济各部门的供给推动作用很小。

从历年建筑业感应度系数来看，建筑业由于供给推动作用具有非常强的时滞效应影响，所以就当年建筑业对国民经济供给推动作用来看是非常小，这也是比较容易理解的。

从影响力系数、感应度系数这两个参数的定义出发，本文认为，影响力系数可作为建筑业发展导致经济增长的量化指标；感应度系数可作为经济发展带来对建筑业需求增加的量化指标。那么这两个系数的数值就可以作为建筑业与国民经济因果关系强度的度量，通过观察不同时期影响力系数和感应度系数的改变，也就可以追踪这种因果关系改变的轨迹。

3.4 建筑业初始投入和最终需求对国民经济的影响效应分析

1. 建筑业最初投入对国民经济的影响效应研究

在投入产出表中，各部门最初投入包括固定资产折旧、劳动者报酬、税金和盈余这四项，也就是增加值的构成（$c + v + m$）。因此，最初投入的四项直接影响着增加值的大小，最初投入的影响效应分析对研究建筑业发展与国民经济增长有着非常重要的意义。固定资产折旧、劳动者报酬、税金和盈余以及整个增加值的相关系数定义与测算公式可见 3.1.2 节，各部门最初投入各项系数测算结果可见附录表 10～表 18。

就建筑业而言，1990～2002 年增加值结构变化如图 3-6 所示。

由图 3-6 可知，历年增加值中比例最大的是劳动者报酬，平均在 61%，较低的年份出现在 1993 年到 1996 年，从 2000 年开始劳动者报酬比例逐年降低。其次是营业盈余，基本上在 20% 上下浮动，从 2000 年开始营业盈余比例呈逐年上升趋势。固定资产折旧和生产税净额比例都比较小，一般都在10%以内。

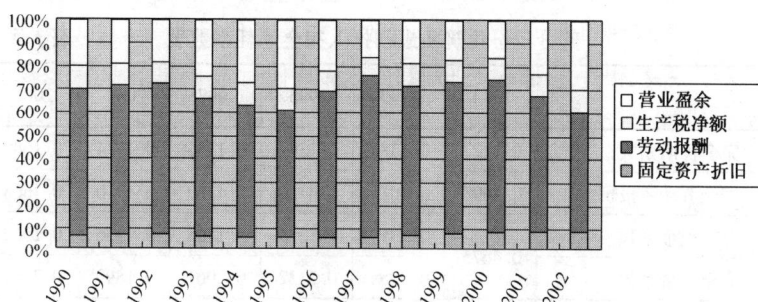

图3-6　历年建筑业增加值结构图

　　在分析建筑业增加值系数和最初投入的直接或完全系数时，为了避免因数据推算方法所产生的分析偏差，笔者仅对已有公开公布投入产出表的年份相关系数进行分析。

　　在这些年份中，建筑业的最初投入直接系数和增加值系数如表3-7。

部分年份建筑业最初投入直接消耗系数及增加值系数表　表3-7

直接系数	1990	1992	1995	1997	2000	2001
折旧系数	0.0210	0.0235	0.0180	0.0165	0.0203	0.0203
劳动者报酬系数	0.1788	0.1904	0.1556	0.1989	0.1763	0.1529
税金系数	0.0855	0.0273	0.0288	0.0234	0.0247	0.0259
盈余系数		0.0546	0.0881	0.0486	0.0470	0.0638
增加值系数	0.2853	0.2959	0.2905	0.2875	0.2682	0.2630

　　可以看出，历年建筑业增加值系数一般在0.25～0.30之间，折旧系数在0.02上下浮动，劳动者报酬系数在0.15～0.2之间，税金系数在0.023～0.028之间，这些系数都是相对比较固定的。这也说明，建筑业的最初投入的技术结构相对是稳定的。

在考虑建筑业与其他行业相互直接间接消耗后，建筑业的最初投入的各项对 GDP 的完全影响系数如下。

部分年份建筑业最初投入完全消耗系数表　　　　表 3-8

	1990	1992	1995	1997	2000	2001
完全折旧系数	0.1227	0.1384	0.1347	0.1354	0.1634	0.1689
完全劳动者报酬系数	0.4098	0.4011	0.4180	0.5180	0.4910	0.4608
完全税金系数	0.4675	0.1350	0.1341	0.1405	0.1556	0.1562
完全盈余系数		0.3254	0.3132	0.2061	0.1899	0.2141

因此，利用最初投入的结构和其完全影响系数，可以测算出历年建筑业最初投入各项对 GDP 的影响效应。具体测算结果如图 3-7 所示。

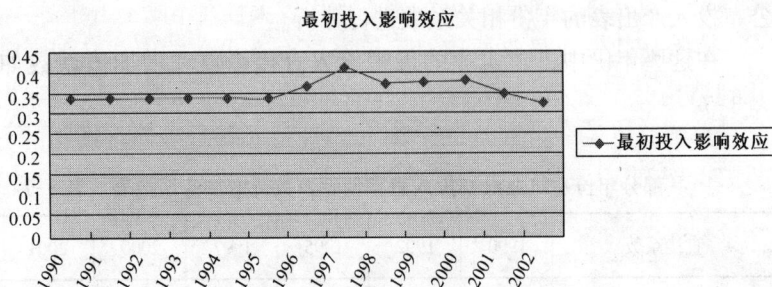

图 3-7　历年建筑业最初投入对 GDP 的影响效应图

2. 建筑业最终需求对国民经济的影响效应研究

在我国国民经济统计中，一般把建筑业生产的产品，也即当年竣工建筑设施绝大部分作为固定资本形成，归到最终需求中。因此在分析建筑业最终需求对国民经济的影响效应时，笔者仅对建筑业历年固定资本形成对国民经济影响进行研究。从 1990 年至 2001 年建筑业固定资本形成由原来的 2957 亿元增加到 24472 亿元，增加了 7 倍左右。而每年建筑业固定资本形成在社会最终产品中占的比例如图 3-8。

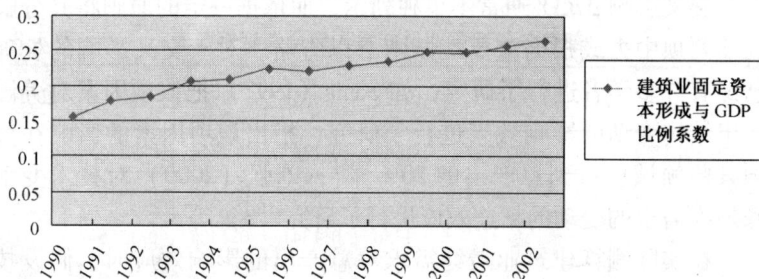

图 3-8 历年建筑业固定资本形成对 GDP 感应效应趋势图

可以看出，建筑业历年的固定资本形成与 GDP 比例还是非常高的，而且每年都在缓慢上升中。因此可以说，建筑业固定资本形成对国民经济特别是 GDP 的影响作用较大且在不断上升中。

在分析建筑业最终使用对国民经济总产出影响时，一般要使用到结构分解分析技术 SAD（Structural Decomposition Analysis）。结构分解分析最早起源于 Leontief（1941）对联合国经济结构的分析。Rose 和 Micrnyk（1989）认为结构分解分析是利用关键因素的比较静态变动来揭示经济结构的主要变化的一种方法[114]。

基于投入产出技术的结构分解分析技术，是在投入产出基本模型的基础上构造其基本模型。投入产出基本模型如下：

$$AX + Y = X$$
$$X = (1-A)^{-1}Y = BY \tag{3-18}$$

其中，A 为直接消耗系数矩阵；X 为总产出矩阵；Y 为最终需求矩阵；B 为 Leontief 逆矩阵。

SDA 技术的最基本两因素模型如下：

$$\Delta X = X_2 - X_1 = B_2 Y_2 - B_1 Y_1 = \Delta B Y_1 + B_1 \Delta Y + \Delta B \Delta Y \tag{3-19}$$

其中，ΔX、ΔB 和 ΔY 分别表示总产出、最终需求以及 Leontief 逆矩阵变化前后的差值；

$\Delta B Y_1$ 通常被称为 B 因素变动（技术变动）的原始影响；$B_1 \Delta Y$ 通常被称为 Y 因素变动（最终需求）的原始影响；$\Delta B \Delta Y$ 通常被称

为 B 因素变动（技术变动）和 Y 因素变动（最终需求）的交叉影响。交叉影响 $\Delta B \Delta Y$ 通常不单独列示，而依据一定的原则将其分解到前两项中去或根据重要性原则予以省略。对于交叉影响的处理已经有许多学者进行了研究，如 Sonis（1997）把该项因素对美国产出结构变动的影响效果进行了研究，指出该项因素的影响在美国某些领域已占到总产出的 20%[115]；刘强（2000）对技术变动和最终需求的变动的粘连效应进行了研究[116]等等。

在实际测算建筑业最终需求对总产出的影响效应时，假设技术条件不变，这样 ΔB 为零，就只需要考虑最终需求 Y 的变动对总产出的影响。而最终需求向量中只有建筑业对相应项发生变动。由公式（3-19）可得建筑业最终需求单位变动对总产出的影响效应：

$$\Delta X = B\Delta Y = \begin{Bmatrix} b_{11} & b_{12} & \cdots & b_{1k} & \cdots b_{1n} \\ b_{21} & b_{22} & \cdots & b_{2k} & \cdots b_{2n} \\ \cdots & \cdots & \cdots & \cdots & \cdots\cdots \\ b_{n1} & b_{n2} & \cdots & b_{nk} & \cdots b_{nn} \end{Bmatrix} (\Delta y_1 \quad \cdots \quad \Delta y_k \quad \cdots \quad \Delta y_n)^{\mathrm{T}}$$

由 $\quad \Delta y_i = \begin{cases} 0 & i \neq k \\ 1 & i = k \end{cases}$ 可得：$\Delta X = (b_{1k} \quad \cdots \quad b_{nk})^{\mathrm{T}}$

所以，建筑业最终需求对各部门总产出的影响效应为 $(b_{1k} \quad \cdots \quad b_{nk})^{\mathrm{T}}$，也就是建筑业对各部门的完全消耗系数向量。具体数值可以参考附表 7 完全消耗系数表。建筑业最终需求对全社会总产出的影响效应为 $\sum_{i=1}^{n} b_{ik}$，即建筑业对各部门的完全消耗系数的总和。历年测算值如表 3-9。

历年建筑业最终需求对全社会总产出的影响效应表　　表 3-9

年　份	1990	1991	1992	1993	1994	1995	1996
数　值	1.898834	1.92016	1.941486	1.938421	1.970025	1.974944	1.96113

年　份	1997	1998	1999	2000	2001	2002	2003
数　值	1.993646	1.968037	2.095725	2.115571	2.252831	2.274165	2.421715

根据表3-9可以看出，建筑业最终需求对全社会总产出的影响效应较大，且有一定的上升。

3.5 建筑设施占用对国民经济的影响效应分析

由前面章节分析中可知，建筑业产品分配具有特殊性，即在投入产出表中没有中间使用部分。所以，在分析建筑业产业对国民经济的推动作用时，还需要引入其他变量。建筑业主要为其他部门生产提供建筑设施（包括建筑和设备安装），这就需要引入建筑设施占用概念来进行分析，这一点将在本节中加以详细研究。

1. 建筑设施占用系数

在3.1节建筑业投入占用产出模型中，提出了建筑设施占用的直接系数和完全系数。这两个系数可以分析各部门对建筑设施的占用需求情况，也即经济状况的变动对建筑业（建筑设施）需求量的影响程度。可以看出建筑设施占用系数（包括直接系数和完全系数）越大，该部门对建筑设施需求总量的影响程度越大，所以建筑设施占用系数也可以称为敏感性系数。下面利用2000年建筑设施直接占用系数表为例进行分析。

2000年各部门总产值对建筑设施直接占用系数表　　　表3-10

部　　门	代码	直接占用系数	部　　门	代码	直接占用系数
房地产业	34	2.8812	木材加工及家具制造业	9	0.4442
邮电业	29	1.8201	其他制造业	22	0.4379
货物运输及仓储业	28	1.7325	机械设备修理业	21	0.4093
综合技术服务业	39	1.5455	造纸印刷及文教用品制造业	10	0.3780
旅客运输业	32	1.3666	机械工业	16	0.3215
非金属矿采选业	5	1.3304	金属制品业	15	0.3175
自来水的生产和供应业	26	1.0266	纺织业	7	0.3091

部 门	代码	直接占用系数	部 门	代码	直接占用系数
煤炭采选业	2	0.9982	化学工业	12	0.3065
电力及蒸汽热水生产和供应业	24	0.9662	商业	30	0.2971
教育文化艺术及广播电影电视业	38	0.8928	食品制造及烟草加工业	6	0.2957
行政机关及其他行业	40	0.7928	仪器仪表及文化办公用机械制造业	20	0.2450
金属矿采选业	4	0.7865	服装皮革羽绒及其他纤维制品制造业	8	0.2307
社会服务业	35	0.7612	交通运输设备制造业	17	0.2302
金融保险业	33	0.7362	石油加工及炼焦业	11	0.2278
石油和天然气开采业	3	0.7145	农业	1	0.2055
煤气生产和供应业	25	0.6463	电气机械及器材制造业	18	0.1587
非金属矿物制品业	13	0.6345	建筑业	27	0.1506
金属冶炼及压延加工业	14	0.5552	电子及通信设备制造业	19	0.1309
科学研究事业	37	0.5475	饮食业	31	0.0959
卫生体育和社会福利业	36	0.4559	废品及废料	23	0.0000

从表 3-10 的计算结果可以看出，房地产业的建筑设施直接占用系数最大，也就是说房地产业对建筑设施的总需求的影响程度最大，其系数值为 2.8812。如果房地产业的总产值变化增加 1%，在其他因素不变的情况下，建筑设施总需求量相应增加 2.8812%。单从这个方面来看，控制建筑设施的总需求量，对房地产业的调

整效果最明显；其次是邮电业、货物运输及仓储业、综合技术服务业、旅客运输业、非金属矿采选业等。

农业、建筑业、饮食业和电气、电子制造业等部门的建筑设施直接占用系数相对很小，排在最后 20 位的除了农业、建筑业、饮食业外全部属于制造业，以建筑业为例来看，其系数值为 0.1506，如果建筑业的总产值变化 1%，在其他因素不变的情况下，建筑设施总需求量相应变化程度仅为 0.1506%，建筑设施总需求量基本没有太大变化，即建筑业等部门总产值对建筑设施总需求的影响基本上很小。

综上所述，建筑设施占用系数只能分析各部门的产出变化对建筑设施总需求量的影响效应。这对本节研究目的来说，是远远不够的。

2. 投入占用产出规划模型

为更系统地研究建筑设施占用对国民经济的影响效应，笔者基于建筑投入产出表和投入产出模型，利用数学规划方法，把国民经济各部门对建筑设施占用和各部门间错综复杂的投入产出关系，体现在一个规划模型中，本文以 2000 年 40 部门建筑投入占用产出表数据为基础，建立建筑投入占用产出规划模型。具体模型如下[104]：

目标函数：$Max \quad GDP = \sum_{j=1}^{40} a_{vj}X_j \quad (j=1,2,\cdots,40)$ (1)

约束条件：$AX + Y \leqslant X$ (2)

$\qquad\qquad X^l \leqslant X \leqslant X^h$ (3)

$\qquad\qquad \sum_{j=1}^{40} z_{ij}X_j \leqslant Z_i \qquad (i=1,2,3)$ (4)

其中，目标要求各种资源配置最优情况下的 GDP 值，X 为各部门的总产出；Y 为各部门的最终使用（含净出口）；X^l 和 X^h 为设定各部门总产出的下界和上界；Z_i 为各项占用资产（固定资产、流动资产和建筑设施占用）的总额；a_{vj} 为各部门增加值系数；z_{ij} 为各项占用资产的直接占用系数；约束条件（2）为投入产出约束；约束条件（3）反映的是总产出约束，X 的下界 X^l 采用当年实际投入产出表中各部门的总产出，X 的上界 X^h 采用各部门平均增长速度和各部门的总产出调整的数据；约束条件（4）是各项资产的占用约束，即每一种占用资产的各部门占用额之和不得超过当年占用总额。

一般来说，以上模型是用以分析在使国民经济各部门相互平衡、保持一定比例的条件下，当各种资源总额确定，如何通过资源的优化配置，达到当年的 GDP 目标最大化。结合实际该年份资源在各部门中的分配情况和实际总产出、GDP 值，讨论资源分配的合理与不合理问题。

在这里，笔者的研究目的是建筑设施占用对 GDP 的影响。在建筑业投入产出模型中，体现为约束条件（4）中建筑设施占用约束的总量（右端常数）变动对目标值的影响。这在数学规划中体现为建筑设施占用约束中右端常数的影子价格分析。

影子价格又称最优计划价格或效率价格，它是指有限资源在最优分配、合理利用条件下，单位资源对社会目标的边际贡献或边际效应，在资源或产品有限的情况下，影子价格是这种资源或产品增加或减少一单位引起效应改变的量值。也就是说，影子价格是资源在实现最大利润时的一种价格估计，这种估计是针对具体问题而存在的一种特殊的价格，它数值的大小反映了某种资源稀缺的程度（边际度量）。影子价格的具体推算如下[117]～[120]：

目标函数最优值为 $z = C_B B^{-1} b$，其中 z 为目标函数值，C_B 为基向量的价值系数，B 为最优基，b 为右端常数项。则由影子价格定义可知：

$$z = C_B B^{-1} b = Y^* b$$

Y^* 为影子价格向量，由此：

$\dfrac{\partial z^*}{\partial b} = C_B B^{-1} = Y^*$ 根据以上原理分析，可以测算得历年建筑设施占用的影子价格如表 3-11。

从表 3-11 中可以看出，建筑设施占用的影子价格在 1991、1992、1997、1998、2002 和 2003 年份数值较大，说明这些年份建筑设施占用对国民经济影响较大，也即占用的建筑设施比较紧缺。其他年份维持在较低水平上，说明这些年份建筑设施占用对国民经济影响较小。

历年建筑设施占用的影子价格表 表3-11

年　份	1990	1991	1992	1993	1994
数　值	0.001461	1.450800	7.440000	0.000011	0.000813
年　份	1995	1996	1997	1998	1999
数　值	0.512903	0.001065	1.622581	2.061290	0.564516
年　份	2000	2001	2002	2003	
数　值	0.003071	0.473226	3.216129	1.656132	

3.6 基于FAHP的建筑业产业竞争力指数测算分析

本章前几节内容基于投入产出技术，从多层面分析并测算了建筑业总产值、增加值、中间投入与消耗、最初投入、最终使用以及建筑设施占用对国民经济各行业乃至整个国民经济产生的影响效应。本节基于上述分析结果，运用模糊层次分析方法（FAHP），将建筑业发展对国民经济产生的影响作用凝聚成建筑业的产业竞争力指数，为进一步进行建筑业竞争力的成长性分析提供前提与基础。

3.6.1 模糊层次分析方法（FAHP）与相关理论

层次分析法（Analytic Hierarchy Process，AHP）是美国著名的运筹学家、匹兹堡大学教授 T.L.Satty 在20世纪70年代提出来的，它是处理某些难于完全用定量方法分析复杂问题的一种有力手段。该方法突出之点是可以将复杂的问题分解成为若干层次，在比原问题简单得多的层次上逐步分解、分析，并可将人的主观判断和定性分析用数量形式表达、转换和处理。AHP是一种多目标决策分析方法，目前在能源规划、交通系统设计、房地产管理等经济领域的多规则决策问题中得到广泛应用，但 AHP 存在递阶层次结构（评价指标体系）不尽合理、完善和权重确定主观、粗糙的缺陷，并且忽视了硬性标度的模糊性和不确定性[104]。实际中为了使决策更加科学、可靠，对一个复杂系统通常有多个决策者或决策部门参与决策，在利用层次分析法（AHP 方法）进行专家咨询时，对同一个问题，不同专家往往给出不同的判断矩阵。为能更好地反映主观判断的模糊性，本文运用模糊层次分析方法对建筑业产业竞争力指数进行测算分析。

模糊层次分析法（Fuzzy Analytic Hierarchy Process，简称 FAHP）是 AHP 在模糊环境下的扩展形式。1983 年，荷兰学者 Laarhoven 和 Pedrycg 曾经提出用三角模糊数表示比较判断的方法，并运用三角模糊数的运算和对数最小二乘法，求得元素的排序向量。

1. 三角模糊数及其运算

设论域 R 上的模糊数 M 称为三角模糊数，如果 M 的隶属函数 $\mu_M : R \rightarrow [0, 1]$ 表示为：

$$\mu_M(x) = \begin{cases} \dfrac{1}{m-l}x - \dfrac{1}{m-l} & x \in [l, m] \\[2mm] \dfrac{1}{u-m}x - \dfrac{u}{u-m} & x \in [m, u] \\[2mm] 0 & 其他 \end{cases}$$

式中，$l \leqslant m \leqslant u$，$l$ 和 u 分别表示 M 支撑的下界和上界，而 m 为 M 的中值。一般地，三角模糊数 M 可记为 (l, m, u)，如图 3-9。

定理如果 $M_1 = (l_1, m_1, u_1)$，$M_2 = (l_2, m_2, u_2)$ 是两个模糊数，则

（1）$M_1 \oplus M_2 = (l_1, m_1, u_1)$
$\oplus (l_2, m_2, u_2) = (l_1 + l_2, m_1 +$

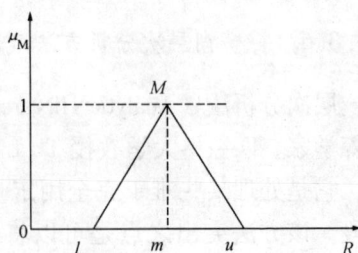

图 3-9

92

$m_2, u_1 + u_2)$

（2） $M_1 \otimes M_2 = (l_1, m_1, u_1) \otimes (l_2, m_2, u_2)$

$$= (l_1 \times l_2, m_1 \times m_2, u_1 \times u_2)$$

（3）存在任意性 $\lambda \in R, \lambda M = \lambda(l, m, u) = (\lambda l, \lambda m, \lambda u)$

（4） $\dfrac{1}{M} = \left(\dfrac{1}{u}, \dfrac{1}{m}, \dfrac{1}{l} \right)$

（5）三角模糊数 M 大于 k 个三角模糊数 M_i（$i = 1$，2，$\cdots$，k）的可能性程度被定义为：

$$V(M \geqslant M_1, M_2, \cdots, M_k) = \min_{i=1,2,\cdots,k} V(M \geqslant M_1)$$

（6）方案 X_i 优于其他方案的纯量测度：

$$d(x_i) = V(S_i^k \geqslant S_j^k) = \begin{cases} \min\left\{1, \dfrac{l_j^k - u_i^k}{(m_i^k - u_i^k) - (m_j^k - l_j^k)}, l_j^k \leqslant u_i^k \right\} \\ 0, \qquad\qquad 其他 \end{cases}$$

2. FAHP 的计算步骤

第一步，用三角模糊数定量表示方案间的两两比较判断。

如果方案 i 明显比方案 j 重要，可以用三角模糊数 $a_{ij} = (l$，5，$u)$ 表示，其中 l，u 表示判断的模糊程度，当 $u - l$ 越大，表示的模糊程度越高；$u - l = 0$ 表示判断是非模糊的，与一般意义下的判断标度 5 相同。方案 j 与方案 i 的重要性比较，用三角模糊数 a_{ij-1} 表示，且 $a_{ij-1} = (1/u, 1/5, 1/l)$。当给出 $n(n-1)/2$ 个模糊判断后，可得到三角模糊数组成的模糊判断矩阵 $A = (a_{ij})_{n \times n}$。

第二步，求出在给定准则下的方案排序向量。设 $M_{E_i}^j$（$j = 1$，2，$\cdots$，m）是第 i 个方案关于 m 个目标的程度分析值，"权重和"型的模糊综合程度值：

$$S_i = \sum_{j=1}^{m} M_{E_i}^j g r_i^j \otimes \left[\sum_{i=1}^{n} \sum_{j=1}^{m} M_{E_i}^j g r_i^j \right]^{-1} \quad (i = 1, 2, \cdots, n) \quad (1)$$

这里 r 是权重。求出在给定准则下，每一个元素同所有元素比较的综合重要程度 S_i，经归一化处理，得非模糊值的排序向量：

$$W = (d(A_1), d(A_2), \cdots, d(A_n),)$$

3.6.2 建筑业产业竞争力指数测算

1. 建筑业产业竞争力指标指数化

根据本文建筑业产业竞争力成长性分析研究的需要，将产业竞争力指数以 1990 年为基期（指数 100），分析并测算 1990 年以后各年份的经济竞争力指数。为此，对于之前测算的建筑业总产值、增加值、最初投入、最终使用以及建筑设施占用对整个国民经济产生的影响效应，需要进行指数化处理。下面分别就建筑业总产值、增加值、最初投入、最终使用以及建筑设施占用等经济影响效应进行指数化分析测算。

对于建筑业总产值和增加值对国民经济的影响效应，有两种系数可以选择：一是建筑业总产值和增加值对国民经济的直接贡献，即建筑业总产值和增加值在总产出和 GDP 中的结构数；二是建筑业产业贡献率和产业拉动率，即建筑业增加值增长对 GDP 增长的贡献与拉动效应测度。本文在充分考虑竞争力指数化的需求和总产值、增加值、产业贡献率、产业拉动率的深层含义后，将四个系数进行两两比较，得出重要度矩阵以及计算结果如表 3-12 所示：[注]

建筑业产业多效应重要度矩阵计算　　　　　　　表 3-12

	总产值比例	增加值比例	产业贡献率	产业拉动率	W
总产值比例	1	2	5	5	0.543933
增加值比例	0.5	1	2	2	0.230126
产业贡献率	0.2	0.5	1	1	0.112971
产业拉动率	0.2	0.5	1	1	0.112971

一致性检验：$AW = (2.1339, 0.9540, 0.4498, 0.4498)^T$

$\lambda_{max} = 4.008$ 　　 $C.I. = 0.0026$

$R.I. = 0.89$

注：本文计算过程表不进行表头标示。

所以，$C.R.=0.00295$，一致性检验通过。

通过加权平均后，得到建筑业增加值直接贡献效应测算值，见表3-13。

建筑业增加值直接贡献效应测算值　　　　表3-13

年　份	1990	1991	1992	1993	1994	1995	1996
影响效应	0.0470	0.0517	0.0579	0.0655	0.0639	0.0657	0.0648
年　份	1997	1998	1999	2000	2001	2002	2003
影响效应	0.0600	0.0659	0.0625	0.0626	0.0672	0.0707	0.0716

对建筑业增加值直接贡献效应进行指数化，结果见表（表3-14）。

建筑业增加值直接贡献效应指数　　　　表3-14

年　份	1990	1991	1992	1993	1994	1995	1996
影响效应	100.00	110.04	123.25	139.28	136.05	139.73	137.94
年　份	1997	1998	1999	2000	2001	2002	2003
影响效应	127.68	140.18	132.94	133.17	142.92	150.47	161.74

对于建筑业后向效应，直接将影响力系数指数化，结果见表3-15。

建筑业后向效应影响力指数　　　　表3-15

年　份	1990	1991	1992	1993	1994	1995	1996
后向效应	100.00	97.49	95.02	96.27	95.92	95.56	98.74
年　份	1997	1998	1999	2000	2001	2002	2003
后向效应	101.97	100.05	100.70	101.36	100.79	100.22	100.31

相应的建筑业前向效应，直接将感应度系数指数化得表3-16。

建筑业前向效应影响力指数　　　　　　表 3-16

年　　份	1990	1991	1992	1993	1994	1995	1996
前向效应	100.00	100.01	100.02	98.01	96.62	95.24	98.24
年　　份	1997	1998	1999	2000	2001	2002	2003
前向效应	101.29	99.10	99.53	99.96	98.48	97.01	98.03

对建筑业初始投入对国民经济影响效应分析指标指数化，结果见表3-17。

建筑业初始投入影响效应指数　　　　　　表 3-17

年　　份	1990	1991	1992	1993	1994	1995	1996
最初投入	100.00	99.74	99.42	99.30	99.17	99.09	107.38
年　　份	1997	1998	1999	2000	2001	2002	2003
最初投入	120.03	109.02	110.10	111.32	101.35	94.27	98.12

对建筑业最终使用对国民经济影响效应分析指标指数化，结果见表3-18。

建筑业最终使用影响效应指数　　　　　　表 3-18

年　　份	1990	1991	1992	1993	1994	1995	1996
最终使用	100.00	113.19	117.28	130.25	132.22	141.20	138.91
年　　份	1997	1998	1999	2000	2001	2002	2003
最终使用	144.01	147.56	154.75	154.56	160.79	166.03	169.31

对建筑设施占用对国民经济影响效应分析指标进行指数化，结果见表3-19。

建筑设施占用影响效应指数　　　　　　表 3-19

年　份	1990	1991	1992	1993	1994	1995	1996
建筑设施占用	100.00	100.14	100.25	98.97	98.07	97.18	98.82
年　份	1997	1998	1999	2000	2001	2002	2003
建筑设施占用	100.47	101.78	103.27	104.77	109.70	114.74	119.68

2. 建筑业产业竞争力指数测算

运用专家调查法，根据建筑业相关指标的特征与含义对竞争力的影响大小经两两比较得出模糊判断矩阵 R，如表 3-20。

模糊判断矩阵 R　　　　　　表 3-20

	总产出和增加值 A	后向效应 B	前向效应	最初投入 D	最终使用 E	建筑设施占用 F
A	(1,1,1)	(2/3,1,3/2) (2/5,1/2,2/3) (3/2,2,5/2)	(2/3,1,3/2)	(2/7,1/3,2/5) (2/7,1/3,2/5) (2/5,1/2,2/3)	(1/2,3/4,1) (1/3,1/2,2/3) (2/5,4/5,5/4)	(2,3,4) (5/2,3,7/2) (3/2,2,5/2)
B	(2/3,1,3/2) (3/2,2,5/2) (2/5,1/2,2/3)	(1,1,1)	(5/2,3,7/2) (5/2,3,7/2)	(2/3,1,3/2) (2/3,1,3/2) (3/2,2,5/2)	(3/2,2,5/2) (1,3/2,2)	(2/3,1,3/2) (3/2,2,7/2) (2/7,1/2,2/3)
C	(2/3,1,3/2)	(2/7,1/3,2/5) (2/7,1/3,2/5)	(1,1,1)	(2/5,1/2,2/3)	(1/2,1,3/2) (3/2,2,5/2) (2/5,1/2,1)	(4/7,4/5,4/3) (3/7,4/7,6/7)
D	(5/2,3,7/2) (5/2,3,7/2) (3/2,2,5/2)	(2/3,1,3/2) (2/3,1,3/2) (2/5,1/2,2/3)	(3/2,2,5/2)	(1,1,1)	(3/2,5/2,7/2) (5/2,7/2,4) (5/3,3/2,5/2)	(3/5,4/5,6/7)
E	(1,4/3,2) (2/3,2,3) (4/5,5/4,5/2)	(2/5,1/2,2/3) (1/2,2/3,1)	(2/3,1,2) (2/5,1/2,2/3) (1,2,5/2)	(2/7,2/5,2/3) (1/4,2/7,2/5) (2/5,2/3,3/5)	(1,1,1)	(2/5,1/2,3/4) (2/3,1,3/2) (2/5,1/2,2/3)
F	(1/4,1/3,1/2) (2/7,1/3,2/5) (2/5,1/2,2/3)	(2/3,1,3/2) (2/7,1/2,2/3) (3/2,2,7/2)	(4/3,5/4,7/4) (7/6,7/4,7/3)	(7/6,5/4,5/3) (3/4,6/7,4/3)	(4/3,2,5/2) (2/3,1,3/2) (3/2,2,5/2)	(1,1,1)

在上述判断矩阵中允许残缺判断矩阵，即允许决策者对某些方案间的两两比较判断不表态。根据三角模糊数加法运算，求得评价指标模糊判断矩阵的平均值，如表3-21。

	总产出和增加值 A	后向效应 B	前向效应	最初投入 D	最终使用 E	建筑设施占用 F
A	(1.00,1.00, 1.00)	(0.86,1.17, 1.56)	(0.67,1.00, 1.50)	(0.33,0.39, 0.49)	(0.41,0.68, 1.25)	(2.00,2.67, 3.33)
B	(0.86,1.17, 1.56)	(1.00,1.00, 1.00)	(2.50,3.00, 3.50)	(0.94,1.00, 1.83)	(0.83,1.25, 1.50)	(0.82,1.17, 1.89)
C	(0.67,1.00, 1.50)	(0.29,0.33, 0.50)	(1.00,1.00, 1.00)	(0.40,0.50, 0.67)	(0.80,1.17, 1.67)	(0.50,0.69, 1.10)
D	(2.17,2.67, 3.17)	(0.58,0.83, 1.22)	(1.50,2.00, 2.50)	(1.00,1.00, 1.00)	(1.89,2.50, 3.33)	(0.59,0.83, 1.00)
E	(0.82,1.53, 2.50)	(0.30,0.39, 0.56)	(0.69,1.17, 1.72)	(0.31,0.45, 0.56)	(1.00,1.00, 1.00)	(0.49,0.67, 0.97)
F	(0.31,0.39, 0.52)	(0.82,1.17, 1.89)	(1.25,1.50, 2.04)	(0.96,1.05, 1.50)	(1.17,1.67, 2.17)	(1.00,1.00, 1.00)

由公式（1）计算每个准则同所有其他准则相比较的综合重要程度值 S_i：

$S_1 = (5.27, 6.91, 9.13) \otimes (1/55.5, 1/42.01, 1/32.73)$
$= (0.095, 0.164, 0.279)$；

同理可计算得：$S_2 = (0.125, 0.204, 0.345)$；

$S_3 = (0.066, 0.112, 0.197)$；

$S_4 = (0.139, 0.234, 0.373)$；

$S_5 = (0.065, 0.124, 0.223)$；

$S_6 = (0.099, 0.161, 0.279)$。

由公式 $V(M_2 \geqslant M_1) = hgt(M_1 \cap M_2) = (l_1 - u_2)/[(m_2 - u_2) - (m_1 - l_2)]$ 得：

$d'(A) = V(S_1 \geqslant S_2, S_3, S_4, S_5, S_6) = \min(0.686, 1, 0.551, 1, 1)$
$= 0.551$；

$d'(B) = V(S_2 \geqslant S_1, S_3, S_4, S_5, S_6) = 0.825;$

$d'(C) = V(S_3 \geqslant S_1, S_2, S_4, S_5, S_6) = 0.227;$

$d'(D) = V(S_4 \geqslant S_1, S_2, S_3, S_5, S_6) = 1.000;$

$d'(E) = V(S_5 \geqslant S_1, S_2, S_3, S_4, S_6) = 0.313;$

$d'(F) = V(S_6 \geqslant S_1, S_2, S_3, S_4, S_5) = 0.553。$

即得：$W' = (0.551, 0.825, 0.227, 1.000, 0.313, 0.553)^T。$

归一化得：$W = (0.159, 0.238, 0.065, 0.288, 0.090, 0.159)^T。$

利用上述所测算的各指标指数值与指标权重相乘,得到 1990～
2003 年建筑业产业竞争力指数如表 3-22：

1990～2003 年建筑业产业竞争力指数表　　　表 3-22

年　　份	1990	1991	1992	1993	1994	1995	1996
竞争力指数	100.00	102.71	105.53	106.79	109.55	112.39	113.71
年　　份	1997	1998	1999	2000	2001	2002	2003
竞争力指数	115.05	113.90	113.42	112.95	118.02	123.36	128.94

据表 3-22,绘制出 1990～2003 年建筑业产业竞争力指数趋势
图如图 3-10。

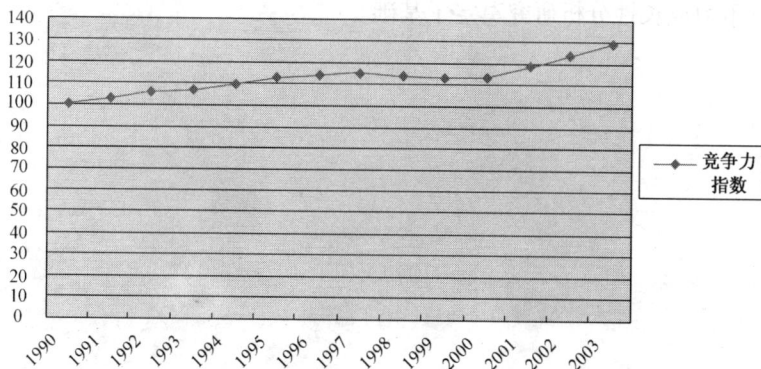

图 3-10　1990～2003 年建筑业产业竞争力趋势图

99

通过图 3-10 可以清楚看出，中国建筑业产业竞争力明显分为三个阶段，即：1990～1995 年的稳步增长阶段，1995～2000 年的调整过渡阶段，以及 2000 年以后的快速发展增长阶段。这一研究成果表明，中国建筑业产业竞争力的提升与国民经济宏观态势的发展是相一致的，并且同建筑业行业自身的发育以及相关行业的发展有着相当密切的相关性。

3.7 小 结

本章首先基于投入产出技术对建筑业产业竞争力进行分析，在投入产出一般模型的基础上建立了建筑业产业投入占用产出模型，并给出了建筑业产业竞争力分析研究需要的相关系数；接着从多方面、多层次分析了建筑业总产值和增加值对国民经济的直接影响，建筑业与相关产业的关联效应，建筑业初始投入和最终需求对国民经济的影响效应，建筑业设施占用对国民经济的影响效应。权衡各因素对国民经济的影响，选取建筑业增加值、影响力系数、感应度系数、初始投入系数、建筑设施占用系数作为评价建筑业竞争力的主要因素，利用模糊层次分析法，将建筑业各部分对国民经济影响效应进行分析，建立了 5 因素的模糊层次分析模型，求得历年建筑业产业竞争力指数，为进一步对建筑业产业竞争力成长性分析研究奠定了基础。

4 中国建筑业产业竞争力影响因素分析

4.1 现有的各种竞争力研究要素体系比较分析

4.1.1 WEF 与 IMD 的竞争力研究要素体系

1980 年,世界经济论坛(WEF)就开始讨论有关国际竞争力的问题。经过数年努力,到 1986 年,终于形成了一个相对完整的国际竞争力的研究体系。从 1989 年起,WEF 与瑞士洛桑国际管理开发学院(IMD)开始携手合作进行此项研究,国际竞争力从概念到方法都进一步获得了丰富和发展。其间又有许多国家和机构纷纷加入国际竞争力研究,新的理念和方法层出不穷,结果不仅丰富了国际竞争力的研究,也孕育出见解的分歧,导致 1995 年底 WEF 和 IMD 由于研究方法的不同意见而分道扬镳,各自开始独立地发布国际竞争力排名体系。以此为标志,国际竞争力研究进入了一个新的阶段。

从目前的研究来看,WEF 与 IMD 对国际竞争力的理解并不存在实质的差异。WEF 对国际竞争力的定义是"一国实现国民经济持续高速增长的能力"。因为 WEF 的研究人员认为短期内经济增长的微小差异在长期则可以造成居民生活水平的巨大差异,因此他们着眼于经济的增长来评价一国的竞争力。IMD 对国际竞争力的定义要复杂得多,认为国际竞争力是指"一国创造增加值从而积累国民财富的能力,并且通过协调如下四对关系而实现其国际竞争力。这四对关系是:资产与过程、引进吸收能力与输出扩张能力、全球经济活动与国内家园式经济活动、经济发展与社会发展。"IMD 对国际竞争力的理解是综合的,强调经济与社会的全面发展与协调,但其根本目的还是要实现创造增加值和积累国民财富的能力。因此两个组织对国际竞争力的不同阐述实际上是"貌离神合"的，它们的分歧主要在于研究方法的差异，WEF 侧重于经济增长的评价，实质是采用动态的评价方法，而 IMD 则更偏向于静态的评价方法。可以说目前对国际竞争力概念的理解是基本一致的，即国际竞争力是在国家这一层次上的保持经济增长、增加国民财富的能力，这也正是国际竞争力的现代意义。

1. 世界经济论坛（WEF）竞争力评价体系

WEF 在 2000 年以后的《全球竞争力报告》中设计了四个反映国际竞争力的指数：即增长竞争力指数（the Growth Competitiveness Index）、当前竞争力指数（the Current Competitiveness Index）、经济创造力指数（the Economic Creativity Index）和环境体制指数（the Environmental Regulatory Regime Index）[126]，并分别对其进行排名，排名的依据是对影响和决定国际竞争力的 8 类主要因素——开放程度、政府效能、金融、技术、管理、基础设施、劳动和法规制度逐一进行定量分析，其数据来源于有关机构的统计数据和问卷调查。为了使评价结果更客观，在进行竞争力指数排名时，8 大要素内部的子要素均具有不同的权重，以下为 WEF 国际竞争力评价的基本内容和方法。

WEF 选定八大要素对国家或地区进行评比，子项指标数共计 179 项（见表4-1）。指标中量化与非量化指标比例为三比七，而

WEF 国家竞争力评价指标体系（2003）　　　　　　　　表 4-1

评 比 项 目	次 级 项 目	子项指标数
开放程度（Openness）	关税及隐藏性进口障碍	17
	出口推广	
	汇率政策	
	跨国新创事业与外人直接投资	
政府效能（Government）	政府干预程度	28
	政府能力	
	税负及逃税	
	政府规模	
	财政政策	
	税率	

评比项目	次级项目	子项指标数
金融实力（Finance）	金融中介的范围	22
	效率与竞争	
	金融风险	
	投资与储蓄	
基础建设（Infrastructure）	通讯设备的普及度	29
	基础建设的支持	
科技实力（Technology）	本国技术能力	24
	经由直接投资或外人移转的技术	
企业管理（Management）	综合管理指标	18
	人力资源管理	
劳动市场（Labor）	技能与生产力	23
	社会政策的弹性与效率	
	劳资关系	
法规制度（Institution）	竞争指标	18
	法律制度的公正性	
	警察报户与组织犯罪的减缓	
合　　计	—	179

资料来源：张温波，国家竞争力之意义与内涵，经建会专题研究特刊第二号（台湾）。

在各项指标权重上，WEF 较 IMD 繁复，对指标均给予不同的权重，其中开放程度、政府效能、金融实力及劳动市场等量化指标权重占 75%，而问卷调查指标权重则仅占 25%；基础建设及科技实力量化指标权重为 25%，问卷调查指标权重为 75%；而在企业管理及法规制度两大评比要项上，由于均为问卷数据，所以问卷调查数据权重为 1（见表 4-2）。

评比要项	总指标数		量化指标		问卷调查指标	
	项　数	权　数	项　数	权　数	项　数	权　数
开放程度	17	1/6	3	3/4	14	1/4
政府效能	28	1/6	9	3/4	19	1/4
金融实力	22	1/6	9	3/4	13	1/4
基础建设	29	1/9	14	1/4	15	3/4
科技实力	24	1/9	11	1/4	13	3/4
企业管理	18	1/18	0	0	18	4/4
劳动市场	23	1/6	8	3/4	15	1/4
法规制度	18	1/18	0	0	18	4/4
总　　计	179	1	54		125	

资料来源:张温波,国家竞争力之意义与内涵,经建会专题研究特刊第二号(台湾)。

WEF《全球竞争力报告》更像一个学术机构的研究报告,它更加重视机制上的问题,重视实际运营方面的问题。《全球竞争力报告》采用报告作者认为最新的理论来进行竞争力评价,并且评价结果主要取决于评价者或调查对象的看法。由于该机构大量使用定性指标,使调查结果的准确性严重依赖所收回的调查问卷的准确性和代表性。同时,问卷所涉及的问题的多样性和竞争力指标的多变性,使评价结果的准确性也受到影响。因此,WEF 的《全球竞争力报告》与其说是评价报告,倒不如说是研究报告。

2. IMD 竞争力评价体系

IMD 的研究体系相对比较稳定,它坚持国际竞争力的八要素构成论,即(1)国内经济实力——用以测度一国宏观层次上的经济实力基础;(2)国际化——用以测度一国参与国际贸易和资本流动的程度;(3)政府管理——用以测度政府政策对国际竞争力发展的有利程度;(4)金融体系——用以测度股票市场及金融服务的绩效;(5)基础设施——用以测度资源与基础设施体系对国内企业基本需求的满足程度;(6)企业管理——用以测度已有创新精神的、可盈利的及负责任的方式管理企业的能力;(7)科学与技术——用以测度一国在基础研究和应用研究中取得的成就及运用科学技术的能力；（8）国民素质——用以测度一国人力资源的质量[131]。把这8个要素放入 IMD 关于企业竞争力与企业运营环境之间的相互关系的模型中去，则可得到 IMD 的国际竞争力系统描述理论的结构。

IMD 一贯遵从它提出的竞争力十大黄金规则：

（1）创造一个稳定、可预测的立法环境

（2）在一个灵活和有弹性的经济结构中工作

（3）在传统和技术基础设施上投资

（4）鼓励个人储蓄和投资

（5）占领国际市场和吸引外国直接投资

（6）政府和管理应集中于质量、速度和透明度

（7）维持工资水平、生产率和税收间的关系

（8）通过减少工资不平等和加强中产阶级来保持社会结构

（9）大力投资于教育

（10）平衡家园经济和全球化，保证创造巨大财富的同时保持公民想要得到的价值体系

IMD 针对8大要素建立起一个较为全面的指标体系，所选指标均与国际竞争力有密切关系，并尽量避免指标之间的相关性。IMD 把指标分为两大类：一类是可测度的指标，其数据从各国的统计资料或国际统计资料取得，称为硬数据；另一类是对国际竞争力问题的认识和判断的指标，其数据从专家调查问卷结果取得，称为软数据。专家调查问卷均由各参评国的企业界主管及设在该国的跨国公司的负责人回答，问题采用7级主观评价制。经验表明，与滞后一期的硬数据相比，软数据更能反映国际竞争力的最新动态。国际竞争力指标体系是兼顾世界总体评价排名和具体现象数量特征的二维描述方法，并且数据标准、计量原则完全一致可比，因此它是一个系统定义上全部节点的反映及其节点间关系的反映的有机数据系统，为进行国际竞争力的系统分析和理论研究提供了客观依据。

IMD 采用加权平均法计算各国国际竞争力得分，对国际竞

力进行综合评价。其中关键是指标权数的确定。鉴于软数据的主观性较强、稳定性较差的特点，IMD 赋予软数据总体 1/3 的权数，全体硬数据拥有另外 2/3 的权数。进一步，IMD 定义每个硬数据的权数为 1，由此计算出每个软数据的权数。硬、软数据权数的确定方法是通过专家调查法确定的。

在国际竞争力综合评价的过程中，IMD 始终贯穿着市场经济的评价原则，即强调国家主要是为企业竞争创造良好条件和环境，而不主张国家直接参与经济活动。在 IMD 所列出的 29 条评价和分析原则中，处处体现出以市场机制为主体、国家起宏观监督、调控职能的原则。这是一个价值取向问题，但该原则与世界各国经济运行的大趋势相符合。

IMD 国际竞争力评价指标体系结构表　　　　表 4-3

经济表现	国内经济实力	规模	11
		增长	10
		财富	6
		预测	6
	国际贸易		20
	国际投资	投资	8
		金融	2
	就业		7
	物价		4
政府效率	公共财政		11
	财政政策		14
	组织机构	中央银行	7
		政府效率	10
		公平与安全	5
	企业法规	开放度	5
		竞争法规	7
		劳动法规	3
		资本市场法规	9
	教育		13

	生产率		11
企业效率	劳动力市场	成本	4
		劳资关系	5
		人才可获得性	11
	金融	银行效率	9
		股票市场效率	8
		自筹经费	2
	管理实践		11
	全球化影响		5
基础设施	基本基础设施		20
	技术基本设施		20
	科学基础设施		22
	健康与环境		18
	价值体系		10

从以上介绍可以看出，IMD 对国家竞争力的评价是基于大量的统计数据和调查数据基础之上的，应当说是用综合要素评价国家竞争力的比较成熟的一种方法，也是目前世界最著名的国家竞争力评价方法之一。其主要贡献是：

●提供了大量的统计数据和调查数据，形成了比较全面和完善的评价体系。其收集的指标数据对于我们进行国家之间的分析比较，可能还比其综合评价所得出的结果更加有分析意义；

●通过排名突出了国家之间的竞争力差距，能够比较清楚地了解到自己与竞争对手相比的强项和不足；

●通过对最差 20 个指标的单独列示和模拟排名，向决策者提出了亟待改进的主要方面，并指出了改进之后排名的变化。

但是，本文认为该评价方法也有其不足之处：

▲对国家竞争力的定义有一定的偏差。IMD 定义为支持企业竞争力的环境，这个定义说明了影响国家竞争力的因素的复杂性和多样性，但同时也使国家竞争力的定义过于宽泛，从而使得

"国家竞争力"的评价变成了几乎包括所有经济因素的综合评价；

▲评价指标设置和处理也不太合理。（1）评价指标的重复性较大，有些指标实际上是另外一些指标的同义词或已经由另外一些指标所反映，但由于从不同角度看问题而将其重新考虑，例如在国内经济增加值子要素下有9个指标，其中真正不重复的只有3个指标；（2）在指标处理方面不进行关键指标和相关指标的分析和筛选，致使指标多的评价要素在排名中所起的作用大于指标少的要素；（3）对不同层次、重要性不同的指标用统一的权重来计算，也使计算结果有失正确性；

▲在指标评价标准的确定方面，也显得比较武断，特别是有一些还有争议的结论用来作为评价标准确定的原则，例如在汇率对国际竞争力的影响、政府支出赤字对一国竞争力的影响等方面均存在着争议；

▲将不同竞争主体（如国家、企业）和竞争对象（如制度、产品）的竞争力影响或决定因素放在一起，加权计算，使加权值几乎失去了意义。

总之，IMD收集了大量数据，进行了广泛的比较，但在国家竞争力评价和比较方法上的不完善也使其重要性和实用价值在一定程度上有所打折扣。庞大的、含义重复的、所反映对象不统一的计算指标使人首先对指标的取舍表示怀疑，基于这些指标的评价结论则自然难以令人满意。

4.1.2 国内学者对于竞争力的研究要素体系分析

裴长洪主要是从两个方面来评价产业竞争力，即用显示性指标来说明国际竞争力的结果；用分析性指标来解释一国某个行业为什么具有国际竞争力的原因：

（1）显示性指标包括市场占有率（市场份额）、利润率以及价值增值指标（增值率指标）。其中，市场占有率指标直接反映某行业或某产品国际竞争力的实现状态；利润率指标也能直接反映企业和产品的国际竞争实现状态。但是，无论是市场占有率指标还是利润率指标，都不能完全说明生产国际化和产业内分工与贸易形式下一国的产业竞争力状态。因此要运用价值链的分析方法来计算价值增加量。所以，价值增加指标或增值率指标也是一个重要的实现指标。

（2）分析性指标反映的是，竞争力已经得到显示的解释变量或未实现的竞争潜力。这些指标所反映的变量因素可以决定产品在国际市场上的竞争结果，或者可以解释为什么各国的产品在国际市场上会具有不同的竞争力或竞争结果。

从原因分析的相关性的贴近程度和它所包含的影响范围来看，分析性指标又可以分为直接原因指标和间接原因指标：

直接原因指标可以分成三大类：1）与生产率有关的各项指标，如劳动生产率、成本、价格、企业规模等。2）与市场营销有关的各项指标，如品牌商标、广告费用、分销渠道等。3）与企业的组织管理有关的各项指标，如售后服务网点和全球质量保证体系等。

间接原因指标：**裴长洪**借用了波特的"国家竞争优势四因素"模型来解释产业国际竞争力的间接原因，或者也可以说是深层次的原因。他认为，如果把波特四因素中的一些因素指标化，可以得到一些重要的间接原因指标，即1）生产要素类指标；2）需求因素指标；3）相关产业因素；4）企业组织、战略和竞争状态因素。

中国社会科学院**金碚**研究员研究指出，波特的分析范式尽管十分富于启发性，但也不是完美无缺的。对于不同国家、不同的经济发展阶段，分析范式也未必一成不变。考虑到我国关于产业国际竞争力的研究尚处于起步阶段，他把研究的视野集中于经济分析较易把握的领域以及因果性比较清晰的关系。首先从工业品的国际竞争力研究开始，因为目前我国大多数企业参与市场竞争的关键之一是，必须能生产出可以为市场所接受的产品，所以，从国产工业品的市场占有率和盈利状况及其直接和间接决定因素的分析入手，逐步建立起适合我国产业发展具体情况并易于进行更深入国际比较研究的经济分析范式，是我国产业国际竞争力研究的一条可行的道路。在此基础上，他构建了工业品国际竞争力分析框架。

工业品国际竞争力的经济学分析意义取决于一国的本国经济

（指企业为本地提供产品和服务的经济形态）与全球经济（指企业进行全球化经营的经济形态）的关系。这通常可以由一国的外贸依存度，即进出口总额与国内生产总值的比例来反映。也就是说，一国的本国经济相对于全球经济的比例越小，对外开放度越大，即外贸依存度越高，工业品国际竞争力问题就越是具有重要意义。自20世纪80年代以来，我国经济开放度日益扩大，外贸依存度大幅度提高，工业品国际竞争力已成为关系我国经济全局的一个重大战略问题。

金碚等认为一个国家的某种工业品的国际竞争力的强弱，可以从结果和原因两个方面来分析：从结果角度分析，工业品竞争力直接表现为一国工业品在市场上的占有份额。一国的某种工业品在该种产品市场上占有的份额越大，获得的利润越多，表明该国的这种工业品的国际竞争力越强。从原因角度分析，一切有助于一国工业品开拓市场、占据市场，并以此获得利润的因素，都可以是工业品国际竞争力的研究对象。

其中，反映竞争结果的指标称为工业品国际竞争力的实现指标（如市场份额），因为它们表现了国际竞争力在市场上的实现程度；而把反映竞争实力和潜力（即竞争力强弱的原因）的指标称为工业品国际竞争力的直接因素指标（如产品的价格、产品的质量、产品的品牌和产品的结构等）和间接因素指标（如成本、技术、经营管理、企业规模和资本实力等）。金碚关于工业品国际竞争力的模型如图4-1。

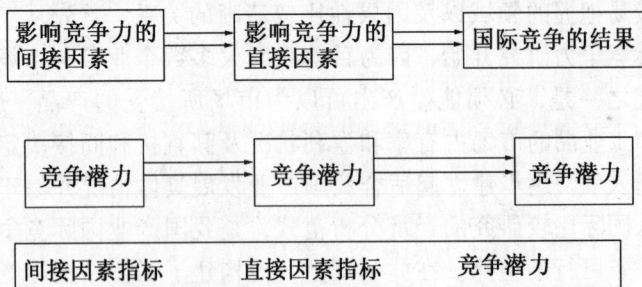

图4-1　金碚的工业品国际竞争力模型

4.1.3 中国电信业与中国商业银行竞争力要素分析体系

1. 中国电信业竞争力评价体系

中国电信业国际竞争力发展报告[135]结合理论分析，考虑到电信业的特殊性，认为电信业国际竞争力是电信业环境竞争力、市场竞争力和企业竞争力的综合。

环境竞争力表示一国（或地区）电信法律体系、行业监管体制、产业政策、监管政策以及市场开放等宏观制度及其对电信产业和企业发展的促进和抑制能力，也反映电信业开放程度和政府行政效率。因此，环境竞争力又可细化为法律和制度框架、政府效率和电信业国际化三个要素，涵盖了6个评价指标。

市场竞争力反映一国或地区电信市场容量和市场规模、服务水平以及市场发展潜力等。市场竞争力指数包括市场规模和需求、电信普及率、电信资费、电信投资以及电信服务质量等要素。由于因特网已经成为电信业发展的重要引擎，2004年国际竞争力评价中，尤其关注信息技术和因特网的发展。考虑到数据的可获得性，主要将市场规模、电信普及率、电信资费、电信投资等四个要素作为电信业市场竞争力的评级基准，包括23个参评指标。另外，在服务质量要素中，引入了"电信用户满意度"的概念，作为服务质量要素的综合参考指标。电信用户满意度是衡量电信服务水平的重要指标，也是目前世界上许多国家和地区测评电信服务质量的通行做法。

企业竞争力就是一国或地区全部电信企业的平均竞争能力，或者说是产业的微观基础。作为上市公司，价值创造的能力是企业竞争力的非常重要方面。我们从技术创新、生产率、公司治理结构三个方面评价各国电信业的企业竞争力水平。不可否认，企业规模是企业竞争力非常重要的方面，故也应把"进入《财富》500强电信公司数"作为衡量企业规模的指标。企业竞争力的三个要素包括13个指标，其中9个是参评指标，4个是参考指标。如表4-4所示。

要　素		指标名称和内容
环境竞争力	法律和制度框架	法律和制度框架是否支持电信业国际竞争力提高
		监管体制是否有利于电信产业发展
	政府效率	政府电信产业和管制政策是否有效实施
		政府产业政策尤其是管制政策透明度
	电信业国际化	电信业国际化是否对该国构成威胁
		该国是否按电信服务承诺表开放电信市场
企业竞争力	技术创新	电信技术创新指标
		人员可获得性评价
	生产率	全员劳动生产率
		全员劳动生产率增长率
		每员工电话主线数
		每主线电信业务收入
		国际话务量 MOU
	公司治理	公司治理机构
		价值创造
市场竞争力	市场规模	电信业务收入
		人均电信业务收入
		电信业务收入增长率
		国际话务量总量
		国际话务总量增长率
		固定电话用户数量
		固定电话用户数增长率
		移动电话用户数量
		移动电话用户数增长率
		因特网用户数
		因特网用户数增长率
		因特网主机数
	普及率	主线普及率
		移动电话普及率
		因特网普及率
	资费	国际电话资费
		本地电话资费
		因特网拨号资费
	投资	年均电信投资
		年均电信投资占 GDP 比
		年均电信投资占收入比
		每主线电信投资

2. 中国商业银行竞争力评价体系

全国性商业银行竞争力评价指标体系分为两个层次：现实竞争力指标（包括市场规模、资本充足性、资产质量和安全性、资产盈利能力、资产流动性管理能力、国际化业务能力）；潜在竞争力指标（包括人力资源、科技能力、金融创新能力、服务竞争力、公司治理及内控机制）。现实竞争能力是指银行在当前条件下所表现出来的生存能力，代表着该银行在报告期时间点上的竞争力实现结果，是一种现实存在的概念，由一个时间剖面的一系列显示性指标集组成，主要包括市场占有率、盈利能力、经营能力、资产质量、资本充足率等财务会计指标。而潜在竞争力则代表了实现这一现实竞争力的进程是怎样的，其中包含着因果分析的过程，从其中可以解释银行为什么有竞争力或者为什么缺乏竞争力。换句话说，现实竞争力指标所反映的是当前竞争的结果或者竞争力的最终表现，而潜在竞争力指标所反映的是竞争力背后的原因或者决定因素，它由一个时间点上银行内部因素影响未来竞争力的隐性指标集组成，即基于对现实竞争力分析的基础上，重点分析构成银行竞争力的主要制度性影响因素，如银行的组织结构、法人治理结构、业务体系和业务创新能力、服务竞争力、人力资源和科技能力等等，以测度竞争力位势的延续能力。

全国性商业银行竞争力综合评分，采用层次分析法（AHP）生成。关于服务竞争力评价，研究人员根据国际银行服务质量（BSQ）的衡量标准，从效率和信任尺度、接待能力尺度、价格尺度、有形资产尺度、服务职责尺度以及可靠性尺度设计了专业化问卷调查（零售业务、公司业务），共回收 6378 份有效问卷，采用模糊评价方法，形成最终服务竞争力综合评分。

4.2 中国建筑业产业竞争力影响因素的选取

4.2.1 产业竞争力因素的判断基准

产业竞争力的影响因素很多，但要分辨究竟哪些因素在产业竞争力形成过程中具有决定性作用，是一个非常复杂的课题。从国内外的现有大量实证研究成果来看，在一般情况下，产业竞争力诸多影响因素中，总有若干因素始终起着关键性作用。本文经过对理论与实践的综合分析，认为在判断产业竞争力的决定因素时应遵循三条基本准则。

1. 内因外因共同决定，以内因为主。

从总体上看，产业竞争力的决定力量无非来自于两个方面，一是产业内部条件，二是产业外部环境。根据马克思主义唯物辩证法关于内因外因关系原理，内因决定着事物的本质，外因是事物发展变化的条件，外因通过内因而起作用。按照这一原理，在识别和分析产业竞争力的影响因素时，应当把影响产业竞争力的产业内部因素作为基本准则，因为，产业内因是决定产业竞争力的主要自变量，产业外因决定的只是次要的或辅助性的自变量。唯其如此，才能真正揭示产业竞争力的主要来源。

2. 竞争力"资产"与"过程"因素共同决定，以"过程"因素为主。

WEF 和 IMD 从 20 世纪 80 年代起对国际竞争力进行了大量的理论与实证研究，在理论上总结出了关于竞争力决定因素的一般规律，这就是著名的"国际竞争力方程"。这一理论认为，竞争力 = 竞争力资产×竞争力过程。所谓"资产"是指固有的（如自然资源）或创造的（如基础设施）条件；所谓"过程"是指将资产转化为经济结果（如通过制造），然后通过国际化（在国际市场测量的结果）所产生出来的竞争力。按照这一定义，"竞争力资产"一般是天生的或人为创造的条件，是竞争力产生和提升的必要基础。"竞争力过程"是一种将资产转换为竞争能力的主要动力，在竞争力形成中起着主导性作用。如果光有"资产"条件，而"过程"条件太弱，是不可能产生竞争力的。

因此，在分析产业竞争力的影响因素时，既要充分重视"竞争力资产"因素的作用，也要把"竞争力过程"因素置于突出的位置[138]。

3. 突出产业内企业因素的关键性作用。

企业及其产品是产业竞争的载体，企业及其产品的竞争力决定着所在产业的竞争力，产业竞争力只是企业竞争力的综合体现。因此，分析产业竞争力的影响因素的立足点理所当然应当放在企业层面。如企业的发展战略、经营规模、管理方式与水平、组织结构等[140]，这些因素对企业及其产业竞争力的形成均具有举足轻重的影响力。

4.2.2 产业竞争力因素的关联分析

由于产业竞争力的来源具有多样性，因而，产业竞争力的影响因素也必定具有关联性。这些关联因素可以划分为：基础因素、核心因素和环境因素。

1. 产业竞争力的基础因素

所谓"基础因素"，是指影响产业竞争力的基本要素，主要包括：基础设施、资金丰裕程度、劳动力资源、自然资源、文化背景等因素。基础设施包括道路、通讯、电力、水、气等产业生产所必需的条件。这是任何一个产业形成和发展的基本前提。一个国家或地区要提升产业竞争力，如没有一个相应完善的基础设施与之配套，其目标就不可能实现[144]。

资金丰裕程度决定着产业的投资能力。产业竞争力的形成离不开相应的资金供应。尤其是那些资金密集型产业，没有充裕的资金来源，其生产规模不可能扩大，技术水平也不可能迅速提高，因而形不成较强的竞争能力。

劳动力资源对产业竞争力具有一定的影响，特别是那些劳动密集型产业。在同等技术条件下，一个国家或地区，如劳动力资源丰裕，则劳动力价格相对较低，该产业在市场竞争中则具有较强的成本优势。中国和东南亚一些国家的纺织服装、玩具等产业在国际市场中之所以表现出较强的竞争力，丰裕的劳动力资源发挥了决定性的作用。

一个国家或地区在自然条件上拥有一定的得天独厚的稀缺资源也是产业竞争力的重要来源。某产业由于所占有自然资源的稀缺性，决定着该产业在国际竞争中享有天生的比较优势地位，其他竞争对手无法与之竞争。如中国的中草药产业，因我国地跨多个气候带，地形复杂，天然植物丰裕，生物多样性十分明显，许多省份出产大量的中草药材资源。因此，我国中草药产业在国际市场上具有较强的竞争力。

文化前景是指一个国家在长期历史发展中所形成的共同的价值观念、民族精神、伦理道德、风俗习惯等，这些意识形态的东西通过影响人们的行为对经济发展乃至产业竞争力的形成也具有一定的作用。

根据 WEF 和 IMD 在《世界竞争力报告》中提出的关于国际竞争力方程理论："基础因素"就属于竞争力"资产"，是产业国际竞争力形成的基本条件。诚然，在知识经济条件下，以自然资源为主的"基础因素"，在产业竞争力作用中的地位会逐渐下降，代之而起的是以人力资源为主的高级要素。

2. 产业竞争力的核心因素

所谓"核心因素"是指：在产业竞争力形成中起关键作用的那些因素，主要包括技术创新、企业素质、产业组织结构等。产业竞争力的核心因素存在于产业内部，而不是来自产业外部的力量。

20 世纪 80 年代以来形成的新经济增长理论认为，技术创新是经济增长的主要因素。对此，从熊彼特（Schumpeter）、索洛（Solow）到罗默（Romer）、卢卡斯（Lucas）等经济学家对此做了大量的精确研究。在产业竞争力中，技术进步同样扮演着关键性的角色。因为，技术创新有利于提高产业生产率，降低成本；有利于企业产品差异化战略的实现，进行新产品的市场垄断（暂时垄断）；有利于促进生产与管理方式的改善等。在经济全球化和知识经济的条件下，技术创新对产业竞争力的形成和提升具有更为突出的作用。美国电子信息、国防工业，日本的家电、汽车，印度的软件业等产业竞争力的提升，无不说明，技术创新是产业竞争力的根本性因素。

企业素质是决定产业竞争力的重要因素。这是因为，产业是同类企业的集合，其竞争力的强弱最终取决于所在产业内企业素质的高低。一般而言，一个产业内所拥有的大多数企业，在技术、管理、人才、规模等方面与国际同业相比具有较显著的竞争优势，则该产业的竞争力就较强。因此，一个国家要提升产业竞争力，必须全面提高该产业内企业的素质水平[150]。

产业组织结构也影响着产业竞争力的形成。产业竞争力虽然不完全取决于生产规模，但没有一定规模的产业在国际上是无法形成竞争力的。这种规模效应一方面有助于扩大市场覆盖面，降低销售成本，另一方面，使该产业能有足够的力量进行技术开发，推动产品的更新换代和产业的技术升级。因此，一个国家或地区要提升产业竞争力，应当在一个产业内培植若干个规模较大的企业或企业集团，形成以大企业（集团）为骨干，大量中小企业与之协作配套的产业组织结构。与此同时，应采取鼓励措施，促进同类企业在空间布局上进行适当集中，形成产业集群。产业集群的形成，有利于实现产业内高度分工协作，提高产业效率；有利于同业间加强竞争与合作，激发技术创新；有利于降低产业内的交易费用，营造成本优势；有利于形成外部规模经济效应，形成专业化的中心市场等[151]。国内外大量的实践证明，产业集群程度与产业竞争力具有很强的正相关性。如美国的硅谷和128公路的电子业群，德国索林根的刀具业群，我国浙江海宁的皮革业、温州的低压电器、打火机业，绍兴的纺织业等。

3. 产业竞争力的环境因素

所谓"环境因素"是指，来自于产业外部，对产业竞争力的形成和提升具有较强作用的因素，主要包括：政府作用、市场竞争环境和制度环境等。

经济学的理论与实践反复说明了这样一条规律：没有竞争就没有竞争力。可见，市场竞争环境对产业竞争力的形成具有何等重要的作用。这是因为：竞争能促进产业生产效率的提高，竞争能促进产业内企业进行技术创新，竞争能促进资源进行有效合理配置，竞争能促进产业内企业在组织结构和管理方式上不断进行改善与提高[152]。因此，一个国家或地区要提高其产业竞争力就必须营造一个公平竞争的市场环境，建立一个统一开放竞争有序的大市场，取消对特定产业的政府补贴和其他与国际规则相悖的保护措施，反垄断等等。在中国有两个产业已形成鲜明对比，一是家电业，由于较早地对外开放，引入竞争，经过十几年的努力，该产业国际竞争力得到显著提高，目前已占国际市场的25%；二是汽车工业，由于受到政府的过多保护，其国际竞争力一直不尽如人意[155]。

政府作用和制度环境是产业竞争力中一个不容忽视的因素。在发达的市场经济国家中，因其市场经济制度较成熟，政府只是扮演"守夜人"的角色，反映在产业竞争力中，政府只能起"辅助"作用（迈克尔·波特，1990年）。而在发展中国家，尤其是中国，因市场经济制度不完善，市场主体未发育成熟，加上国有经济在国民经济中所占比重较大，政府的功能范围比发达市场经济国家应该更大，除提供必要的公共服务（国防、社会治安等）外，在促进经济增长方面担负着更多的责任。因此，在培育产业竞争力过程中，更需要发挥政府的积极作用。在维护正当的市场竞争秩序、改善基础因素的同时，还要通过制定适当的产业政策，引导产业朝着正确的方向发展；要投入适当的资金和人才，帮助企业进行技术创新，并使之产业化；要帮助优势企业通过兼并收购，扩大生产规模，调整产业组织结构；要为企业提供人才培训和信息服务等。如印度作为一个发展中国家，对其软件产业的发展从资金、人才、税收等方面给予了大力扶持，使其软件产业的竞争力得到了极大提升，成为仅次于美国的全球第二大软件出口国。

4. 基础因素、核心因素和环境因素的关系

根据以上分析，产业竞争力的决定因素主要由基础因素、核心因素和环境因素组成，基础因素和核心因素对产业竞争力的作用具有直接性，也可把它们称为直接因素，在直接因素中，"核心因素"起主导作用，基础因素起辅助作用[136]。环境因素是间接因素，间接因素是通过直接因素而作用于产业竞争力的。

4.2.3 产业竞争力决定因素模型

如果我们把产业竞争力中产业的概念理解为——一个国家或地区范围内同一产业所有企业的整体，那么这种产业概念的竞争力和企业的竞争力在竞争结果的表现上是相似的。即我们也可以从一国产业的盈利能力、市场占有率等角度比较来分析一国产业的竞争力[157]。但是，出于一个产业是由不同规模、不同盈利水平、不同产品结构、不同技术水平、不同产品价格和质量的企业所组成的，他们之间的差别较大，用定量指标来进行产业竞争力的评价，对于某些指标来说可能意义不大。因此，对产业竞争力决定因素的分析，需要站在产业内企业整体的角度来进行考虑。

下面我们从产业竞争力的决定因素进行讨论，建立产业竞争力分析模型。

事物的发展总是诸多影响因素作用的结果，而这些推动事物发展前进的因素，无非是由内因和外因组成，内因是起关键作用的核心，但它不能孤立于外因而存在，外因就像催化酶一样，影响内因发生作用。对于一个产业的竞争力而言，其所面临的环境总和构成它的外因密切关联。这些环境包括经济环境、政治环境、金融环境等。我们将内因划分为产业生产力和资源条件，依据是它们的直接作用和间接作用[160]。因此便有如图4-2的产业竞争力决定因素模型：

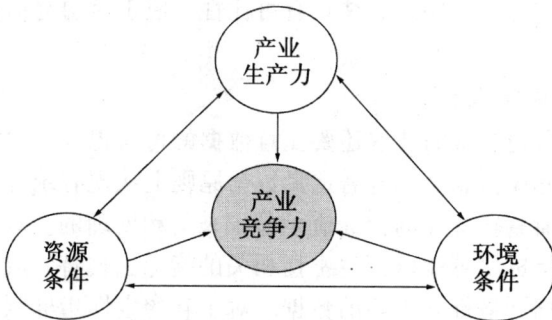

图4-2　产业竞争力决定模型

在这一模型中，产业经济环境影响力与政治环境影响力共同形成了产业的环境条件。产业资源条件由三类资源性因素组成，它们是从业人员竞争力、相关产业支持度和城市化水平。产业生产力，则由四个部分构成，即产业实力、产业效益、产业结构、产业能力。

4.2.4 建筑业产业竞争力影响因素的确定

全面分析影响中国建筑业产业竞争力的多种因素，必须依靠一定的因素选取原则，本文在选取影响因素时，主要考虑以下因素选取原则。

1. 全面性原则

产业评价要素要能全方位、多角度地反映建筑业产业的竞争力。既要包括定量指标（硬指标），如劳动生产率、工业增加值、研发支出等，也要包括定性指标（软指标），如政策与法律法规体系、生产要素水平等。

2. 简要性原则

竞争力要素体系要层次分明，简明扼要，内容清晰，相对独立。特别是应以尽量少的指标去大体反映竞争力的内涵。

3. 可比性原则

产业竞争力的研究，通常既会涉及不同国家或地区在产业上的横向比较，也会涉及产业在时间序列轨迹上的纵向比较。因此，研究选取的竞争力要素必须具有可比性，便于纵向与横向的比较研究分析。

4. 可操作性原则

对竞争力要素的选取还要注意数据的可获得性，这些要素数据要有实际操作意义。所需定量数据原则上从现有统计指标中产生，少量需重新统计的指标应是易于采集和处理的。对难以采集到数据的指标尽可能以其他密切相关的指标去代替，或者通过其他原始数据严格推导出新的数据。对于软的定性指标则可通过发放专家调查问卷，进行专家调查评分的方法来量化处理。如顾客满意度、要素相关度等。

5. 动态与发展原则

产业竞争力的提高，既是一个目标，又是一个过程，具有发展的阶段性。不同的经济发展阶段，竞争力具有不同的内涵。因此，指标体系构造及指标选择既要有一定的代表性和前瞻性，又要考虑保持指标体系的动态连续性。

6. 产业特性原则

由于现实生活中产业各具特色，所以要设计一个通用于各个产业的产业竞争力要素体系是比较困难的。但在实际操作中，我们可以在这些要素体系中加入一个比较灵活的板块，专门考虑具体产业所具有的产业特性，并且将这些特性引入到要素体系中。

综上所述，本文试图将直接原因和间接原因同时纳入到产业竞争力的分析体系下，以期从量上对产业竞争力做出综合性的解释；与此同时，也试图探索使竞争力研究结果更加精确化的要素体系。但是由于直接原因与间接原因之间存在复杂的相关关系，因此，简单设定权重不可避免地存在主观性，这也正是当前已经出台的一系列关于竞争力的研究体系所存在的共性问题。

对于产业的生产力，可以将其理解为四个构成部分，即：产业实力、产业效益、产业结构、产业能力。

产业实力主要是产业生产力的存量结果，它反映了产业对满足市场需求、争夺市场份额的能力。构成产业实力的两个重要因素便是进出口能力与固定资产投资。考虑建筑业产业的特殊性，建筑产品的质量是重要因素，因此在这里我们添加了产品质量水平这一因素。

产业效益用以反映产业生产力的效率，全要素生产率是一个综合考虑生产要素作用的指标，可以很好的揭示产业的生产力效率。

产业结构则显示了产业生产力的内部结构，我们从两个角度去揭示产业的结构状况，一方面是市场的结构，一方面是行业企业的结构。产业集中度是对产业内企业结构的一个量化指标因素。

产业能力涵盖了科技实力等，是产业发展的潜在动因。这些潜力因素包括技术的使用、研究与开发、资本运营等等。

根据以上对产业竞争力影响因素的进一步分析，本文选取了对建筑业产业竞争力造成影响的如下 20 个因素（见表4-5）：

中国建筑业竞争力影响因素表 表4-5

编　号	因素名称	编　号	因素名称
1	政府支持	11	企业生产效益
2	政府效率	12	产业资源占有
3	法律、制度框架	13	从业人员素质（受教育程度）
4	固定资产占用	14	相关产业支持度
5	建筑业生产能力	15	城市化水平
6	产品质量	16	建筑市场结构
7	建筑业进出口	17	产业集中度
8	全要素生产率	18	产业结构
9	技术创新能力	19	研发水平
10	资本运营能力	20	技术推广率

4.3　中国建筑业产业竞争力关键影响因素分析

4.3.1　系统思想的结构化模型

解释结构模型法（Interpretative Structral Modelling Method 简称 ISM 分析法）是美国 J. 华费尔特教授于 1973 年作为分析复杂的社会经济系统有关问题而开发的一种方法。其特点是把复杂的系统分解为若干子系统（要素），利用人们的实践经验和知识，以及计算机的帮助，最终将系统构造成一个多级递阶的结构模型。

ISM 属于概念模型，它可以把模糊不清的思想、看法，转化为直观的具有良好结构关系的模型，它特别适用于变量众多、关系复杂而结构不清晰的系统分析。

系统是由要素组成的，各要素之间存在大量的相互作用关系。我们要研究一个系统就需要了解各要素之间存在的关系，更要搞清楚系统的结构层次，建立系统的结构模型。比如在"吃得过多导致体重增加"这句话中，元素就是"吃得过多"和"体重增加"，关系则是"导致"。

1. 系统结构的有向图示法

系统结构模型是系统中各要素之间的联系状况的描述。描述一个系统结构，最方便的方式是利用有向图形来描述。有向图形由节点和边两部分组成：节点，就是利用一个圆圈代表系统中的一个要素，圆圈内标有该要素对应的元素符号；而边用来表示要素与要素间的关系。

如图 4-3，便是一个有向图，由 A 到 B 的带箭头的线段表示 A 对 B 有影响，B 到 C 的带箭头的线段表示 B 对 C 有影响，而 C 到 B 的带箭头的线段表示 C 对 B 有影响。

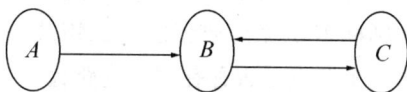

图 4-3　要素之间的关系

2. 有向图的矩阵描述——邻接矩阵

对于一个有向图，我们可以用一个 $m \times m$ 方形矩阵来表示。m 为系统要素的个数。矩阵的每一行和每一列对应图中一个节点（系统要素）。并规定：要素 S_i 对 S_j 有直接影响时，矩阵元素 a_{ij} 为 1；要素 S_i 对 S_j 无直接影响时，矩阵元素 a_{ij} 为 0；要素对自身的关系定义为 $a_{ij} = 1$。我们将这些与有向图对应要素关系的赋值 a_{ij} 形成一个矩阵 A，这便是该有向图对应的邻接矩阵，它是一个只有 0 和 1 元素的矩阵。

$$A = \begin{bmatrix} a_{11} & K & a_{1j} \\ M & O & M \\ a_{i1} & L & a_{ij} \end{bmatrix}$$

邻接矩阵描述了系统各要素之间直接关系，它具有如下性质：

（1）邻接矩阵和有向图是同一系统结构的两种不同表达形式。矩阵与有向图一一对应，有向图形确定，邻接矩阵也就惟一确定。反之，邻接矩阵确定，有向图形也惟一确定。

（2）邻接矩阵的矩阵元素只能是 1 和 0，它属于布尔矩阵。布

123

尔矩阵的运算主要有逻辑和运算以及逻辑乘运算。

（3）邻接矩阵的运算采用布尔矩阵运算法则。

3. 可达矩阵

如果用 I 表示单位矩阵，根据布尔矩阵运算法则，可以证明：

$$(A+I)^2 = I + A + A^2$$

同理：

$$(A+I)^k = I + A + A^2 + L + A^k$$

如果存在矩阵 M 满足条件：

$$(A+I)^{k-1} \neq (A+I)^k = (A+I)^{k+1} = M$$

则称 M 为系统要素的可达矩阵。可达矩阵描述了从一个要素到另一个要素是否存在连接的路径。

4. 可达矩阵的层级分解

对可达矩阵进行层级分解前，必须对可达矩阵的可达集合与先行集合进行定义与分析。

（1）可达集合 $R(S_i)$ 是可达矩阵中要素 S_i 对应的行中，包含有 1 的矩阵元素所对应的列要素的集合。它代表要素 S_i 可到达的要素集合。

（2）先行集合 $Q(S_i)$ 是可达矩阵中要素 S_i 对应的列中，包含有 1 的矩阵元素所对应的行要素的集合。它代表可到达 S_i 的要素集合。

层级分解的目的是可以更清晰的了解系统中各要素之间的层级关系，最顶层表示系统的最终目标，往下各层分别表示是上一层的原因。利用这种方法，我们可以科学地建立其他问题的类比模型。

层级分解的方法是根据可达集与先行集的交集与可达集的关系来进行层级的抽取。令 $A(S_i) = R(S_i) \cap Q(S_i)$，如果存在 $A(S_i) = R(S_i)$，那么我们称此时的 S_i 为最高级要素，它除了可以到达自己本身外，不能到达任何其他要素。由这样的要素构成的集合称为最高级要素集，它的可达集中只包含它本身的要素集，而前因集中，除包含本身要素外，还包括可以到达它的下一级要素。

当找出最高级要素集后，即可将其从可达矩阵中划去相应的行和列，接着，再从剩下的可达矩阵中继续寻找新的最高级要素。依次类推，便可以找出各级所包含的最高要素集。根据这些层级抽取的先后顺序关系，就可以最终得到系统要素的层级结构关系。

4.3.2 中国建筑业产业竞争力影响因素解释结构模型

建筑业产业竞争力是影响因素的最终目标，因此我们将它记做 S_0 放入要素集分析。对于上节选定的影响因素，分别以 S_1 到 S_{20} 标识，得到影响因素列表如表4-6：

建筑业竞争力影响因素与影响因素的标识　　　表4-6

标　识	影 响 因 素	标　识	影 响 因 素
S_0	产业竞争力	S_{11}	从业人员素质（受教育程度）
S_1	政府支持	S_{12}	相关产业支持度
S_2	政府效率	S_{13}	城市化水平
S_3	法律、制度框架	S_{14}	建筑市场结构
S_4	固定资产占用	S_{15}	产业集中度
S_5	建筑业生产能力	S_{16}	产业结构
S_6	产品质量	S_{17}	技术创新能力
S_7	建筑业进出口	S_{18}	研发水平
S_8	全要素生产率	S_{19}	资本运营能力
S_9	企业生产效益	S_{20}	技术推广率
S_{10}	产业资源占有		

通过专家调查法的调查，得到各个影响因素之间直接影响关系表，即系统要素的邻接矩阵如下：

	S_0	S_1	S_2	S_3	S_4	S_5	S_6	S_7	S_8	S_9	S_{10}	S_{11}	S_{12}	S_{13}	S_{14}	S_{15}	S_{16}	S_{17}	S_{18}	S_{19}	S_{20}
S_0	1	0	0	0	0	0	0	0	0	0	0	0	0	0	0	0	0	0	0	0	0
S_1	1	1	0	0	0	0	0	0	0	0	0	0	0	0	0	0	0	0	0	0	0
S_2	0	1	1	0	0	0	0	0	0	0	0	0	0	0	0	0	0	0	0	0	0
S_3	0	1	0	1	0	0	0	0	0	0	0	0	0	0	0	0	0	0	0	0	0
S_4	0	0	0	0	1	1	0	0	0	0	1	0	0	0	0	0	0	0	0	0	0
S_5	1	0	0	0	0	1	0	0	0	0	0	0	0	0	0	0	0	0	0	0	0
S_6	1	0	0	0	0	0	1	0	0	1	0	0	0	0	0	0	0	0	0	0	0
S_7	1	0	0	0	0	1	0	1	0	0	0	0	0	0	0	0	0	0	0	0	0
S_8	0	0	0	0	0	1	0	0	1	1	0	0	0	0	0	0	0	0	0	0	0
S_9	1	0	0	0	0	0	0	0	0	1	0	0	0	0	0	0	0	0	0	0	0
S_{10}	1	0	0	0	0	0	0	0	0	0	1	0	0	0	0	0	0	0	0	0	0
S_{11}	0	0	0	0	0	1	0	0	0	0	1	1	0	0	0	0	0	0	0	0	0
S_{12}	0	0	0	0	0	0	0	0	0	0	0	1	0	1	0	0	0	0	0	0	0
S_{13}	0	0	0	0	0	0	0	0	0	0	0	1	0	0	1	0	0	1	0	0	0
S_{14}	0	0	0	0	0	0	0	0	0	0	0	0	0	0	1	0	0	0	0	0	0
S_{15}	0	0	0	0	0	0	0	0	0	0	0	0	0	0	0	1	1	0	0	0	0
S_{16}	1	0	0	0	0	0	0	0	0	0	0	0	0	0	0	0	1	0	0	0	0
S_{17}	1	0	0	0	0	0	0	0	0	0	0	0	0	0	0	0	0	1	0	0	0
S_{18}	0	0	0	0	0	0	0	0	0	0	0	0	0	0	0	0	0	1	1	0	0
S_{19}	0	0	0	0	0	0	0	0	0	0	1	0	0	0	0	0	0	0	0	1	0
S_{20}	0	0	0	0	0	0	0	0	0	0	0	0	0	0	0	0	0	1	0	0	1

运算有: $M = (A + I)^3 = (A + I)^4$

因此有可达矩阵:

	S_0	S_1	S_2	S_3	S_4	S_5	S_6	S_7	S_8	S_9	S_{10}	S_{11}	S_{12}	S_{13}	S_{14}	S_{15}	S_{16}	S_{17}	S_{18}	S_{19}	S_{20}
S_0	1	0	0	0	0	0	0	0	0	0	0	0	0	0	0	0	0	0	0	0	0
S_1	1	1	0	0	0	0	0	0	0	0	0	0	0	0	0	0	0	0	0	0	0
S_2	1	1	1	0	0	0	0	0	0	0	0	0	0	0	0	0	0	0	0	0	0
S_3	1	1	0	1	0	0	0	0	0	0	0	0	0	0	0	0	0	0	0	0	0
S_4	1	0	0	0	1	1	0	0	0	0	1	0	0	0	0	0	0	0	0	0	0
S_5	1	0	0	0	0	1	0	0	0	0	0	0	0	0	0	0	0	0	0	0	0
S_6	1	0	0	0	0	0	1	0	0	1	0	0	0	0	0	0	0	0	0	0	0
S_7	1	0	0	0	0	1	0	1	0	0	0	0	0	0	0	0	0	0	0	0	0
S_8	1	0	0	0	0	1	0	0	1	1	0	0	0	0	0	0	0	0	0	0	0
S_9	1	0	0	0	0	0	0	0	0	1	0	0	0	0	0	0	0	0	0	0	0
S_{10}	1	0	0	0	0	0	0	0	0	0	1	0	0	0	0	0	0	0	0	0	0
S_{11}	1	0	0	0	0	1	0	0	0	0	1	1	0	0	0	0	0	0	0	0	0
S_{12}	1	0	0	0	0	0	0	0	0	0	1	0	1	0	0	0	0	0	0	0	0
S_{13}	1	0	0	0	0	0	0	0	0	0	1	0	0	1	0	0	1	0	0	0	0
S_{14}	1	0	0	0	0	0	0	0	0	0	0	0	0	0	1	0	1	0	0	0	0
S_{15}	1	0	0	0	0	0	0	0	0	0	0	0	0	0	0	1	1	0	0	0	0
S_{16}	1	0	0	0	0	0	0	0	0	0	0	0	0	0	0	0	1	0	0	0	0
S_{17}	1	0	0	0	0	0	0	0	0	0	0	0	0	0	0	0	0	1	0	0	0
S_{18}	1	0	0	0	0	0	0	0	0	0	0	0	0	0	0	0	0	1	1	0	0
S_{19}	1	0	0	0	0	0	0	0	0	1	1	0	0	0	0	0	0	0	0	1	0
S_{20}	1	0	0	0	0	0	0	0	0	0	0	0	0	0	0	0	0	1	0	0	1

第一级可达集与先行集：

S_i	$R(S_i)$	$Q(S_i)$	$R(S_i) \cap Q(S_i)$
S_0	S_0	$S_0\ S_1\ S_2\ S_3\ S_4\ S_5\ S_6\ S_7\ S_8\ S_9\ S_{10}\ S_{11}\ S_{12}$ $S_{13}\ S_{14}\ S_{15}\ S_{16}\ S_{17}\ S_{18}\ S_{19}\ S_{20}$	S_0
S_1	$S_0\ S_1$	$S_1\ S_2\ S_3$	S_1
S_2	$S_0\ S_1\ S_2$	S_2	S_2
S_3	$S_0\ S_1\ S_3$	S_3	S_3
S_4	$S_0\ S_4\ S_5\ S_{10}$	S_4	S_4
S_5	$S_0\ S_5$	$S_4\ S_5\ S_7\ S_8\ S_{11}$	S_5
S_6	$S_0\ S_6\ S_9$	S_6	S_6
S_7	$S_0\ S_5\ S_7\ S_9$	S_7	S_7
S_8	$S_0\ S_5\ S_8\ S_9$	S_8	S_8
S_9	$S_0\ S_9$	$S_6\ S_8\ S_9\ S_{19}$	S_9
S_{10}	$S_0\ S_{10}$	$S_4\ S_{10}\ S_{11}\ S_{12}\ S_{13}$	S_{10}
S_{11}	$S_0\ S_5\ S_{10}\ S_{11}$	S_{11}	S_{11}
S_{12}	$S_0\ S_{10}\ S_{12}$	S_{12}	S_{12}
S_{13}	$S_0\ S_{10}\ S_{13}\ S_{16}$	S_{13}	S_{13}
S_{14}	$S_0\ S_{14}\ S_{16}$	S_{14}	S_{14}
S_{15}	$S_0\ S_{15}\ S_{16}$	S_{15}	S_{15}
S_{16}	$S_0\ S_{16}$	$S_{13}\ S_{14}\ S_{15}\ S_{16}$	S_{16}
S_{17}	$S_0\ S_{17}$	$S_{17}\ S_{18}\ S_{20}$	S_{17}
S_{18}	$S_0\ S_{17}\ S_{18}$	S_{18}	S_{18}
S_{19}	$S_0\ S_{10}\ S_{19}$	S_{19}	S_{19}
S_{20}	$S_0\ S_{17}\ S_{20}$	S_{20}	S_{20}

该级只有 $R(S_0) \cap Q(S_0) = R(S_0)$，因此该级最高级要素为 S_0，则第一层要素为 S_0，划去可达矩阵中 S_0 所对应的行和列，得到第二级的可达集与先行集：

S_i	$R(S_i)$	$Q(S_i)$	$R(S_i) \cap Q(S_i)$
S_1	S_1	S_1 S_2 S_3	S_1
S_2	S_1 S_2	S_2	S_2
S_3	S_1 S_3	S_3	S_3
S_4	S_4 S_5 S_{10}	S_4	S_4
S_5	S_5	S_4 S_5 S_7 S_8 S_{11}	S_5
S_6	S_6 S_9	S_6	S_6
S_7	S_5 S_7 S_9	S_7	S_7
S_8	S_5 S_8 S_9	S_8	S_8
S_9	S_9	S_6 S_8 S_9 S_{19}	S_9
S_{10}	S_{10}	S_4 S_{10} S_{11} S_{12} S_{13}	S_{10}
S_{11}	S_5 S_{10} S_{11}	S_{11}	S_{11}
S_{12}	S_{10} S_{12}	S_{12}	S_{12}
S_{13}	S_{10} S_{13} S_{16}	S_{13}	S_{13}
S_{14}	S_{14} S_{16}	S_{14}	S_{14}
S_{15}	S_{15} S_{16}	S_{15}	S_{15}
S_{16}	S_{16}	S_{13} S_{14} S_{15} S_{16}	S_{16}
S_{17}	S_{17}	S_{17} S_{18} S_{20}	S_{17}
S_{18}	S_{17} S_{18}	S_{18}	S_{18}
S_{19}	S_{10} S_{19}	S_{19}	S_{19}
S_{20}	S_{17} S_{20}	S_{20}	S_{20}

同上原理，得到第二层要素为 $\{S_1，S_5，S_9，S_{10}，S_{16}，S_{17}\}$。划去这些要素在可达矩阵中对应的行和列，得到第三级的可达集与先行集：

S_i	$R(S_i)$	$Q(S_i)$	$R(S_i) \cap Q(S_i)$
S_2	S_2	S_2	S_2
S_3	S_3	S_3	S_3
S_4	S_5	S_4	S_4

S_i	$R(S_i)$	$Q(S_i)$	$R(S_i) \cap Q(S_i)$
S_6	S_6	S_6	S_6
S_7	S_7	S_7	S_7
S_8	S_8	S_8	S_8
S_{11}	S_{11}	S_{11}	S_{11}
S_{12}	S_{12}	S_{12}	S_{12}
S_{13}	S_{13}	S_{13}	S_{13}
S_{14}	S_{14}	S_{14}	S_{14}
S_{15}	S_{15}	S_{15}	S_{15}
S_{18}	S_{18}	S_{18}	S_{18}
S_{19}	S_{19}	S_{19}	S_{19}
S_{20}	S_{20}	S_{20}	S_{20}

可见，余下的这些要素便是底层要素。根据以上分析结果，可以画出结构模型图：

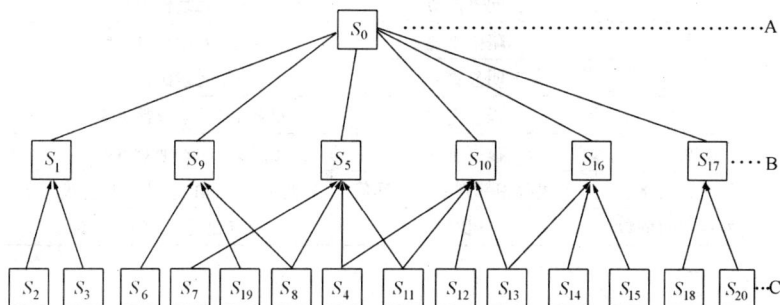

图 4-4　中国建筑业产业竞争力影响因素结构模型图

4.3.3　中国建筑业产业竞争力关键影响因素的确定

解释结构模型图 4-4 显示，系统是一个三层结构，分别用 A，B，C 三层表示。B 层 6 个要素，从 $B1$ 到 $B6$，C 层 14 个要素，按上图顺序，从 $C1$ 到 $C14$。由于解释结构模型只能反映出元素的层次逻辑结构，并不能反映各要素的相对重要性。因此需要运用 AHP 方法进一步分析因素对最终决策目标的重要程度。

1. 构造两两比较判断矩阵

判断矩阵是层次分析法的基本信息，它通过对结构模型中较低一层的各要素相对于上一层某个要素的优劣或重要程度进行对比，从而构建矩阵。

我们用元素 a_{ij} 表示对于上层元素 A，它的下层元素 B_i 比 B_j 的相对重要程度的标度，即两两比较的比率的赋值。**萨迪**教授运用模糊数学理论，集人类判别事物好坏、优劣、轻重、缓急的经验方法，提出一种 1～9 标度法，对不同的情况的比较结果给以数量标度。如表 4-7 所示。它巧妙的解决了将思维判断定量化的问题。由元素 a_{ij} 构成的矩阵便是判断矩阵 A—B。

重要性评判表   表 4-7

标度 a_{ij}	定　义	解　释
1	同等重要	i 元素与 j 元素相等重要
3	略微重要	i 元素比 j 元素稍微重要
5	明显重要	i 元素比 j 元素比较重要
7	强烈重要	i 元素比 j 元素非常重要
9	极度重要	i 元素比 j 元素绝对重要
2、4、6、8	上述两相邻判断的中间值	两判断之间的折中定量标度
上列各数的倒数	反比较	为元素 j 比元素 i 的重要标度

（1）判断矩阵 A—B：

A	B_1	B_2	B_3	B_4	B_5	B_6
B_1	1	1/3	1/5	1/2	1	1/7
B_2	3	1	1	1/3	5	1/2
B_3	5	1	1	1/3	2	1
B_4	2	1/3	3	1	1	1/3
B_5	1	1/5	1/2	1/3	1	3
B_6	7	2	1	3	3	1

（2）判断矩阵 B_1—C：

B_1	C_1	C_2
C_1	1	4
C_2	1/4	1

（3）判断矩阵 B_2—C：

B_2	C_3	C_4	C_5	C_6
C_3	1	1/2	1/2	1/3
C_4	2	1	1	1/2
C_5	2	1	1	1/12
C_6	3	2	2	1

（4）判断矩阵 B_3—C：

B_3	C_6	C_7	C_8
C_6	1	3	2
C_7	1/3	1	1/2
C_8	1/2	2	1

（5）判断矩阵 B_4—C：

B_4	C_7	C_8	C_9	C_{10}
C_7	1	1/2	1	1/2
C_8	2	1	2	1
C_9	1	1/2	1	1/2
C_{10}	2	1	2	1

（6）判断矩阵 B_5—C：

B_5	C_{10}	C_{11}	C_{12}
C_{10}	1	2	1/2
C_{11}	1/2	1	1/4
C_{12}	2	4	1

（7）判断矩阵 B_6—C：

B_6	C_{13}	C_{14}
C_{13}	1	1/5
C_{14}	5	1

2. 影响因素单层次排序及一致性检验

理论上讲，对以某个上级要素为准则所评价的同级要素的相对重要程度可以由计算比较矩阵 A 的特征值获得。但因其计算方法较为复杂，而且实际上只能获得对 A 粗略的估计（从评价值的尺度上可以看到这一点），因此计算其精确特征值是没有必要的。实践中可以采用求和法或求根法来计算特征值的近似值。本文采用求根法计算。

首先计算元素对应的积方根：

$$v_i = n\sqrt{\prod_{j=1}^{n} a_{ij}}$$

然后计算元素对应的重要度权数：

$$w_i = v_i \bigg/ \sum_{i=1}^{n} v_i$$

在计算出这一权重向量后，并不能立即得出结论它是正确而合理的，而是需要做一致性检验。因为在实际评价中评价者只能对 A 进行粗略判断，甚至有时会犯不一致的错误，如已判断 B_1 比 B_2 重要，B_2 比 B_3 较重要，那么，B_1 应当比 B_3 更重要，假如判断 B_3 比 B_1 较重要、或者同样重要，就犯了逻辑错误。为了检验判断矩阵的一致性（相容性），根据 AHP 的原理，可以利用最大特征

根 $\lambda_{\max}$ 与 n 之差检验一致性。定义计算一致性指标：

$$C.I. = \frac{\lambda_{\max} - n}{n-1}$$

$\lambda_{\max}$ 可由下式求得：

$$\lambda_{\max} = \frac{1}{n} \sum_{i=1}^{n} \left(\frac{(AW)_i}{w_i} \right)$$

$$W = [w_1, w_2, L, w_n]^T$$

显然，随着 n 的增加判断误差就会增加，因此检验判断一致性时应当考虑到 n 的影响，应当使用随机性一致性比值 $C.R. = \frac{C.I.}{R.I.}$。

式中　$R.I.$ ——一致性指标。表4-8 是 500 样本平均值的不同阶数平均随机一致性指标值。

一致性指标值　　　　　　　　表4-8

阶数 n	1	2	3	4	5	6	7	8	9	10	11
$R.I.$	0	0	0.52	0.90	1.12	1.24	1.32	1.41	1.45	1.49	1.52

当 $C.R. < 0.1$ 时，认为判断矩阵的一致性是可以接受的。

据此，计算各判断矩阵结果如下：

对判断矩阵 A—B：

　$W = [0.103, 0.11, 0.22, 0.236, 0.22, 0.11]^T$,

　$\lambda_{\max} = 6.018, C.I. = 0.0037, R.I. = 1.24, C.R. = 0.003 < 0.1$

对判断矩阵 B_1—C

　　　　$W = [0.8, 0.2]^T$,

　　　　$\lambda_{\max} = 2, C.I. = 0, R.I. = 0, C.R. = 0 < 0.1$

对判断矩阵 B_2—C

　$W = [0.122, 0.227, 0.227, 0.423]^T$,

　$\lambda_{\max} = 4.01, C.I. = 0.003, R.I. = 0.90, C.R. = 0.0037 < 0.1$

对判断矩阵 B_3—C

$$W = [0.5396, 0.1634, 0.297]^T,$$

$$\lambda_{max} = 3.0088, C.I. = 0.004, R.I. = 0.52, C.R. = 0.0085 < 0.1$$

对判断矩阵 B_4—C

$$W = [0.167, 0.333, 0.167, 0.333]^T,$$

$$\lambda_{max} = 4, C.I. = 0, R.I. = 0.90, C.R. = 0 < 0.1$$

对判断矩阵 B_5—C

$$W = [0.286, 0.143, 0.571]^T,$$

$$\lambda_{max} = 3, C.I. = 0, R.I. = 0.52, C.R. = 0 < 0.1$$

对判断矩阵 B_6—C

$$W = [0.167, 0.833]^T,$$

$$\lambda_{max} = 2, C.I. = 0, R.I. = 0, C.R. = 0 < 0.1$$

由于各判断矩阵的 $C.R.$ 均小于 0.1，故可认为它们均有满意的一致性。

3. 影响因素总排序及一致性检验

在分层获得了同层各要素之间的相对重要程度后，就可以自上而下地计算各级要素关于总体的综合重要度，即总排序。设 B 级有 m 个要素 B_1，B_2，L，B_m，其对总值的重要度权重为 w_1，w_2，L，w_m；它的下级有 n 个要素 C_1，C_2，L，C_n，B_i 关于 C_j 的相对重要度为 v_{ij}，则 B 级的要素 B_i 的综合重要度：

$$W_i' = \sum_{j=1}^m w_j v_{ij}$$

根据这个计算值，便可以得到最下级要素的权重排序，但这里仍然需要做它的一致性检验，方法如下：

$$C.I.' = \sum_{j=1}^m w_j (C.I.)_j$$

$$R.I.' = \sum_{j=1}^m w_j (R.I.)_j$$

$$C.R. = \frac{C.I.'}{R.I.'}$$

根据单排序计算结果和上述公式计算得到 C 层的权重向量为：

$$W = [0.082, 0.021, 0.013, 0.025, 0.025, 0.166, 0.075, 0.144,$$
$$0.039, 0.142, 0.031, 0.126, 0.018, 0.092]^T$$

$$C.I.' = 0.001$$
$$R.I.' = 0.214$$
$$C.R. = 0.006 < 0.1$$

一致性检验得到通过，因此结果是可以接受的。

4. 关键影响因素的确定

对这些影响因素经过层次分析法得到的权重按照从大到小排序，并累计计算权重和，如表4-9。

影响因素的权重以及累积权重   表4-9

排　序	因　素　标　号	权　重	累积权重
1	全要素生产率 S_8	0.166	0.166
2	从业人员素质 S_{11}	0.144	0.310
3	城市化水平 S_{13}	0.142	0.452
4	产业集中度 S_{15}	0.130	0.582
5	技术推广率 S_{20}	0.092	0.674
6	政府效率 S_2	0.082	0.756
7	固定资产占用 S_4	0.074	0.830
8	相关产业支持度 S_{12}	0.038	0.868
9	建筑市场结构 S_{14}	0.031	0.899
10	建筑业进出口 S_7	0.025	0.924
11	产业资本运营能力 S_{19}	0.025	0.949
12	法律、制度框架 S_3	0.020	0.969
13	研发水平 S_{18}	0.018	0.987
14	产品质量 S_6	0.013	1

从表中可以看出，权重前六位的影响因素的累积权重已经达到0.756，这是影响 S_0 的主要因素，是在分析问题时需要重点把握的。其他因素权重相对很小，不是问题的主要方面，本着"抓大放小"、抓主要矛盾的主要方面的原则，本文对其他因素不作深入的研究。因此，可以得出结论，对中国建筑业产业竞争力产生影响的关键因素是全要素生产率、从业人员素质、城市化水平、

产业集中度、技术推广率和政府效率。

4.4 小　结

本章首先分析了现有竞争力研究的影响要素评价体系，特别是通过对 WEF 和 IMD 的要素评价体系、国内学者的研究成果以及国内相关案例的分析比较，为建筑业产业竞争力的影响因素体系研究提供了基础。同时，对建筑业产业竞争力因素的判断基准进行了分析，提出了建筑业产业竞争力影响因素确定的原则，确定了 20 项因素，建立了较为全面的影响因素体系；在此基础上，运用系统思想的结构化模型，建立了中国建筑业产业竞争力影响因素解释结构模型，并运用层次分析法确定了中国建筑业产业竞争力的关键影响因素为：全要素生产率、从业人员素质、城市化水平、产业集中度、技术推广率和政府效率。本章研究为本文下一步对中国建筑业产业竞争力的成长性分析打下了坚实的基础。

5 中国建筑业产业竞争力的成长性分析

5.1 中国建筑业产业竞争力成长性分析的建模思路

上一章通过对影响中国建筑业产业竞争力关键因素的分析，确定了全要素生产率、从业人员素质、城市化水平、产业集中度、技术推广率以及政府效率作为影响中国建筑业产业竞争力的关键因素，本章将对影响中国建筑业产业竞争力的关键因素进行分析，构建建筑业产业竞争力成长分析模型，并进一步对今后中国建筑业产业未来竞争力的状况进行分析和预测，为政府管理部门制定切实可行的建筑业产业政策提供科学的依据和支持。

中国建筑业产业竞争力的成长性模型建模思路如图5-1所示。

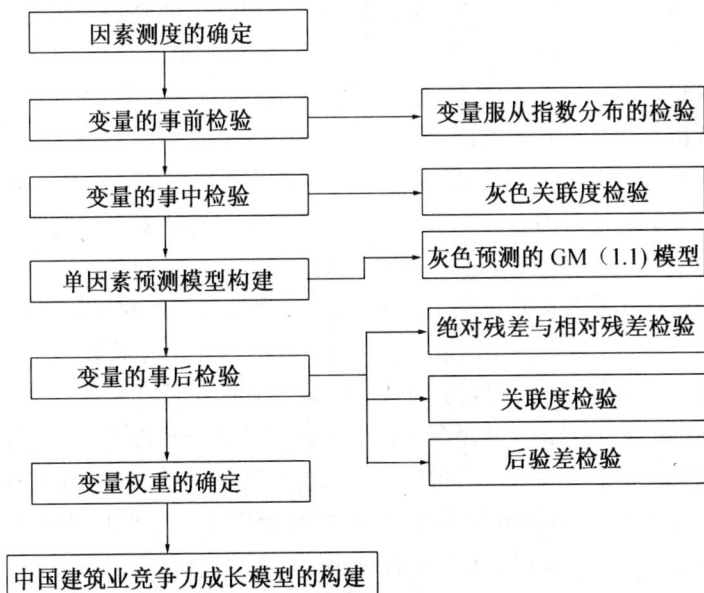

图5-1 中国建筑业产业竞争力成长模型建模思路

5.2 中国建筑业产业竞争力影响因素测度的确定

根据层次分析法的结果，在本文选定的影响建筑业产业竞争力的多个因素中，对它们按照影响力权重排序发现，排在前6位的因素总计占了总权重的75.6%，说明这几个因素的影响作用程度很大。因此，接下来本文将着重研究这6个因素与竞争力指数的关系。为了量化研究这种关系，必须使得因素具有测度，即有可量化的指标，这便是选取因素的测度问题。

测度指标必须较好地反映因素解释所表述的因素特性，因此，它们大多是一些综合性的数量指标。

5.2.1 全要素生产率的测度

全要素生产率（Total Factor Productivity，TFP）的概念最早由 Stigler 于 1947 年提出，后来经 Kendrick（1956）、Solow（1957）和 Denison（-1962）等人进一步深化。

全要素生产率（TFP）是产出与所有投入生产要素的比率，是生产要素使用效率的综合体现。通过分析建筑业全要素生产率的变化趋势，可以看出建筑业增长质量、技术进步、资源配置效率以及组织管理创新等方面的状况[29]。

投入要素按其形式可以分为两类：有形要素与无形要素。其中，有形要素包括劳动力、厂房、设备、材料等，无形要素包括技术进步、规模效应、各要素之间的替代效果、资源设备的使用效率、组织和管理水平以及劳动者素质与技能、产品质量、新材料的使用等。TFP 在本质上是一种差额指标，即总产出的变化率扣除各种有形要素投入量的变化率，而剩余的其他要素如无形要素以及有形要素的提高都将从 TFP 的变化情况中表现出来，因此 TFP 提供了一个度量各种无形要素合成效果的指标，它把技术进步、资源的使用效率等各种无法直接度量的因素纳入到实证分析中，与偏要素生产率（Partial-factor productivity）指标相比，具有本质区别。

Caves 等人（1980）提出了以产量为变数的全要素生产率模

型[166]，这是用投入及产出的数量作为统计指标，直接从 *TFP* 定义的角度出发，推导出的模型。但鉴于建筑业产品千差万别，如安装、土建、装饰等等，因此该方法在实证研究中有一定困难。Chau 与 Walker（1988）从建筑业成本 – 价格指数的角度[167]间接推导出了 *TFP* 的度量公式：

$$T = \frac{\prod\limits_{i=1}^{n}(P_{Li})^{U_i}}{\prod\limits_{j=1}^{m}(P_{Oj})^{V_j}} \cdot \frac{\prod\limits_{j=1}^{m}(V_{Oj})^{V_j}}{\prod\limits_{i=1}^{n}(V_{Li})^{U_i}} \cdot \frac{1}{1-q} \quad (5\text{-}1)$$

其中，T 为全要素生产率；P_{Oj} 和 V_{Oj} 分别为第 j 项的产出要素的市场价格和价值；P_{Li} 和 V_{Li} 分别为第 i 项的投入要素的市场价格和价值；U_i 为第 i 项投入要素的价值权重；V_j 为第 j 项产出要素的价值权重；q 为产业利润率。

对公式（5-1）进行时间的对数微分，然后进行离散化处理，将所得计算公式采用 Laspeyers 指数化进行处理，将全要素生产率绝对值的求解变为求解其指数，因为产业的投入和产出要素的价格指数指标较为齐备（对于建筑业产业的投入产出要素的价格指数，本文已在第四章进行了大量数据测算）；在对建筑业的公式应用中，将产出要素综合界定为建筑业总产值价格指数，投入要素归类为劳动投入、建筑材料投入、以及其他投入三部分，其中其他投入包括临时设施费、材料检验费、财务费、办公费、差旅费、机械设备费、研发和教育培训费用等；这三项投入分别以人工费价格指数、建筑材料价格指数、其他投入费用价格指数的形式体现，于是得到建筑业全要素生产率指数测算公式：

$$\frac{TFP_t - TFP_{t-1}}{[(TFP_t)(TFP_{t-1})]^{1/2}} = \frac{S_l(LCI_t - LCI_{t-1})}{[(LCI_t)(LCI_{t-1})]^{1/2}} + \frac{S_m(MCI_t - MCI_{t-1})}{[(MCI_t)(MCI_{t-1})]^{1/2}}$$
$$+ \frac{S_0(OCI_t - OCI_{t-1})}{[(OCI_t)(OCI_{t-1})]^{1/2}}$$
$$- \frac{OVI_t - OVI_{t-1}}{[(OVI_t)(OVI_{t-1})]^{1/2}} + \frac{P_t - P_{t-1}}{[(1-P_t)(1-P_{t-1})]^{1/2}} \quad (5\text{-}2)$$

其中，*TFP* 为建筑业全要素生产率指数；*LCI* 为人工费价格指数；*MCI* 为建筑材料价格指数；*OCI* 为其他费用价格指数；*OVI* 为建筑业总产值价格指数；S_l 为人工投入权重：S_m 为建材投入权重；S_o 为其他费用投入权重；P 为建筑业总产值利润率。

公式（5-2）表明，建筑业全要素生产率指数相对变化率，等于人工费用价格指数相对变化率、建材价格指数相对变化率，与其他投入价格指数相对变化率之和，减去建筑业总产值价格指数相对变化率，再加上行业利润率的变化率。

关柯、李小东运用这一方法，根据建筑业 1990～1998 年的相应历史数据，以 1990 年的价格指数为 100，计算出了我国建筑业 1990～1998 年的全要素生产率指数。本文在其计算的基础上，补充计算了建筑业 1999～2003 年的全要素生产率指数，由此得到我国建筑业从 1990 年至 2003 年的全要素生产率指数如表 5-1。

1990～2003 年的全要素生产率指数   表 5-1

年　份	全要素生产率指数	年　份	全要素生产率指数
1990	100	1997	96.04
1991	99.91	1998	92.72
1992	94.44	1999	97.12
1993	104.98	2000	99.18
1994	103.20	2001	102.57
1995	97.47	2002	105.65
1996	97.17	2003	106.69

从表中可以看出，2001 年以前，1993 年的全要素生产率明显高于其他年份，这主要是因为 1993 年是基础设施投资规模大幅增长时期，从而引起了建筑业的暂时兴旺。由于施工任务普遍饱满，人员冗余下降，机械设备利用率提高，项目周期缩短，从而促进了存量资本使用效率的提高，进而引起 *TFP* 的提高。进入 21 世纪后，我国又进入了一个新的基础设施投资大规模增长期，加之近年企业技术进步步伐加快，*TFP* 再次得到了较大的提高。

5.2.2 产业集中度的测度

在产业组织理论中，产业集中度是反映一个产业竞争状况的重要的常用指数，并采用市场集中度来度量。市场集中度（Concentration Ratio）是衡量市场中买方和卖方各自的供求规模及其分布的常用指标，它反映市场竞争和垄断的程度。但由于买方资料实际统计的困难以及买方的分散性，对市场集中度的研究大都从卖方的角度加以描述和分析。产业集中度的度量有绝对集中度和相对集中度两种，本文将使用产业绝对集中度。

绝对集中度通常用规模处于前 n 位企业在市场中占有份额的总和来表示，计算口径可以是销售份额、资产份额、产量份额或职工人数份额等，计算公式为：$CR_n = \sum (X_i/X)$，其中 X 为市场中全部企业的销售总额（或产量、资产总额、职工总数），X_i 为该市场中第 i 位企业的销售额（或产量、资产总额、职工总数），CR_n 即市场中前 n 位企业的绝对集中度，n 通常取 4 或 10。一般说来，该值越大，说明集中度越高，即前 n 位企业在市场中占的比重越大，它们对市场的操纵能力就越强，反之，则说明产业内前 n 位企业占据份额不多，产业组织有恶化倾向[144]。最早用绝对集中度指标对产业的竞争和垄断程度进行分类研究的是美国哈佛大学贝恩教授，其研究成果参见表 5-2。

贝恩对产业垄断和竞争程度的类型划分　　　　表 5-2

类 型		CR_4	CR_{10}	该产业的企业总数
极高寡占型	A	75% 以上		20 家以内
	B	75% 以下	85% 以上	20 ~ 40 家
高度集中寡占型		65% ~ 75%	75% ~ 85%	20 ~ 100 家
中上集中寡占型		50% ~ 65%	45% ~ 75%	企业数很多
中下集中寡占型		35% ~ 50%	40% ~ 45%	企业数很多
低集中寡占型		30% ~ 35%	40% 以下	企业数很多
原 子 型		30% 以下		企业数极多,不存在集中现象

对应地，建筑业市场绝对集中度一般用规模处于前 n 位的企业产值占产业总产值的比重来表示，据此大致描述建筑业的竞争程度。本文根据 1992、1993、1996、1997、2000、2002、2003 等年的中国建筑业统计年鉴的相关统计数据，应用绝对集中度计算公式计算了 CR_{10} 如表 5-3。

历年中国建筑业市场集中度计算表　　　　表 5-3

单位：亿元

年　　份	总 产 值	前 10 企业产值	CR_{10}
1992	3298.70	79.1688	2.4%
1993	5498.35	153.9538	2.8%
1996	8282.25	505..2173	6.1%
1997	9126.48	657.1066	7.2%
2000	12497.60	1112.286	8.9%
2002	18527.18	2427.061	13.1%
2003	23083.87	3670.335	15.9%

由于其他年份的统计数据不全，对于 1990 和 1991 两年的 CR_{10}，本文采用 1992 年的值代替；对于其他缺失年份，本文使用内插法估算了 CR_{10}。由此得出我国建筑业近几年来的市场绝对集中度指标如表 5-4。

1990～2003 年中国建筑业集中度模拟表　　　　表 5-4

年　　份	CR_{10}	年　　份	CR_{10}	年　　份	CR_{10}
1990	2.4%	1995	4.8%	2000	8.9%
1991	2.4%	1996	6.1%	2001	11.4%
1992	2.4%	1997	7.2%	2002	13.1%
1993	2.8%	1998	7.7%	2003	15.9%
1994	3.0%	1999	8.1%		

从表 5-4 可以看出，我国建筑业的绝对集中度 14 年来一直徘

徊在不到10%的较低水平，说明我国建筑业大企业的市场支配力量不强，市场势力弱，不能通过制定高于MC（边际成本）的价格从而获得超额利润，不具有影响市场价格和竞争结构的能力，缺乏一批可以与国际建筑企业相抗衡、具有国际竞争力的大企业。从另一方面来看，任何经济性质的企业都不能在建筑市场上占据可观的份额，使得建筑市场竞争格外激烈，出现过度竞争的态势。即便曾经辉煌的国有企业也不得不为了生存进行残酷的市场竞争，而且我国建筑业企业众多，根据《中国建筑业改革与发展研究报告（2005）》及《中国建筑业改革与发展研究报告（2006）》，我国具有资质等级的施工总承包、专业承包建筑业企业（不含劳务分包建筑业企业）数量1996年为41364家，2004年为53309家，2005年为55962家，所以根据贝恩教授的结论，我国建筑业应属于其分类中的第六种即原子型竞争市场。

由以上分析可以得出结论，我国大型建筑企业规模相差不大而且数量过多，直接导致建筑市场竞争非常激烈，许多大企业不得不进入技术含量比较低的普通住宅市场，与资质等级较低的企业争夺市场。过度竞争导致我国大型建筑企业的效益水平不高，另外由于产业技术进步的主要推动者应该是市场中具有较强支配能力的大型建筑业企业或企业集团，而这些企业由于效益水平不高以及疲于应对市场激烈竞争，很难有余力考虑长远发展，这又导致行业整体技术含量和水平不高。

5.2.3　技术推广率的测度

技术推广率是对产业技术能力的描述，在建筑业，这些技术的能力主要体现在设备与动力的拥有量以及使用情况上。因此本文拟采用技术装备率、动力装备率、设备利用率三个方面的指标综合评价反映建筑业产业的技术推广率。这三个方面指标值的计算公式分别如下：

技术装备率＝自有机械设备净值÷从业人员总数

动力装备率＝自有机械设备总功率÷从业人员总数

设备利用率＝施工机械功率÷自有机械设备总功率

但本文需要的是一个综合反映这三个方面的统一指数，因此这是一个多指标的评价问题。

多指标综合评价问题，是指将评价对象的多项指标的信息加以汇集而从整体上认识评价对象在一定标准下的优劣状况。其基本思想是：要反映评价对象的全貌，就必须把多个单项指标组织起来，形成一个包含各个侧面的综合指标。

所谓综合评价问题，可以这样描述：当选定 m 项评价指标 x_1，x_2，x_3，$\cdots$，x_m 时，对 n 个评价对象的运行状况进行分类或排序的问题。

本文为便于研究，采用线性综合评价模型：

$$y_i = \sum_{j=1}^{m} \omega_i x_{ij} \qquad (5\text{-}3)$$

式中 x_{ij} 为第 i 个评价对象的第 j 项指标值，ω_i 为评价指标 x_j 的权重系数（$\omega_j \geq 0$，$\sum \omega_j = 1$），y_i 为第 i（$i = 1$，2，$\cdots$，n）个被评价对象的综合评价值。

多指标评价问题面临的第一个问题就是各个指标的单位量纲不一，无法直接加总评比，所以首先要解决量纲的问题，这就是无量纲化方法。但在综合评价中，不同的无量纲化方法，将得到不同的单项评价值，它反映了评价者对单个评价指标中所包含的评价信息量及指标原值变动与评价信息量之间函数关系形式的认识发生的变化。目前已提出的无量纲化方法很多，但问题是对同一个评价对象，各种无量纲化方法得出的结论往往不一致，这就给具体的分析评价工作带来了很大的困难。故在实际工作中，应注意到指标无量纲化法对得到的排序的可靠性影响问题[168]。

对于线性综合评价模型比较常用的无量纲化方法是标准化方法和均值化方法。它们的计算方法分别是：

标准化方法：$x' = \dfrac{x - \bar{x}}{\sigma}$

均值化方法：$x' = \dfrac{x}{\bar{x}}$

根据一些学者的研究，当综合评价的指标值都是客观数值时，一般来说应该用均值化方法对指标进行无量纲化；而当综合评价的指标值是主观分数时，则用标准化方法更好。[169]

本文因此采用标准化方法对技术装备率和动力装备率进行无量纲化处理，同时认为技术装备率、动力装备率与设备利用率对技术推广率综合指标具有等同的重要度，即各自权重均为1/3，按照公式（5-3）计算技术推广率。

本文计算的基本数据来源于《2004中国统计年鉴》，计算结果如表5-5所示。

中国建筑业技术推广率计算表　　　　　　　　　表5-5

年份	原始数值					均值化数值			技术推广率
	机械设备年末总功率（万 kW）	施工机械功率（万 kW）	设备利用率	技术装备率（元/人）	动力装备率（kW/人）	设备利用率	技术装备率	动力装备率	
1991	4250.2	2780.6	0.65	2572	4	1.078	0.478	0.904	0.82
1992	4431.9	3006.6	0.68	2719	3.8	1.084	0.505	0.859	0.816
1993	4948.9	3349.6	0.68	4105	4.3	1.078	0.763	0.972	0.938
1994	5712.7	4012.5	0.70	3446	4	1.061	0.64	0.904	0.868
1995	7056.5	4399.4	0.62	4264	4.7	1.059	0.793	1.062	0.971
1996	9804.8	6448.9	0.66	4154	4.6	1.058	0.772	1.04	0.956
1997	8668.5	6782.4	0.78	4729	4.1	1.079	0.879	0.927	0.961
1998	8656.5	6641.1	0.77	5127	4.3	0.907	0.953	0.972	0.944
1999	9077.8	6973	0.77	5756	4.5	0.859	1.07	1.017	0.982
2000	9228.1	7100.1	0.77	6304	4.6	0.968	1.172	1.04	1.06
2001	10251.72	8017.54	0.78	7136	4.86	0.933	1.326	1.098	1.119
2002	11022.52	8664	0.79	9675	4.91	0.935	1.798	1.11	1.281
2003	11712.38	9156.43	0.78	9957	4.85	0.902	1.851	1.096	1.283

从表5-5中可以看出，我国建筑业技术推广率总的趋势是在逐年上升的，这与技术装备实力的逐年提高以及设备利用状况得到改善有关。与之前的产业集中度一样，可以发现1993年是比较高的，进入2000年后也一直维持在一个相对较高的水平上，其原

因与前面的分析是一致的。这也表明前后的数据分析是具有较好的吻合性。

5.2.4 建筑业从业人员素质的测度

从业人员的素质在一定程度上是由其受到的普通教育和职业教育或专业培训的程度决定的。职业教育是指一些经常性的职业技术培训等，事实上，这种职业教育的对象所具有的文化水平对职业教育的成果影响很大，因此本文将用从业人员的普通教育水平来度量其具有的竞争力。

中国建筑业从业人员平均教育年限测算表　　　　表5-6

年份	研究生	大学	专科	高中	初中	小学	文盲	平均教育年限
1990	0.017	1.015	3.163	13.047	41.189	34.574	6.995	7.96
1991	0.020	1.004	3.226	12.871	42.625	33.524	6.731	8.01
1992	0.023	1.001	3.104	12.694	43.495	33.129	6.554	8.02
1993	0.026	1.026	3.154	12.517	43.687	33.215	6.377	8.04
1994	0.028	0.996	3.008	12.341	44.885	32.541	6.201	8.06
1995	0.031	0.913	3.072	12.164	43.679	34.116	6.024	8.02
1996	0.033	0.906	2.991	11.988	44.208	34.026	5.848	8.03
1997	0.035	0.893	2.875	11.811	45.557	33.158	5.671	8.06
1998	0.036	0.886	2.812	11.636	45.863	33.274	5.495	8.06
1999	0.038	0.876	2.867	11.458	46.104	33.338	5.318	8.07
2000	0.042	0.867	2.754	11.281	46.510	33.404	5.141	8.08
2001	0.050	0.858	2.762	11.105	47.642	33.498	4.085	8.16
2002	0.046	0.882	2.781	11.001	47.921	33.687	3.682	8.19
2003	0.049	0.897	2.791	11.023	47.987	33.947	3.652	8.216

5.2.5 中国城市化水平的测度

城市化是指一定地域内人口、社会产业结构、文化和人们的生产、生活等各方面向具有城市特点的表现形态变迁的一个系统的、动态的过程。因此城市化水平的提高是由多种因素共同作用的结果，也可以理解成，城市化水平的提高是通过多种作用力的合力作用而实现的。这样，就需要用多指标的综合评测模型来衡量城市化水平。本文为研究方便，参考南京农业大学**谌明**对中国城市化水平的研究成果，他通过对影响城市化水平多种测度的分析，拟合了影响城市化程度的空间城市化、经济城市化、产业结构城市化、人口城市化、生活方式以及生活质量城市化等多种因素，给出了中国城市化发展水平的综合指标，并算出了中国城市化水平的指标值。本文利用其研究成果作为分析中国建筑业产业竞争力的基础数据，并利用其计算方法模拟了 2002 年和 2003 年的中国城市化水平，具体侧算结果如表 5-7 所示[170]。

中国综合城市化水平　　　　　　　　　　　表 5-7

年　份	人口城市化	就业非农化	综合城市化水平
1996	29. 37	49. 50	41. 49
1997	29. 92	50. 10	42. 03
1998	30. 40	50. 20	42. 28
1999	30. 89	49. 90	42. 30
2000	36. 09	50. 00	44. 44
2001	37. 66	50. 00	45. 06
2002	38. 19	50. 48	45. 71
2003	38. 76	50. 79	46. 09

此外，政府作为相关产业政策的宏观调控和管理部门，对于中国建筑业的发展与竞争力的提升有着相当重要的作用，所以研究政府部门在中国建筑业发展过程中的作用有重要的意义。但是，政府效率很难用一个可量化的数值或者变量来描述，并且在充分假设的基础上运用虚拟变量来描述政府效率对于建筑业的影响也有一定的主观性，所以本文在建筑业产业竞争力成长性预测中暂不将其放入模型进行分析，关于政府对于中国建筑业产业竞争力的影响，本文将在下一章的对策研究中作详尽的分析。

综上分析，我们可以得出影响中国建筑业产业竞争力关键因素的测度指标，如表5-8所示，结合中国建筑业产业竞争力的影响因素测度表，建立相应的建筑业产业竞争力成长模型，从而分析建筑业产业竞争力的强弱，为政府管理部门制定相应的产业政策提供依据。本章所采用的竞争力指数基于第3章建筑业产业竞争力投入产出技术分析所得出的结果，为了方便计算，本章的竞争力指数值为第三章所得竞争力指数值除以100。

建筑业竞争力影响因素的测度　　　　　　　　表5-8

项　　目	1998	1999	2000	2001	2002	2003
技术推广率	0.944	0.982	1.06	1.119	1.281	1.283
全要素生产率	92.72	97.12	99.18	102.57	105.65	106.69
产业集中度	7.7	8.1	8.9	11.4	13.1	15.9
中国城市化水平	42.28	42.3	44.44	45.06	45.71	46.09
从业人员素质	8.062	8.073	8.076	8.163	8.193	8.216
建筑业竞争力指数	1.139	1.1342	1.1295	1.1802	1.2336	1.2894

5.3　中国建筑业产业竞争力成长模型的建立[121]~[125]

本节运用灰色系统理论分析研究中国建筑业产业竞争力成长以及未来发展趋势。灰色系统理论（Grey System Theory）是我国自动控制学教授邓聚龙于1982年首次提出的。灰色系统理论建立以来，不仅已成功应用于工程控制、经济管理、社会系统等领域，而且在复杂多变的农业系统包括气象、生物防治等方面也取得了可喜的成就。

灰色理论（Grey System Theory）的基本思想是：信息往往有完全确知、未知和非确知之分。完全确知的信息称为白色信息，未知的或非确知的信息称为黑色信息。信息子集中部分信息为白、部分信息为黑时称为灰色信息子集，而系统中既含有白色信息又含有黑色信息，即黑、白信息共生的系统称为灰色系统。研究灰色系统的有关建模、控制、预报、决策、优化等问题的理论为灰色系统理论。灰色系统建模以灰色模块概念为基础。灰色预测是对既含有已知信息、又含有不确定信息的灰色系统进行预测，就是对在一定范围内变化的、与时间有关的灰色过程进行预测。灰色系统预测理论的基本思路是：将已知的时间序列按某种规则构成动态或非动态的白色模块，再按某种变换、解法来求解未来的灰色模块。在灰色模块中，再按某种准则，逐步提高白度，直到未来发展变化的规律基本明确为止[121]。

灰色理论预测（Grey Prediction）法较其他方法的优点是：(1) 灰色理论认为，尽管客观系统表象复杂、数据离散，但它总是有整体功能和有序的，因此它必然潜藏着某种内在规律，以适应建模的需要。事实上，将许多原始数据作累加处理后，便出现了明显的指数规律。这种就数找数的方法是灰色预测的一大特点。(2) 需要数据较少。一般情况下，不需要大量的数据，而是根据实际情况选用适量的数据，进行累加生成，可将杂乱无章的数据理出一定的规律。一般用4个数据就可建模进行预测，且能得到较满意的结果。(3) 一般情况下，灰色预测不需要太多的关联因素，因此资料、数据比较容易获得，且工作量大大减少。因此，灰色预测克服以上常用统计预测方法的缺陷，适合用于产业竞争力的成长性预测。

现有预测分析的量化方法，大都是运用数理统计分析技术，如时间序列分析、回归分析、方差分析等，其中以回归分析法最多，然而回归分析由于存在以下缺点，往往使得预测结果精度不高。(1) 要求有足够的数据，即大样本量。(2) 要求样本具有较好的分布规律或者分布较为典型。(3) 对大量数据的处理往往给预测的计算过程带来不便。(4) 可能出现量化结果与定性分析结果不符的现象。这种数量分析技术函数的形式较为单一，构造的模型本身就存在理论上的缺陷。仅仅用对数函数和线性函数来处理现实问题，是一种很粗糙的近似，如果不从方法上进行调整，拟合的精度总会有一个上限，解决的办法是对数据进行科学处理，从已有数据中寻找规律，深入挖掘数据所能提供的信息，建立更加贴近现实的模型形式。

中国宏观经济发展自 1978 年以来经历了 3 次大的波动，随着 1997 年新一轮宏观调控的软着陆，进入了平稳快速发展的新阶段。对于建筑业产业竞争力成长模型的构建，本文认为选取 1998 年以后的统计数据有很强的现实意义和参考价值。但由于 1998 年至 2003 年的详细样本数据只有 6 年时间，数据样本较少，所以需要选用合适的预测分析方法进行中国建筑业竞争力的成长性分析，而灰色理论和灰色预测为此类分析提供了理论和技术上的支持。

解决小样本预测的技术一般有两种思路：一是基于小样本的预测技术，从单纯的数据分布寻求数据发展的规律，如灰色预测技术；一种是从横向扩充样本的容量，如 Panel Data 建模技术，由于 Panel Data 数据要求针对个体从时序和横截面进行个体的观测与跟踪，对于大个体而言，子个体的划分较为容易，也容易跟踪观测，但是对于小个体，由于其划分的尺度较为模糊，并且即使划分成为小个体，但是对小个体的观测跟踪非常麻烦，所以 Panel Data 建模预测技术也有相当大的局限性。中国建筑业市场化的发展时间较短，运用灰色理论来解决中国建筑业竞争力预测由于小样本所带来的实际问题具有重要的意义。

5.3.1　状态变量的验证与确定

1. 状态变量的验证

由于灰预测的数据序列必须满足指数分布，所以在建模之前必须对数据序列进行级比检验。对于给定序列 $x^{(0)}$，可否建立精度较高的灰色模型，一般用 $x^{(0)}$ 的级比 $\sigma^{(0)}(k)$ 的大小与所属区间，即其覆盖程度来判断。

令 $x^{(0)}$ 为

$$x^{(0)} = (x^{(0)}(1), x^{(0)}(2), \cdots, x^{(0)}(n))$$
$$x^{(0)}(k), x^{(0)}(k-1) \in x^{(0)}$$

其级比 $\sigma^{(0)}(k)$ 为

$$\sigma^{(0)}(k) = \frac{x^{(0)}(k-1)}{x^{(0)}(k)} (k = 1, 2, \cdots, n)$$

当级比 $\sigma^{(0)}(k)$ 为常数时，即 $\sigma^{(0)}(k) = const$

则 $x^{(0)}$ 具有白指数率（即确切的指数率），这种情况从指数率的角度看，序列本身接近指数率的残差为 0，精度为百分之百。

但是，当 $\sigma^{(0)}(k) \in [\alpha, \beta]$，那么其覆盖的测度 $m[\alpha, \beta]$ 越大，表明 $x^{(0)}$ 偏离指数率的程度越大。

事前变量验证的准则是：

建模序列 $x^{(0)}$ 的级比 $\sigma^{(0)}(k)$ 若满足：

$$\sigma^{(0)}(k) \in (e^{-\frac{2}{n+1}}, e^{\frac{2}{n+1}})$$

那么即可认为 $x^{(0)}$ 是可以作为灰色理论进行建模的。

由 $\sigma^{(0)}(k) = \dfrac{x^{(0)}(k-1)}{x^{(0)}(k)}$，测算中国建筑业产业竞争力指数的序列级比为：

$\sigma^{(0)}(k) = (1.0042, 1.0042, 0.9570, 0.9567, 0.9567)$，当 $\sigma^{(0)}(k) \in (e^{-\frac{2}{n+1}}, e^{\frac{2}{n+1}})$，那么即可认为 $x^{(0)}$ 是可以作为灰色理论进行建模的。$(e^{-\frac{2}{n+1}}, e^{\frac{2}{n+1}}) = (e^{-\frac{2}{6+1}}, e^{\frac{2}{6+1}}) = (0.75, 1.33)$

$\sigma^{(0)}(k) = (1.0042, 1.0042, 0.9570, 0.9567, 0.9567) \in (0.75, 1.33)$

所以，既可以认为中国建筑业产业竞争力指数序列是符合灰色预测的变量前提条件，同样可以测算其他状态变量的时间序列：

技术推广率级比序列：

$\sigma^{(0)}(k) = (0.9613, 0.9264, 0.9472, 0.8735, 0.9984)$

全要素生产指数级比序列：

$\sigma^{(0)}(k) = (0.9547, 0.9792, 0.9669, 0.9708, 0.9903)$

产业集中度级比序列：

$\sigma^{(0)}(k) = (0.9506, 0.9101, 0.7807, 0.8702, 0.8238)$

城市化水平级比序列：

$\sigma^{(0)}(k) = (0.9986, 0.9996, 0.9893, 0.9963, 0.9972)$

从业人员素质级比序列：

$\sigma^{(0)}(k) = (0.9986, 0.9962, 0.9893, 0.9963, 0.9972)$

由于 $(e^{-\frac{2}{n+1}}, e^{\frac{2}{n+1}}) = (e^{-\frac{2}{6+1}}, e^{\frac{2}{6+1}}) = (0.75, 1.33)$，衡量各个状态变量的指数覆盖程度，从以上各个状态变量的级比序列可以得出

技术推广率、全要素生产率、产业集中度、城市化水平以及建筑业从业人员素质服从灰色预测的指数分布，可以用灰色预测对建筑业产业竞争力进行相关成长性分析。

2. 状态变量的确定

影响建筑业产业竞争力的因素很多，在建立预测模型时既不可能也不需要将影响建筑业产业竞争力的所有因素都考虑进去。因此在建模前需要对这些因素进行必要的筛选，在保证模型有足够精度的前提下简化模型。

筛选的原则是考虑各因素对建筑业产业竞争力的影响程度。当影响程度大于某一阈值时，该因素就作为状态变量进入模型；如小于该阈值，就作为干扰因素，不进入状态变量集。因此，确定状态变量集，首先要确定各因素对建筑业产业竞争力的影响程度。根据灰色关联度分析理论，可以用两个因素的关联度来衡量某一因素对其他因素的影响程度。设某一时期建筑业产业竞争力数据序列及某一因素数据序列如下：

$$Y(t) = \{y(1), y(2), y(3), \cdots, y(t)\}$$
$$X_i(t) = \{x_i(1), x_i(2), x_i(3), \cdots, x_i(t)\}$$

其中 $Y(t)$ 表示第 t 时刻的中国建筑业产业的竞争力指数；$X_i(t)$ 表示第 t 时刻某因素的值。则该因素对中国建筑业产业的竞争力指数的关联函数如下：

$$\beta_i(t) = \cfrac{1}{1 + \left| \cfrac{Vx_i(t)}{x_i(t)} - \cfrac{Vy(t)}{y(t)} \right|}$$

其中

$$\Delta x_i(t) = x_i(t+1) - x_i(t), \quad \Delta y(t) = y(t+1) - y(t)$$

关联度指标 r 为：

$$r_i = \frac{1}{n-1} \sum_{t=1}^{n-1} \beta_i(t)$$

式中　n——数据序列中数据的个数。

设 $R = \{r_1, r_2, r_3, \cdots, r_m\}$ 为关联度集合，取某阈值 r_0，对 R 作截割得：$R' = \{r/r_i \geq r_0\}$ 截集，R' 对应的因素就作为状态变量。

根据灰色关联度分析理论，可以用两个因素的关联度来衡量某一因素对其他因素的影响程度。通过灰色关联度分析，确定技术推广率、全要素生产指数、产业集中度、城市化水平以及建筑业从业人员素质对中国建筑业产业竞争力指数的关联度，进而确定进入预测模型的状态变量。

由灰色关联度的关联函数 $\beta_i(t) = \dfrac{1}{1 + \left| \dfrac{Vx_i(t)}{x_i(t)} - \dfrac{Vy(t)}{y(t)} \right|}$ 计算各

个状态变量对中国建筑业产业竞争力指数的关联度指标 r 为：

$r_i = \dfrac{1}{n-1} \sum_{t=1}^{n-1} \beta_i(t)$，设中国建筑业产业竞争力指数时间序列为：

$Y(t) = \{y(1), y(2), y(3), \cdots, y(t)\}$，那么，$Y(t) = (1.1390, 1.1342, 1.1295, 1.1802, 1.2336, 1.2894)$，$Vy(t)$ 序列由

$Vy(t) = y(t+1) - y(t)$ 计算可得：

$Vy(t) = (-0.0048, -0.0047, 0.0507, 0.0534, 0.0558)$，那么，

$\dfrac{Vy(t)}{y(t)} = (-0.0042, -0.0041, 0.4295, 0.4525, 0.4523)$。

以技术推广率为例，测算技术推广率因素变量与中国建筑业产业竞争力指数的关联度。

技术推广率因素变量序列为：

$x(t) = \{0.944, 0.982, 1.060, 1.119, 1.281, 1.283\}$

$Vx(t) = (0.038, 0.078, 0.059, 0.162, 0.002)$

$\dfrac{Vx(t)}{x(t)} = (0.0403, 0.0794, 0.0527, 0.1448, 0.0016)$

$\beta(t) = \dfrac{1}{1 + \left| \dfrac{Vx(t)}{x(t)} - \dfrac{Vy(t)}{y(t)} \right|} = (0.9574, 0.9229, 0.9903, 0.9095, 0.9582)$

从而计算技术推广率与中国建筑业产业竞争力指数的关联度指标 r 为：

$$r_1 = \frac{1}{n-1} \sum_{t=1}^{n-1} \beta(t) = 0.9477$$

同理，取其他影响中国建筑业产业竞争力因素的状态变量，测算全要素生产指数、建筑产业集中度、城市化水平以及从业人

员素质对中国建筑业产业竞争力的关联度指标。

计算结果为:

全要素生产指数与中国建筑业产业竞争力指数的关联度指标 $r_2 = 0.9734$

产业集中度与中国建筑业产业竞争力指数的关联度指标 $r_3 = 0.8930$

城市化水平与中国建筑业产业竞争力指数的关联度指标 $r_4 = 0.9699$

从业人员素质与中国建筑业产业竞争力指数的关联度指标 $r_5 = 0.9756$

设 $R = \{r_1, r_2, r_3, \cdots, r_m\}$ 为各因素状态变量关于中国建筑业产业竞争力指数的关联度集合,那么,$R = \{0.9477, 0.9734, 0.8930, 0.9699, 0.9756\}$,取阈值 $r_0 = 0.85$,对 R 作截割得 $R' = \{r \mid r_i \geqslant r_0\}$ 截集,R' 对应的因素就作为状态变量。对于中国建筑业产业竞争力指数各个影响因素的截集为:

$$R' = \{r \mid r_i \geqslant r_0\} = \{r_1, r_2, r_3, r_4, r_5\}$$

对应的状态变量分别为技术推广率、全要素生产指数、建筑产业集中度、城市化水平以及从业人员素质五个状态变量。

5.3.2　单因子预测模型的建立

假设 $Y(t)$ 为建筑业产业竞争力状态变量,$X_i(t)$ $(i = 2, 3, \cdots, m)$ 为影响因素状态变量,又假设 $X_i^{(0)}(k) = \{X_i^{(0)}(1), X_i^{(0)}(2), X_i^{(0)}(3), \cdots, X_i^{(0)}(k)\}$,$i = 2, 3, \cdots, m$,为建筑业产业竞争力状态变量与其他状态变量的原始数据序列,对 $X_i^{(0)}(k)$ 做一次累加生成运算,即可得一次累加生成数列:

$$X_i^{(1)}(k) = \{X_i^{(1)}(1), X_i^{(1)}(2), X_i^{(1)}(3), \cdots, X_i^{(1)}(k)\}, i = 1, 2, \cdots, m$$

其中

$$X_i^{(1)}(k) = \sum_{i=1}^{k} X_i^{(0)}(k) = X_i^{(1)}(k-1) + X_i^{(0)}(k)$$

为 $X_i^{(0)}(k)$ 的一次累加变量。根据灰色理论,可以建立如下联动状态转移方程:

GM （1，m）模型：

$$\frac{\mathrm{d}x_1^{(1)}}{\mathrm{d}t} + \alpha_1 x_1^{(1)} = \beta_1 x_2^{(1)} + \beta_2 x_3^{(1)} + \cdots + \beta_{m-1} x_m^{(1)} \qquad (5\text{-}4)$$

GM （1，1）模型：

$$\frac{\mathrm{d}x_1^{(1)}}{\mathrm{d}t} + \alpha_i x_1^{(1)} = \mu_i, \; i = 2, 3, \cdots, m \qquad (5\text{-}5)$$

其中 α_1，β_1，β_2，β_{m-1} 以及 α_i，μ_i（$i = 2, 3, \cdots, m$）为待定系数。

求解上述微分方程，并作离散处理后可得：

$$\hat{x}_1^{(1)}(k+1) = \left[x_1^{(0)}(1) - \sum_{i=1}^{m} \frac{\beta_{i-1}}{\alpha_1} x_i^{(1)}(k+1) \right] e^{-\alpha_1 k}$$

$$+ \sum_{i=1}^{m} \frac{\beta_{i-1}}{\alpha_1} x_i^{(1)}(k+1) \qquad (5\text{-}6)$$

$$\hat{x}_i^{(1)}(k+1) = \left[x_i^{(0)}(1) - \frac{\mu_i}{\alpha_i} \right] e^{-\alpha_i k} + \frac{\mu_i}{\alpha_i} \qquad (5\text{-}7)$$

其中 $i = 2, 3, \cdots, m$；$k = 1, 2, 3, \cdots, n$；

$\hat{x}_i^{(1)}(k+1)$ 为 $x_i^{(1)}(k+1)$ 的计算值。根据 $X_i^{(1)}(k+1) = X_i^{(1)}(k) + X_i^{(0)}(k+1)$ 的累减还原可得：

$$\hat{x}_i^{(0)}(k+1) = \hat{x}_i^{(1)}(k+1) - \hat{x}_i^{(1)}(k) \qquad (5\text{-}8)$$

由以上公式的推导可以得出建筑业产业竞争力的预测模型，该模型由（5-6）～（5-8）式共同联立组成。

对于影响中国建筑业产业竞争力成长性的关联因素技术推广率、全要素生产指数、建筑产业集中度、城市化水平以及从业人员素质五个状态变量，分别运用单因子预测模型预测产业竞争力的变化。

基于技术推广率的中国建筑业产业竞争力成长模型。

中国建筑业产业竞争力原始状态变量序列为：

$Y(t)$ = （1.1390，1.1342，1.1295，1.1802，1.2336，1.2894）

技术推广率状态变量序列为：

$X(t)$ = （0.944，0.982，1.060，1.119，1.281，1.283）

那么，中国建筑业产业竞争力指数以及技术推广率状态变量以此累加生成的序列分别为：

$Y^{(1)}(t) = (1.1390, 2.2732, 3.4027, 4.5829, 5.8165, 7.1059)$

$X^{(1)}(t) = \{0.944, 1.926, 2.986, 4.105, 5.386, 6.669\}$

于是，基于建筑业技术推广率的中国建筑业产业竞争力成长模型可得为：

$$\begin{cases} \hat{y}^{(1)}(k+1) = \left[y^{(0)}(1) - \dfrac{b_1}{a_1} x_1^{(1)}(k+1) \right] e^{-\alpha_1 k} + \dfrac{b_1}{a_1} x_1^{(1)}(k+1) \\ \hat{x}_1^{(1)}(k\alpha+1) = \left[x_1^{(0)}(1) - \dfrac{\mu_1}{\alpha_1} \right] e^{-\alpha_1 k} + \dfrac{\mu_1}{\alpha_1} \end{cases}$$

其中，$y^{(0)}(1) = 1.1390 \quad x_1^{(0)}(1) = 0.944$

5.3.3 待定系数的确定

将状态转移方程（5-4）、（5-5）离散化后得出：

$$\begin{cases} x_1^{(0)}(k+1) = -\alpha_1 \bar{x}_1^{(1)}(k+1) + \beta_1 x_2^{(1)}(k+1) + \beta_2 x_3^{(1)}(k+1) \\ \qquad\qquad + \cdots + \beta_{i-1} x_m^{(1)}(k+1) \\ x_i^{(0)}(k+1) = -\alpha_i \bar{x}_i^{(i)}(k+1) + \mu_i \end{cases}$$

$$(5-9)$$

其中 $\bar{x}_1^{(1)}(k+1)$，$i = 2, 3, \cdots, m$ 为 x_i^1 在 $(k+1)$ 时刻的背景值（白化值），取

$$\bar{x}_i^{(0)}(k+1) = \frac{1}{2}\left[x_i^{(1)}(k) + x_i^{(1)}(k+1) \right] \qquad (5-10)$$

将（5-10）式带入（5-9）式第一个方程，并按照 $k = 1, 2, 3, \cdots, n$ 展开得出：

$k = 1 \quad x_1^{(0)}(2) = \alpha_1 \left\{ -\dfrac{1}{2}\left[x_1^{(1)}(1) + x_1^{(1)}(2) \right] \right\} + \beta_1 x_2^{(1)}(2) + \beta_2 x_3^{(1)}(2) + \cdots + \beta_{m-1} x_m^{(1)}(2)$

$k = 2 \quad x_1^{(0)}(3) = \alpha_1 \left\{ -\dfrac{1}{2}\left[x_1^{(1)}(2) + x_1^{(1)}(3) \right] \right\} + \beta_1 x_2^{(1)}(3) + \beta_2 x_3^{(1)}(3) + \cdots + \beta_{m-1} x_m^{(1)}(3)$

$k = 3 \quad x_1^{(0)}(4) = \alpha_1 \left\{ -\dfrac{1}{2}\left[x_1^{(1)}(3) + x_1^{(1)}(4) \right] \right\} + \beta_1 x_2^{(1)}(4) +$

156

$\beta_2 x_3^{(1)}(4) + \cdots + \beta_{m-1} x_m^{(1)}(4)$

......

$k = n - 1 \quad x_1^{(0)}(n) = \alpha_1 \left\{ -\dfrac{1}{2} \left[x_1^{(1)}(n-1) + x_1^{(1)}(n) \right] \right\} + \beta_1 x_2^{(1)}$

$(n) + \beta_2 x_3^{(1)}(n) + \cdots + \beta_{m-1} x_m^{(1)}(n)$

建立变量的向量矩阵，令：

$$Y_1 = \left[x_1^{(0)}(2), \ x_1^{(0)}(3), \ x_1^{(0)}(4), \ \cdots, \ x_1^{(0)}(n) \right]^{\mathrm{T}}$$

$$B_1 = \begin{bmatrix} -\dfrac{1}{2}\left[x_1^{(1)}(1) + x_1^{(1)}(2)\right] & x_2^{(1)}(2) & x_3^{(1)}(2) & \cdots & x_m^{(1)}(2) \\[2mm] -\dfrac{1}{2}\left[x_1^{(1)}(2) + x_1^{(1)}(3)\right] & x_2^{(1)}(3) & x_3^{(1)}(3) & \cdots & x_m^{(1)}(3) \\[2mm] -\dfrac{1}{2}\left[x_1^{(1)}(3) + x_1^{(1)}(4)\right] & x_2^{(1)}(4) & x_3^{(1)}(4) & \cdots & x_m^{(1)}(4) \\[2mm] \cdots\cdots & & & & \\[2mm] -\dfrac{1}{2}\left[x_1^{(1)}(n-1) + x_1^{(1)}(n)\right] & x_2^{(1)}(n) & x_3^{(1)}(n) & \cdots & x_m^{(1)}(n) \end{bmatrix}$$

同时设变量：

$$\hat{\alpha}_1 = \left[\alpha_1, \beta_1, \beta_2, \cdots, \beta_{n-1} \right]^{\mathrm{T}}$$

那么，可以推出：

$$Y_1 = B_1 \hat{\alpha}_1$$

运用最小二乘法可得：

$$\hat{\alpha}_1 = \left(B_1^{\mathrm{T}} B_1 \right)^{-1} B_1^{\mathrm{T}} Y_1 \tag{5-11}$$

同样，将 (5-10) 式代入 (5-9) 式第二个方程，并按照 $k = 1, 2, 3, \cdots, n$ 展开得出：

$K = 1 \qquad x_i^0(2) = \alpha_i \left\{ -\dfrac{1}{2} \left[x_i^{(1)}(1) + x_i^{(1)}(2) \right] \right\} + \mu_i$

$K = 2 \qquad x_i^0(3) = \alpha_i \left\{ -\dfrac{1}{2} \left[x_i^{(1)}(2) + x_i^{(1)}(3) \right] \right\} + \mu_i$

......

$K = n - 1 \qquad x_i^0(n) = \alpha_i \left\{ -\dfrac{1}{2} \left[x_i^{(1)}(n-1) + x_i^{(1)}(n) \right] \right\} + \mu_i$

同理，建立因素变量的向量矩阵，令：

$$Y_i = \left[x_i^{(0)}(2), x_i^{(0)}(3), x_i^{(0)}(4), \cdots, x_i^{(0)}(n) \right]^{\mathrm{T}}$$

$$B_1 = \begin{bmatrix} -\dfrac{1}{2}\left[x_i^{(1)}(1) + x_i^{(1)}(2)\right] & 1 \\ -\dfrac{1}{2}\left[x_i^{(1)}(2) + x_i^{(1)}(3)\right] & 1 \\ \cdots\cdots \\ -\dfrac{1}{2}\left[x_i^{(1)}(n-1) + x_i^{(1)}(n)\right] & 1 \end{bmatrix}$$

设变量：$\hat{\alpha}_i = [\alpha_i, \mu_i]^{\mathrm{T}}$，那么，$Y_i = B_i\hat{\alpha}_i$，同样利用最小二乘法可得出：

$$\hat{\alpha}_i = (B_i^{\mathrm{T}}B_i)^{-1}B_i^{\mathrm{T}}Y_i \tag{5-12}$$

根据以上公式推导，所得出的方程（5-11），（5-12），联立求解，即可求出所有参与指数变动的因子变量的待定系数。对于中国建筑业产业竞争力的影响因素而言，基于技术推广率的中国建筑业产业竞争力的单因子成长模型的待定系数计算如下：

$\hat{A}_1 = (a_1, b_1)^{\mathrm{T}}$的确定，因为，

$$B_1 = \begin{bmatrix} -\dfrac{1}{2}\left[y^{(1)}(1) + y^{(1)}(2)\right] & x_1^{(1)}(2) \\ -\dfrac{1}{2}\left[y^{(1)}(2) + y^{(1)}(3)\right] & x_1^{(1)}(3) \\ -\dfrac{1}{2}\left[y^{(1)}(3) + y^{(1)}(4)\right] & x_1^{(1)}(4) \\ -\dfrac{1}{2}\left[y^{(1)}(4) + y^{(1)}(5)\right] & x_1^{(1)}(5) \\ -\dfrac{1}{2}\left[y^{(1)}(5) + y^{(1)}(6)\right] & x_1^{(1)}(6) \end{bmatrix} = \begin{bmatrix} -1.7061 & 1.926 \\ -2.838 & 2.986 \\ -3.993 & 4.105 \\ -5.199 & 5.386 \\ -6.461 & 6.669 \end{bmatrix}$$

设

$$Y = [y^{(0)}(2), y^{(0)}(3), y^{(0)}(4), y^{(0)}(5), y^{(0)}(6)]^{\mathrm{T}} = [1.1342,$$
$$1.1295, 1.1802, 1.2336, 1.2894]^{\mathrm{T}}$$

于是，$\hat{A}_1 = (a_1, b_1)^{\mathrm{T}} = (B_1^{\mathrm{T}}B_1)^{-1}B_1^{\mathrm{T}}Y = \begin{bmatrix} 6.2360 \\ 6.2654 \end{bmatrix}$

$\hat{A}_2 = (\alpha_1, \mu_1)^{\mathrm{T}}$的确定，因为，

$$B_2 = \begin{bmatrix} -\frac{1}{2}\left[x_1^{(1)}(1) + x_1^{(1)}(2)\right] & 1 \\ -\frac{1}{2}\left[x_1^{(1)}(2) + x_1^{(1)}(3)\right] & 1 \\ -\frac{1}{2}\left[x_1^{(1)}(3) + x_1^{(1)}(4)\right] & 1 \\ -\frac{1}{2}\left[x_1^{(1)}(4) + x_1^{(1)}(5)\right] & 1 \\ -\frac{1}{2}\left[x_1^{(1)}(5) + x_1^{(1)}(6)\right] & 1 \end{bmatrix} = \begin{bmatrix} -1.1435 & 1 \\ -2.456 & 1 \\ -3.546 & 1 \\ -4.746 & 1 \\ -6.028 & 1 \end{bmatrix}$$

设 $X = \left[x_1^{(0)}(2), x_1^{(0)}(3), x_1^{(0)}(4), x_1^{(0)}(5), x_1^{(0)}(6)\right]^{\mathrm{T}} = \left[0.982, 1.060, 1.119, 1.281, 1.283\right]^{\mathrm{T}}$

于是，$\hat{A}_2 = (\alpha_1, \mu_1)^{\mathrm{T}} = (B_2^{\mathrm{T}} B_2)^{-1} B_2^{\mathrm{T}} X = \begin{bmatrix} -0.0714 \\ 0.8849 \end{bmatrix}$

将所求得的 $\hat{A}_1 \hat{A}_2$ 带入上述基于技术推广率的中国建筑业产业竞争力成长模型，确定待定系数，即可求得基于技术推广率的中国建筑业产业竞争力成长模型的递推公式：

$$\begin{cases} \hat{y}^{(1)}(k+1) = \left[1.1390 - 1.005\hat{x}_1^{(1)}(k+1)\right]e^{-6.2360k} + 1.005\hat{x}_1^{(1)}(k+1) \\ \hat{x}_1^{(1)}(k+1) = 12.393e^{0.0714k} - 11.450 \\ \hat{y}^{(0)}(k+1) = \hat{y}^{(1)}(k+1) - \hat{y}^{(1)}(k) \\ \hat{x}_1^{(0)}(k+1) = \hat{x}_1^{(1)}(k+1) - \hat{x}_1^{(1)}(k) \end{cases}$$

同理，可求出其他状态变量关于中国建筑业产业竞争力的单因子预测模型。因篇幅所限，其他单因子预测模型略。

5.3.4 中国建筑业产业竞争力成长模型的构建

1. 影响建筑业产业竞争力预测各因素权重的确定

对于各个可测因素对建筑业产业竞争力的影响，各因素之间的相关性相对较低，所以可以设定建筑业产业竞争力各个影响因素之间为相互独立，可以对建筑业产业竞争力的预测结果进行线性权重累加，从而确定各因素综合影响的建筑业产业竞争力指数。

基于影响因素与建筑业产业竞争力的灰色关联度，确定各影响因素的权重，记各个影响因素对建筑业产业竞争力的灰色关联度为：

$$r_i = \frac{1}{n-1} \sum_{t=1}^{n-1} \beta_i(t)，那么，各因素的权重即为$$

$$w_i = \frac{r_i}{\sum_{i=1}^{n} r_i} = \frac{\dfrac{1}{n-1} \sum_{t=1}^{n-1} \beta_i(t)}{\sum_{i=1}^{n} \dfrac{1}{n-1} \sum_{t=1}^{n-1} \beta_i(t)}，每个因素权重不包含未进入$$

建筑业产业竞争力成长模型的状态变量。

由于 $r_i = \{0.9477, 0.9734, 0.8930, 0.9699, 0.9756\}$，计算可得

$$w_i = \frac{r_i}{\sum_{i=1}^{n} r_i} = \frac{\dfrac{1}{n-1} \sum_{t=1}^{n-1} \beta_i(t)}{\sum_{i=1}^{n} \dfrac{1}{n-1} \sum_{t=1}^{n-1} \beta_i(t)} = [0.1991, 0.2045, 0.1876,$$

$$0.2038, 0.2051]$$

2. 中国建筑业产业竞争力预测模型的构建

由灰色理论的 $GM(1, 1)$ 模型，分别预测进入建筑业产业竞争力成长模型的单因子状态变量对产业竞争力测度的分析，分别记为：

$$\widetilde{C}_i = GM(x_i), (i = 1, 2, \cdots, n), n \in N$$

进入模型的各单状态因子变量的权重记为 W_i，$(i = 1, 2, \cdots, n)$ 那么，建筑业产业竞争力成长模型为：

$$f(\widetilde{C}_i) = \sum_{i=1}^{n} w_i \widetilde{C}_i = \sum_{i=1}^{n} w_i GM(x_i), ((i = 1, 2, \cdots, n), n \in N)$$

$$(5-13)$$

于是可得：

$$f(\widetilde{C}_i) = 0.1991 GM(x_1) + 0.2045 GM(x_2) + 0.1876 GM(x_3)$$
$$+ 0.2038 GM(x_4) + 0.2051 GM(x_5)$$

式中　x_1——技术推广率；

x_2——全要素生产率；

x_3——建筑业产业集中度；

x_4——中国城市化水平；

x_5——建筑业从业人员素质；

$GM(x_i)$——基于多因素状态变量对建筑业竞争力的灰色预测函数。

5.4 中国建筑业产业竞争力成长模型的精度检验

任何预测模型在使用前都必须检验其精度是否满足要求。前面建立的每个状态变量的预测模型都必须进行检验，检验的方法主要有三种。

1. 残差检验

所谓残差，是指实际值与预测值的偏差，包括绝对误差和相对误差。

（1）在 k 时刻的绝对误差：

$$\delta_i^{(0)}(k) = x_i^{(0)}(k) - \hat{x}_i^{(0)}(k), (k = 1, 2, \cdots, n)$$

（2）平均绝对误差：

$$\bar{\delta}_i^{(0)} = \frac{1}{n} \sum_{i=1}^{n} |\delta_i(k)|$$

（3）在 k 时刻的相对误差：

$$\varepsilon_i^{(0)}(k) = \frac{\delta_i^{(0)}(k)}{x_i^{(0)}(k)} \times 100\%$$

（4）平均相对误差：

$$\bar{\varepsilon}_i^{(0)} = \frac{1}{n} \sum_{k=1}^{n} |\varepsilon_i(k)|$$

当某一预测模型的绝对误差或相对误差小于某一给定的精度时，说明该模型具有足够的精度。否则，就必须对模型进行修正。

2. 关联度检验

关联度检验是通过分析预测曲线与实际曲线的拟合程度来检

验预测模型的精度。某状态变量 x_i 在 k 时刻的预测值与原始数据的关联系数为：

$$\beta_i(k) = \frac{\Delta_{\min} + \rho\Delta_{\max}}{\delta_i(k) + \rho\Delta_{\max}}$$

式中　$\Delta_{\max} = \max_k\{\delta_i(k)\} = \max_k\{|x_i^{(0)}(k) - \hat{x}_i^{(0)}(k)|\}$

$\Delta_{\min} = \min_k\{\delta_i(k)\} = \min_k\{|x_i^{(0)}(k) - \hat{x}_i^{(0)}(k)|\}$

其 ρ 为分辨系数，一般小于 0.5。预测曲线与实际曲线的关联度为：

$$r_i = \frac{1}{n}\sum_{k=1}^{n}\beta_i(k)$$

3. 后验差检验

后验差检验是按残差分布统计特性来检验预测模型精度的一种方法。原始数的均值 $\overline{x}_i^{(0)} = \frac{1}{n}\sum_{k=1}^{n}x_i^{(0)}(k)$，方差：

$$S_1 = \sqrt{\frac{1}{n-1}\sum_{k=1}^{n}(x_i^{(0)}(k) - \overline{x}_i^{(0)})^2}$$

绝对误差 $\delta_i(\theta)$ 的方差：

$$S_2 = \sqrt{\frac{1}{n-1}\sum_{k=1}^{n}(\delta_i^{(0)}(k) - \overline{\delta}_i^{(0)})^2}$$

后验差比 $C = S_2/S_1$，小误差频率：

$P = \{|\delta_i^{(0)}(k) - \overline{\delta}_i^{(0)}| \leqslant 0.6745S_1\}$，一般要求 $C < 0.35$，最好不要超过 0.65；最好 $P > 0.95$，不得小于 0.7。

本文以基于技术推广率的中国建筑业产业竞争力成长模型为例，检验该单因子模型的精度，分别利用绝对残差和相对残差检验、关联度检验、后验差检验，对所建立模型的预测值进行精度检验。检验如下。

(1)绝对残差与相对残差检验：

162

序　号	原始值 $x_1^{(0)}$	预测值 $\hat{x}_1^{(0)}$	绝对残差 $\delta_1^{(0)}$	相对残差 $\varepsilon_1^{(0)}$
1	0.944	0.944	0	0
2	0.982	0.917	-0.065	-6.6%
3	1.060	1.127	0.067	6.3%
4	1.119	1.148	0.029	2.5%
5	1.281	1.277	-0.004	-0.3%
6	1.283	1.298	0.015	1.1%

通过表5-9可以看出，平均相对误差只有1.50%，完全可以对状态变量技术推广率进行预测。

（2）关联度检验

$$\beta_i(k) = \frac{V_{min} + \rho V_{max}}{\delta_i(k) + \rho V_{max}}$$

式中 $V_{min} = -0.004$；$V_{max} = 0.067$，取 $\rho = 0.5$，那么 $\beta(k) = (0.74，1，0.75，0.78，0.88)$ 那么预测曲线与实际曲线的关联度：

$$r = \frac{1}{n}\sum_{k=1}^{n}\beta_i(k) = \frac{1}{5}(0.74 + 1 + 0.75 + 0.78 + 0.88) = 0.83$$

（3）后验差检验

方差：$S_1 = \sqrt{\frac{1}{n-1}\sum_{k=1}^{n}(x_i^{(0)}(k) - \overline{x_i^{(0)}})^2} = 0.1454$

绝对误差 $\delta_i(\theta)$ 的方差：$S_2 = \sqrt{\frac{1}{n-1}\sum_{k=1}^{n}(\delta_i^{(0)}(k) - \overline{\delta_i^{(0)}})^2}$

$$= 0.0305$$

后验差比：$C = S_2/S_1 = 0.21 < 0.35$

小误差频率：

$P = \{|\delta_i^{(0)}(k) - \overline{\delta_i^{(0)}}| \leqslant 0.6745S_1\}$

$\quad = \{|\delta_i^{(0)}(k) - \overline{\delta_i^{(0)}}| \leqslant 0.0981\} = 100\% > 0.95$

由于篇幅的原因，其他变量的检验略。

5.5 中国建筑业产业竞争力的成长性预测分析

基于技术推广率状态变量对中国建筑业产业竞争力的成长性预测，由以上的模型分析预测公式，可以得出基于技术推广率的中国建筑业产业竞争力成长性预测变化值：

基于技术推广率的中国建筑业产业竞争力预测变化表　表 5-10

年　份	$\hat{x}_1^{(1)}$ $(k+1)$	$\hat{y}^{(1)}$ $(k+1)$	$\hat{x}_1^{(0)}$ $(k+1)$	$\hat{y}^{(0)}$ $(k+1)$
2004	7.571	7.571	1.310	1.310
2005	8.978	8.978	1.407	1.407
2006	10.490	10.490	1.512	1.512
2007	12.110	12.110	1.620	1.620

同理，可分别基于全要素生产指数、建筑业产业集中度、中国城市化水平以及建筑业从业人员素质四个状态变量，建立中国建筑业产业竞争力成长性模型，并得出相应的 2005 年、2006 年以及 2007 年的中国建筑业产业竞争力指数预测值。

基于其他变量的中国建筑业竞争力指数预测表　表 5-11

年　份	基于 x_2 的竞争力预测	基于 x_3 的竞争力预测	基于 x_4 的竞争力预测	基于 x_5 的竞争力预测
2005	1.428	1.415	1.523	1.291
2006	1.569	1.527	1.659	1.301
2007	1.680	1.634	1.710	1.312

根据上文构建的中国建筑业产业竞争力成长模型以及有关影响因素的测度，计算可得中国建筑业未来的产业竞争力指数，如表 5-12 所示。

中国建筑业产业竞争力指数预测表　表 5-12

年　份	2005	2006	2007
中国建筑业产业竞争力预测值	1.412	1.513	1.590

结合第 3 章基于投入产出技术测算的中国建筑业产业竞争力指数（表 3-23），将本章预测的未来中国建筑业产业竞争力指数（表 5-12）进行比较分析，可以看出，随着我国经济的发展以及中国建筑行业的进一步市场化和规范化，中国建筑业在未来将呈现较强的产业竞争力，并在原有的竞争力基础上逐渐增强，如图 5-2 所示。

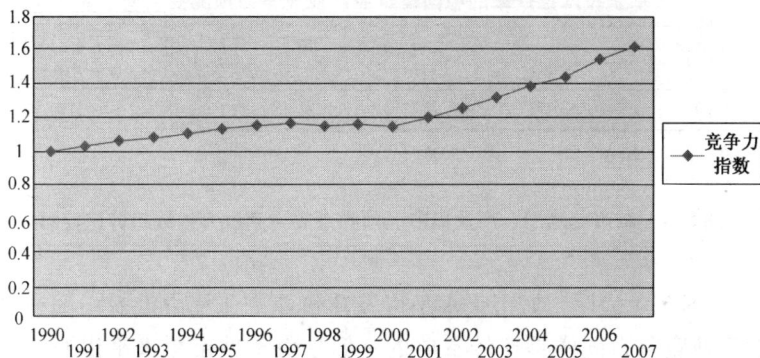

图 5-2 中国建筑业产业竞争力趋势分析图

基于技术推广率、全要素生产率、建筑业产业集中度、中国城市化水平以及建筑业从业人员素质五个状态变量对中国建筑业产业竞争力的指数预测，并对中国建筑业产业竞争力指数的趋势作出对比分析，如图 5-3，图 5-4，图 5-5 所示。

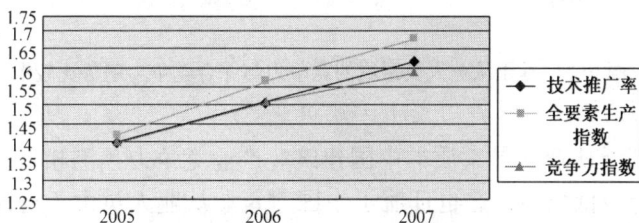

图 5-3 技术推广率，全要素生产率预测指数与竞争力指数趋势比较图

从图 5-3 可以看出，技术推广率对中国建筑业产业竞争力的影响非常显著，从历史数据的分析以及未来趋势的预测，技术推广将是未来推动建筑业发展的主要动力，全要素生产率有后来居上的趋势，所以建筑业企业的生产效益和生产效率问题，已愈加引起建筑业相关管理部门和企业自身的高度重视。

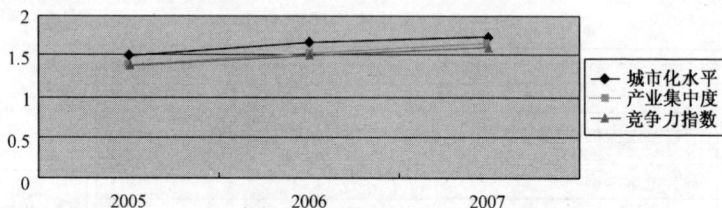

图 5-4　城市化水平、产业集中度预测指数与竞争力指数趋势比较图

图 5-4 表明，城市化水平以及建筑业产业集中度对中国建筑业产业竞争力同样是比较重要的，但是由于城市化水平以及产业集中度属于较宏观的指标，它们对于建筑业竞争力未来的影响受宏观经济发展及产业政策调整及企业发展规模，甚至产业集群的因素的影响。

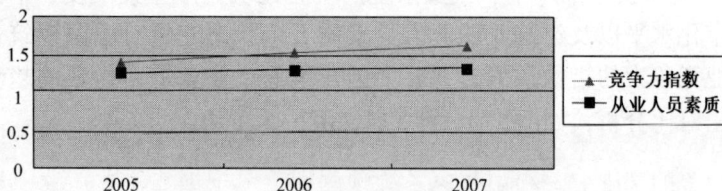

图 5-5　基于从业人员素质的竞争力与综合竞争力趋势比较图

基于从业人员素质的中国建筑业产业竞争力预测相对综合竞争力指数低很多，这也证明了中国建筑业从业人员由于普遍受教育程度不高、人员素质低，深刻影响到企业、甚至产业的竞争力。所以，如何尽快提升建筑业从业人员的素质，推进企业科学管理、技术进步、集约发展，是提升建筑业竞争力的最重要的方法与途

径。

按照分析研究的需要，可以将技术推广率、全要素生产率、建筑业产业集中度、中国城市化水平以及建筑业从业人员素质五个状态变量进行划分，按照影响程度，确定其受关注的程度，并进行排序，如表5-13所示。

建筑业需要关注的因素分类　　　　　表5-13

关 注 程 度	因　　素
1. 已被重视需加强的因素	技术推广率，全要素生产率
2. 需要重视的因素	建筑业产业集中度、中国城市化水平
3. 需要非常关注的因素	建筑业从业人员素质

综上所述，只有对以上因素把握调控的尺度，继续重视加强新技术推广、不断提高全要素生产效率与建筑业产业集中度，加快城市化进程，大力推进并提高中国建筑业从业人员的素质教育，并进一步提高政府效率，才能更快地提升中国建筑业产业竞争力水平。

5.6　小　　结

本章在对基于投入产出技术进行中国建筑业产业竞争力指数核算、以及运用系统化的思想选取影响建筑业产业竞争力关键影响因素的基础上，利用灰色系统预测理论对中国建筑业产业竞争力的成长性进行了深入的分析与研究。首先对多种影响因素进行了因素测度的确定，利用灰色理论的预测模型，建立了多因素影响下的 GM（1，1）模型，并对模型进行了事前、事中以及事后精度检验，并在此基础上对未来影响中国建筑业产业竞争力的发展因素进行了分析，提出了建筑业产业竞争力的提升必须抓住的五个关键因素，找到了解决问题的着眼点与关键点。

6 中国建筑业产业竞争力提升的对策研究

随着中国步入全面建设小康社会的新的历史进程，科学发展观可持续发展理念的树立和落实，以及与 WTO 规则相适应的市场运行机制的进一步完善，中国建筑业正步入一个新的发展阶段。今后 20 年，中国的大型基础设施建设、技术设备更新改造、住宅建设与房地产开发等投资规模将保持在一个较高的水平，中国建筑业将面临历史上重要的发展机遇。

通过以上各章节的分析研究，中国建筑业要在新的形势下把握机遇，提升产业竞争力，就必须对影响建筑业产业竞争力的多类驱动因素实施有效的控制，制定切实可行的措施，从而为中国建筑业产业的健康、持续发展发挥重要的作用。本章就中国建筑业产业竞争力提升的驱动力与路径进行深入分析，并提出相应的思路与对策，同时对在中国建筑业产业发展中政府部门的角色定位与调控引导进行分析。

6.1 中国建筑业产业竞争力提升的驱动力与路径分析

6.1.1 中国建筑业产业竞争力提升驱动力分析

促进某一事物发展的驱动要素一般分为内因和外因，内因作为促进事物发展的主要矛盾，以解决为主；外因作为促进事物发展的次要矛盾，以适应为主。本文通过以上章节分析提出的影响产业竞争力六个关键因素中，可将全要素生产率、技术推广率、从业人员素质、产业集中度作为内在驱动力，而城市化水平、政府效率无疑应作为外在驱动力加以考虑。图 6-1 是中国建筑业技术动力比趋势图。

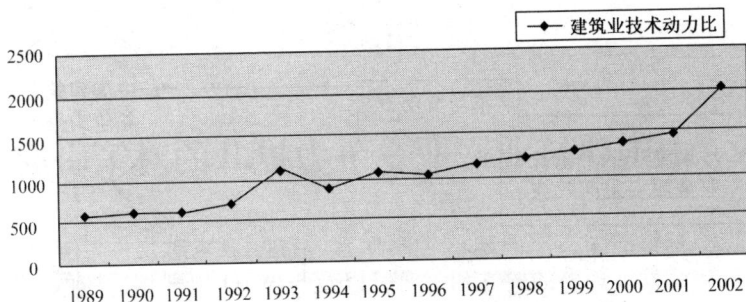

数据来源，根据同期《中国建筑统计年鉴》。

图6-1   中国建筑业技术动力比趋势图

从图6-1可以看出，随着建筑业的发展，作为内在驱动力，中国建筑业技术推广率得到了很大的提升，这也是中国建筑业快速增长的主要原因，更是未来提升中国建筑业产业竞争力优先考虑的驱动力之一。近年来中国建筑业通过产业结构调整，取得一定的成绩，但是效果并不是很明显，建筑市场存在的一些问题依然没有得到很好解决。故对于建筑业产业的结构调整应作为第二位优先考虑的驱动力。同样，中国建筑业全要素生产率随着建筑业的快速发展，也已经越来越成为建筑业竞争力的主要源泉。另外，在很大程度上，城市化水平取决于宏观经济的发展水平及运行态势，从上一章节的分析可以看出，此类因素应作为建筑业适应宏观经济环境的适应性驱动力。同时由于建筑业的行业特殊性，建筑业从业人员素质普遍不高，所以强化科学管理的意识以及提高从业人员的自身素质应成为建筑业产业竞争力未来发展的潜在驱动力，急需在建筑业的快速发展中得到进一步强化与改善。

必须指出的是，政府效率以及政府对产业政策的调控引导作用，对于产业竞争力的提升具有非同一般的作用，这也应成为建筑业产业竞争力提升的关键的外在驱动力。

中国建筑业产业竞争力的驱动力系统如图6-2所示。

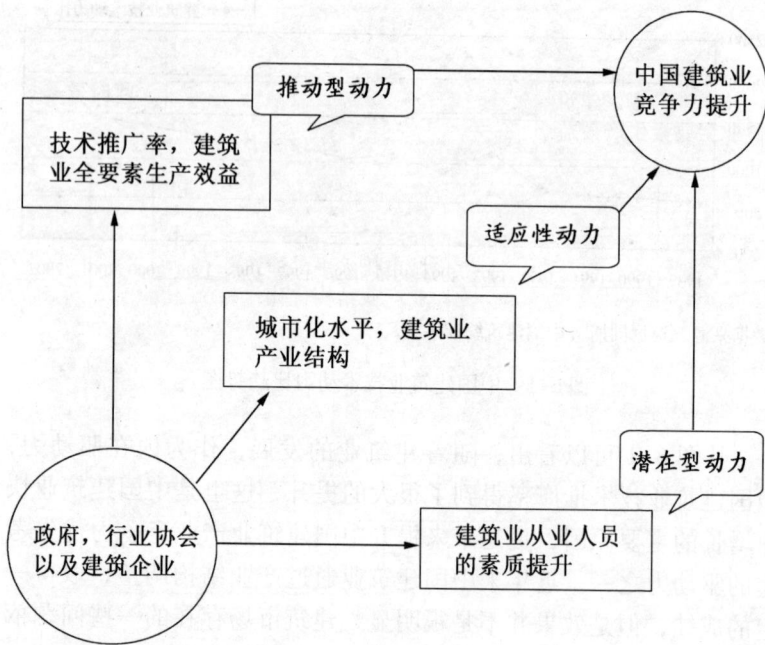

图 6-2 中国建筑业产业竞争力驱动力系统

6.1.2 中国建筑业产业竞争力提升路径分析

对于提升中国建筑业产业竞争力路径的分析上，不仅要将作为建筑业产业细胞的建筑业企业竞争力作为提升产业竞争力的主要方面，还需在提升和挖掘企业竞争力的同时，强化政府的调控作用。通过强化和调控影响中国建筑业产业竞争力的关键因素，实施相应的提升步骤与对策，才能在相当程度上加快中国建筑业的发展。通过政府干预和调控行为，进一步推进技术进步和提高建筑业全要素生产效益，与中国城市化发展水平相适应，调整建筑业的产业结构，强化和提高建筑业从业人员的素质，才能在未来中国建筑业的发展中提供很好的保障。中国建筑业产业竞争力提升路径如图 6-3 所示。

170

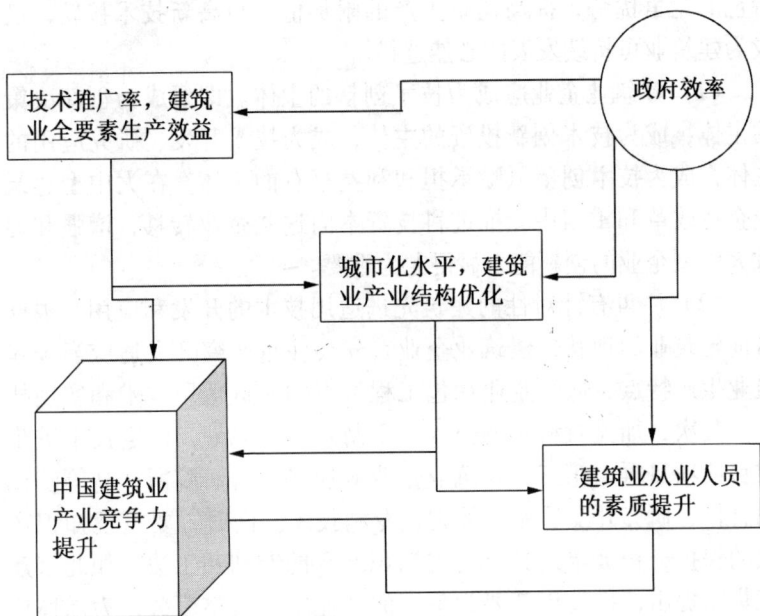

图 6-3　中国建筑业产业竞争力提升路径

1. 加强技术创新，提高产业技术竞争力

当今世界，技术创新已成为一种潮流，从全球范围看，技术创新可以归纳为以下主要特点：知识资源成为技术创新的第一要素，传统的生产要素（劳动力、土地、资本）已逐渐失去主导地位；前沿科技成为创新竞争的主要焦点，高新技术群中的前沿科技是世界瞩目的制高点；科技成果成为创新的常用形式；研究、发展、生产成为完整创新链的必需环节；技术协调成为重大创新的必要前提；可持续发展、集约型增长成为创新的基础使命；公司并购成为重组创新能力的有效途径等。

目前国内众多建筑业企业处于同一层次、同一平台上竞争，甚至出现严重过度竞争，一个重要原因就是企业技术水平档次差距没有拉开，技术特点、特色不明显。对建筑业来说，通过降低材料和劳动力成本来提高自身竞争力的发展空间已经在逐渐缩小。强化以技术创新为核心的市场竞争力，提高竞争层次，形成独具特色的竞争优势，提高建筑生产的附加值，与高新技术接轨，已成为建筑业可持续发展的必然选择。

（1）建筑业企业应成为技术创新的主体。即要成为创新决策的主体，成为技术创新投资的主体，成为技术开发、研究应用的主体，成为技术创新风险承担和利益享有的主体。在大中型建筑业企业改革和重组中，推进科技资本向这些企业转移，增强和促进大中型企业的创新能力显得尤为重要。

（2）注重有针对性的建筑先进适用技术的开发和应用。根据目前建筑业的现状，建筑业企业首先要注重研究开发适应当今建筑业生产特点、适合企业承包工程特点的先进适用技术和实用技术。其次，加大对科技的投入，要制定相应规划，确定技术进步项目或项目群。第三，建筑业企业应加强与科研院所、高等院校的合作，研究开发适用、关键、专利技术。同时，要重视知识产权的保护，积极申请具有自主知识产权的专利和工法。如北京建工集团提出，科技创新要为集团的产业结构调整服务，为承揽标志性工程服务，明确部署以承包奥运工程及大型标志性工程为目标，培育企业的关键技术和专利技术，组建一个技术中心，完善一个标准体系，创出一批科技新成果，推出一批精品工程，培养一批科技精英，形成以公司科技发展委员会为龙头，以专家顾问团为支持，以建研院、设计院为骨干，以子公司为基础，与北京市建筑设计院密切合作的集团科技创新体系。

（3）要通过大力引进和积极采用先进的施工技术、施工工艺和机械设备、手工机具，不断提升企业的生产技术水平。如要加强对大型特种施工机械设备、施工机具的引进、创新和使用管理，目前应重点提高建筑业中小工具机具、手工机具器具的机械化程度，尤其是小型手持工具机械化的创新开发和推广应用，提高施工作业效率，消除工程质量过于依赖操作工人个人手工技能的低保障性、低可靠度的状况。

2. 强化从业人员素质，加强产业人才竞争力

竞争优势诸要素中，人才具有非常重要的意义，因为人是对知识和技能进行整合的主体，在各种资源和能力的组合配置中起着主

导能动作用。只有抓住人才这一关键，核心竞争力才能得到有效增强。外国企业进入中国后，高级管理人员本土化趋势快速显露，人才竞争的态势已经拉开。在这场竞争中，中国现有的建筑企业明显优势不足。面对严峻的形势，不能一味采取守势，应该主动研究人才成长、适用的规律，探索市场配置人才的路子。同时应该挖掘本企业的优势，建立培养人才、吸引人才、聚集人才机制，逐步形成人才高地，才能为不断增强核心竞争力提供人才保证。

对于一线操作人员（特别是劳务工人），必须进行业务培训、技能培训、质量培训、安全培训，并且优化从业人员的结构，从而提高项目管理的科学化；对于企业管理和工程技术人员，不断提高专业技术水平，调整知识结构，强化对企业及项目管理的驾驭能力；对于建筑设计人员，必须提升设计业务沟通能力，鼓励参与企业之间、地区之间、国家之间的设计沟通与学习，不断提升设计人员的全面素质；对于新兴的咨询与中介机构的从业人员，不断强化市场观念，扩大业务范围，从建筑施工的供应链角度为建筑业提供全面专业的服务。

中国建筑业从业人员素质提升的路径如图 6-4 所示。

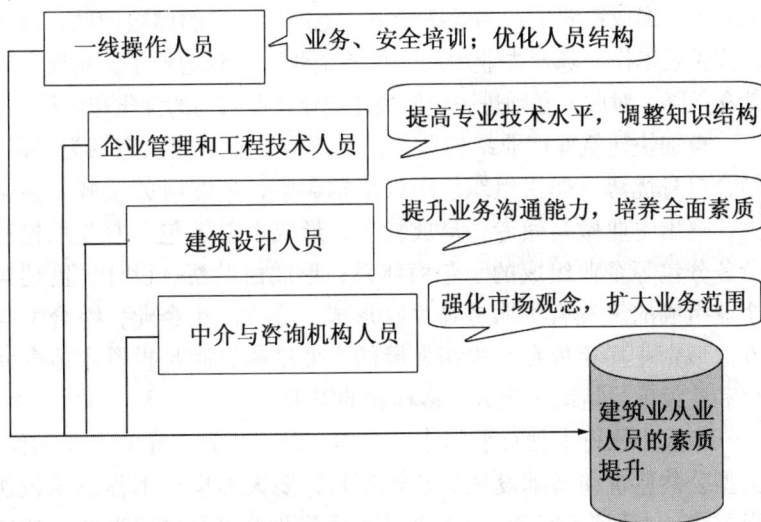

图 6-4　建筑业从业人员素质提升路径

3. 优化产业结构，培育产业规模竞争力

美国经济学家威廉·谢菲尔德对产业中企业的市场份额与利润进行回归分析，证明了产业集中度和利润成正相关关系，即市场份额增长 10 个百分点，利润率可以提高 2～3 个百分点。1993年，中国、日本的建筑业产业绝对集中度 Cr10 分别为 2.8% 和13.6%。1997 年，中国建筑业产业 Cr10 为 7.2%，有所下降，而日本为 14.1%，美国为 6.4%。2003 年，通过资质调整，中国Cr10 已上升到 15.9%，从 1997 年到 2003 年，Cr10 平均年递增1.7 个百分点（见表 5-4）。按照产业经济学理论鼻祖贝恩对产业垄断和竞争程度的类型划分（见表 5-2），高、中集中寡占型的 Cr10为 75%～80%；低集中型的 Cr10 为 40% 以下；原子型即非集中竞争型的 Cr10 为 0%～20%。中国建筑业为典型的非集中竞争型市场，大量企业经营领域趋同，目标过度集中于相同的综合类承包市场，大多数建筑企业以相同的组织形式、相似的管理方式及相近的生产水平，大、中、小企业在相同的平台上，仅以价格差异作为主要手段进行低层次、重复性的非有效竞争，甚至过度恶性竞争，破坏了正常的市场秩序，使企业极难达到规模与利润同步增加的效应，形成资源浪费和效率低下，也产生大量的腐败问题，进而造成无效工作和隐形失业增加，很多企业营业额增加了，相反利润却在下降。对此，必须进一步加快建筑业产业结构的优化和调整。

●加快建筑业产业结构调整。建筑业企业必须以市场为导向，结合自身优势，加快组织、产权结构调整，拓宽服务领域做强做大，突出主业做精做专，形成特色，形成由总承包、专业承包和劳务分包等企业组成的承包商体系；形成由勘察、设计、监理等企业组成的工程咨询服务体系；形成大、中、小企业，综合型与专业型企业互相依存、协调发展的产业结构，满足投资主体多元化和建设项目组织实施方式多样化的需求。

●大力推行工程总承包建设方式。以工艺为主导的专业工程、大型公共建筑和基础设施等建设项目，要大力推行工程总承包建设方式。大型设计、施工企业要通过兼并重组等多种形式，拓展企业功能，完善项目管理体制，发展成为具有设计、采购、施工

管理、试车考核等工程建设全过程服务能力的综合型工程公司。鼓励具有勘察、设计、施工总承包等资质的企业,在其资质等级许可的工程项目范围内开展工程总承包业务。工程总承包企业可以依照合同约定或经建设单位认可,自主选择分包商,并按照合同约定对工程质量、安全、进度、造价负总责。

●支持国有、国有控股或参股、集体建筑业企业按照建立现代企业制度的要求,深化企业内部改革,完善法人治理结构。20多年的建筑业改革与发展,产业内企业所有制结构已发生了较大的变化。但是,产业内国有经济比例仍然偏大,不利于有限资源在市场经济中的合理配置。2003年,建筑业不同所有制企业数量比例分别为:国有企业13.4%、集体企业21.4%、股份制及有限责任企业63.3%、港澳台及外资企业1.9%。企业产值比例分别为:26.3%、14.2%、58.4%和1.1%。国有经济占建筑业经济比重的26.3%,与其他产业相比是偏大的。相反,西方国家国有经济占国民经济比重则更小,美国为2%,法国为10%。因此,只有进一步深化国有企业的产权制度改革,鼓励和扶持民营经济发展,才能进一步优化建筑业产业的所有制结构。要支持建筑业骨干企业以产权为纽带,积极推进改革与重组。支持大型建筑业企业按照区域性或专业化的要求,归并重组子公司,理顺产权关系,充分发挥集团公司的整体优势,实现资源优化配置。鼓励建筑业企业与勘察设计企业联合重组,实现设计施工一体化发展。引导勘察设计企业向专业设计事务所或大型综合性工程公司等方向发展。大力发展由注册建筑师或注册工程师牵头的专业设计事务所。

●重组整合具有国际竞争力的大型建筑业企业集团。按照市场需求、优势互补、企业自愿、政府引导的原则,鼓励具有较强海外竞争力和综合实力的大型建筑业企业为"龙头",联合、兼并科研、设计、施工等企业,实行跨专业、跨地区重组,形成一批资金雄厚、人才密集、技术先进,具有科研、设计、采购、施工管理和融资等能力的大型工程承包企业集团。企业集团要加强战略管理,广纳适应国际化经营的优秀管理人才,提高在世界范围组合生产要素的能力,发展核心和优势技术,健全重点国家和地区的营销网络，尽快使本企业的经营规模、技术质量安全管理水平和净资产收益率等达到国际同行先进水平。

4. 面对城镇化进程，提升产业战略竞争力

目前，我国城镇化发展正处在快速发展期，预计从现在到2030年，我国的城镇化速率平均每年将增加1~1.3个百分点。1980年前，我国的城镇化水平还很低，国际城市发展历史表明，当城镇化率达到30%时，城镇化开始加速，速度明显加快。从我国城镇化发展的诺塞姆曲线也可以看出，在初期阶段如1978年，我国城镇化率只有17.92%，年均城镇化速率仅为0.1~0.2个百分点。当到了1995年，城镇化率达到30%后，发展速度开始明显加快。2005年，我国的城镇化水平为43%，"十一五"期间将达到47%，预计2020年，我国城镇化率将达到50%~55%，到2050年可能达到60%~70%。从43%到55%或到70%之间，城镇化发展将一直保持较高的速度。对此，中国建筑业要实现快速的发展，关键在于采取怎样的发展战略和发展模式，建立怎样的产业发展战略模型，更好地与城镇化发展相适应，抓住机遇，提升竞争力。

英国环境部（DE）作为英国的建设主管部门，为了在全球性竞争日益激烈的背景下，更好地满足客户的需求，提升建筑业产业竞争力，在1994年7月发表了Latham报告，提出了到2000年建筑成本要降低30%的目标（Latham，1994）。为了适应建筑业发展的需要，推进Latham报告的实施，英国于1995年成立了建筑业委员会（CIB, Construction Industry Board）。在总结实施Latham报告的经验的基础上，英国政府又组织了新的研究项目，并于1998年7月发布了Egan报告，对建筑业的现行模式进行了评估，确定了相应的改革目标，提出了一个清晰可行的改革与发展战略模型（Egan，1998），如表6-1所示。这个模型明确了5个变革动力，提出了4项改革措施和7项目标，因此又叫做5-4-7战略模型（Winch，2000）[172]。1998年1月，一项名为"革新运动"（Movement for Innovation）的示范计划开始在英国建筑业实施。

英国建筑业 5-4-7 战略模型 表 6-1

变革的 5 个动力	改进生产过程的 4 个方面		需要实现的 7 个目标	
领 导	产品开发	合伙制供应链	建设成本	−10%
以客户为中心			施工时间	−10%
生产队伍一体化			可预见性	+20%
质量驱动的工作日程	项目实施	构件生产	缺 陷	−20%
			事 故	−20%
对人的承诺和尊重			生 产 率	+10%
			产值与利润	+10%

同样，对于中国建筑业来讲，面对城镇化带来的挑战和机遇，也需要建立类似的产业战略模型，积极推进对于建筑工程项目的进度、成本以及质量的科学管理与控制，从而提高建筑业产业的全要素生产效益。探索建筑业供应链内部及供应链与业主之间长期的合作关系。这种新的合作关系将会产生新的采购和支付方式，使越来越多的承包商介入建筑物的整个生命周期，从立项、制定项目大纲、融资、采购、设计、建设、运营、使用、评估，直到维修、改造和拆除等等。这种变革趋势将对建筑业的基本构成和活动范围产生深远的影响。

5. 运用信息技术实现流程再造，强化产业信息竞争力

信息时代的到来，标志着一种新的生产力的出现，其主要生产工具就是计算机系统和互联网络，新生产力的出现必然导致新的生产关系，企业管理不再是对人、财、物的某一单方面的强化管理，而是发展到对人、财、物、信息等全要素资源的全面综合管理。信息技术不止是一项技术，更是管理思想、组织形态和管理方式的变革。充分利用信息化手段，通过供应链管理流程再造，加快企业管理模式的创新与变革，已成为具有智力密集型、技术密集型及资金密集型特点的工程总承包管理型企业信息化的主要目标。

随着通信网络的发展，以工程项目为核心，将地理位置分散于各地的业主、设计人员、施工人员、监理人员及材料供应商等组成一个"虚拟群体"，超越各种障碍（如应用领域，地理距离，

不同的计算机应用系统等），在 Internet 互联网上建立协同工作室，共同进行工程项目建设管理已成为现实。因此，也有人称建筑业 IT（Information Technology 信息技术）为 ICT（Information and Communication Technology 信息与通信技术），可见 Internet 互联网络对解决工程项目管理人员之间的交互沟通起到了很关键的作用。针对建筑业企业加快向工程总承包管理型企业转变的发展趋势，信息化建设应着眼于两个方面：

（1）以管理模式为依据，进行企业业务流程重组再造。依据现代经营管理理念，优化现有的管理模式和经营模式，逐步建立起与工程总承包和项目管理相适应的组织架构和业务流程体系；确立企业作为管理中心、信息中心和资源中心的地位，改变信息传递的方式，打破部门职能的限制，将企业管理结构从传统的"金字塔型"变成"扁平的矩阵型"，甚至"原子型"，提高管理、服务的质量、效率，节约管理成本，增加管理透明度，使管理由静态走向动态，从事后控制转向实时监控甚至事前控制，节约时间成本，提升企业快速反应能力和抗风险能力，使企业管理流程透明化、标准化和制度化。

（2）建立项目管理系统，逐步完善由网络化的信息技术支撑的项目管理工作程序，实现工作流程的可视化、实时记录、跟踪和控制，强化项目管理的过程控制，实现项目的规范化管理与远程管理。采用先进的项目管理方法和手段，为业主提供全过程、全方位、全天候的项目管理服务。

6. 走新型工业化道路，打造产业绿色竞争力

长期以来，我国建筑业企业的增长方式处于粗放型，实行的是高投入、高消耗、高排放、低产出、低效益的生产方式和经营方式，造成了对资源的浪费，对环境的污染与破坏，也极大地降低了企业的竞争能力。当今世界，企业产品要想走向国际，必须通过国际环保认证，只有做绿色企业、生产绿色产品、进行绿色设计、绿色经营，才能提高企业产品的国际竞争力。

近年来，我国每年约新建 20 亿 m^2 建筑，现有的 441 亿 m^2 存量建筑，绝大部分属于高耗能建筑。据欧洲建筑师协会测算，建

筑在整个过程中的能耗占用了50%的全部能源。如建筑用的水泥，从石灰石矿的开采，到石灰石烧制成水泥，水泥运输至生产厂家制成商品混凝土或成品构件，再应用于建筑施工，这一过程需要消耗大量的能源。建筑物建成之后，使用运行和建筑最后的废弃处理，都需要耗能。根据1998年估算的数据，中国建筑用商品能源消耗已占全国商品能源消费总量的27.6%，接近发达国家的30%~40%。除此之外，建筑消耗了50%的水资源，40%的原材料，并对80%的农地减少量负责。同时，50%的空气污染、42%的温室气体效应、50%水污染、48%的固体废物和50%的氟氯化物均来自于建筑及工程建设过程。无论是能源、物质消耗，还是污染的产生，建筑都是问题的关键所在。

引入可持续建筑的概念后，建筑业的目标在传统三大目标的基础上得到极大扩展，发生质的变化。就一个国家或地区而言，在确定建筑业的发展目标时，至少要考虑自然资源的消耗、环境污染以及对生物多样性的影响等因素，同时对于全球环境质量，社会公正以及发展经济的制约条件等也要考虑在内，就世界范围而言，还要考虑国家和地区之间的社会、经济、文化方面的差异（沙凯逊，2004）。建筑业目标的发展变化如图6-5所示。

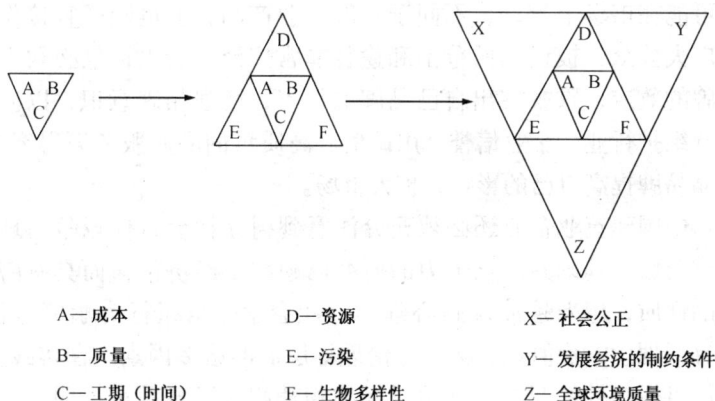

A—成本　　　　　　D—资源　　　　　　X—社会公正

B—质量　　　　　　E—污染　　　　　　Y—发展经济的制约条件

C—工期（时间）　　F—生物多样性　　　Z—全球环境质量

图6-5　从传统建筑向可持续建筑的转变

一般的建筑仅在建造过程或者是使用过程中对环境负责，是狭义的人地和谐。而绿色建筑是在建筑的全寿命周期内，为人类提供健康、适用和高效的使用空间，最终实现人、建筑与自然共生。绿色建筑不仅讲究建材的绿色环保和本地化，以减少长途运输所引起的能耗和污染，而且它还在建筑整个生命周期包括建材生产到建筑物的设计、施工、使用、管理及拆除回用等全过程，使用最少能源及制造最少的废弃，以循环经济的思路，实现从被动的减少对自然的干扰转到主动创造环境，减少对资源需求；从狭义的"以人为本"转移到对子孙后代和全人类的以人为本。这是真正的绿色建筑革命和科学发展观的含义。

中国建筑业企业应主动通过评估自身活动直接和间接的环境冲击，认识未充分使用资源的机会成本，前瞻性地创造有利于创新和提高生产力的解决方案，研发能将成本降至最低的环保新技术与新工艺，着眼于消除造成污染的根源，将改善资源生产力放在首位，把改善环境当作拓展生存空间和提高竞争力的机会，铸造中国建筑业绿色竞争力。

7. 树立品牌意识，再造产业诚信竞争力

与其他产业相比，建筑业企业所生产的建筑产品其直接用户既有企业、政府，也有个人，虽然它具有长久性、固定性的特点，不可能在市场上流动，不同于一般工业产品，但也同样直接作用于广大公众，被认知的范围和途径非常广泛。所以，也必须重视品牌的效应，重视突出自己品牌的特点，增强品牌意识，以诚信经营维护行业、企业信誉。用诚信、高质量的品质服务赢得客户，并靠品牌提高自己的影响，扩大市场。

中国建筑业企业还必须充分注意到树立社会责任竞争力理念的重要性。理论界对竞争力的研究已超越了经济学科而具有跨学科的性质，越来越涉及到心理学、社会学、组织行为学等范围，探寻到理念、价值观、文化、伦理等层面的诸多因素。在实践上，经济目标与社会目标、环保目标的相辅相成已日益被证明。一个企业要保持持久的竞争力必须承担起相应的社会责任。靠牺牲客户利益、减少员工培训、降低公众安全与安宁、舒适感以换取提

升利润的做法越来越不得人心，就长期而言也终将失败。

在欧美发达国家，消费者不仅关注质量、价格，也关心商品的生产过程是否环保、生产商是否具有社会责任感等问题。SA8000社会责任标准，已成为全球第一个可用于第三方认证的社会责任国际标准，以此检查供应商在商品生产和服务过程中是否使用童工或强制劳动，工人报酬是否合理，工作条件是否良好，工厂有无完善的卫生和安全设施等等。我国一些企业，曾因未能经受住SA8000标准的飞行检查，而遭受撤单和退货的重大损失。这就要求中国企业必须及早准备，才不会遭受实施SA8000标准的贸易壁垒，从而提高产品在国际市场上的竞争力。

8. 实施"走出去"战略，锻造产业国际竞争力

2003年，全球建筑业市场规模达4.3万亿美元，美国占25%，欧洲占29%，日本占18%，全球72%的建筑业在这三大发展比较完善的市场，中国仅占4%。世界之所以关注中国，是因为中国是世界上建筑业发展最快的国家。如果用建筑业的产量除以各个国家的人口数量，世界各国为建筑业投入的平均标准为2500美元/人，加拿大为2516美元/人，美国为2851美元/人，北欧为2500美元/人，日本为4448美元/人，目前中国只有205美元/人。

随着中国经济市场化和全球经济一体化的不断推进，中国建筑企业已面对纷繁复杂且日趋加剧的国际竞争，由此也预示着企业将在更大的范围、更广的领域、更高的层次上参与全球经济一体化运行。实施"走出去"战略，是积极主动参与经济全球化、顺应世界经济发展趋势的需要，也是深化国际经济合作、培育我国跨国公司的需要。

"走出去"战略的主体应是具有较强竞争力的建筑业企业。当然，政府在企业"走出去"过程中的作用也不可忽视。但必须明确，企业是实施"走出去"战略的市场主体，从某种意义上说，企业的素质、国际竞争力决定"走出去"战略的成败。要鼓励和支持具有潜在优势企业逐步扩大对外投资，建立海外销售网络、生产体系和融资渠道，促进企业在更大范围进行专业化、集约化和规模化跨国经营，加快培育中国的跨国建筑业企业，使我国经

济在国际合作与竞争中迈上一个新台阶。

在实施"走出去"战略，锻造建筑业国际竞争力时，中国建筑业企业应注意以下方面：一是要通过持续自主创新形成竞争优势；二是企业战略必须包含全球化的思考，并在具有优势时未雨绸缪，以创造更持久的优势；三是要善于把劣势转化为优势，必须拥有高端的人才、技术，敏锐捕捉国内外市场需求及环境信息，提高商务运作能力和跨国经营能力；四是要善于创造压力，敢于寻求最强的竞争对手作为激励对象，主动拥抱国内外竞争对手；五是建立企业预警系统和诊断系统，选择性地寻求海外优势，联合结盟，永葆母体竞争优势。

6.2 中国建筑业产业竞争力提升中政府定位分析

在经济和社会发展中，国家或政府的作用是什么，这是一个由来已久、常论常新的问题。亚当·斯密推崇"无形之手"，即市场机制的自我调节，对衮衮诸公没有好感，把政治家比作"狡猾的动物"，直言不讳"世界各国的君主，都是贪婪不公的"，从而认为政府只是"必要的恶"。但德国历史学派的先驱李斯特却反了过来，认为在经济崛起、尤其是后进追赶先进过程中，国家或者政府具有如此举足轻重的作用，以至于可以说兴亡盛衰系于政府的智愚明昧。20 世纪 30 年代的大萧条，使得力主"有形之手"干预经济、反对自由放任的凯恩斯一度大行其道。可好景不长，70 年代的滞胀宣告凯恩斯理论的破产，撒切尔、里根的"小政府"又粉墨登场，里根一句名言成为这个流派的旗帜："政府不是问题的答案，而是问题的根源。"20 世纪 80 年代以来，西方经济学出现了"新自由主义"理论。实际上，新自由主义并没有完全抛弃凯恩斯主义的宏观经济理论，也不是对传统自由放任主义的回归，而是强调市场的力量，但并不认为市场自由化就等于自由放任主义；相反，主张政府在做好"守夜人"努力保护经济自由的同时，也主张政府对市场进行有效的监督和约束。他们比较明确地界定了市场和政府各自在经济中不可替代的作用，在弥补市场缺陷的同时，也竭力避免政府的缺陷，指出政府的主要功能在于对经济的宏观调控、市场的监管和公共服务的提供。为此，政府应尽量减少乃至取消安排资源的权力，而让市场来决定经济资源的配置，政府的主要作用是制定规则。现代竞争战略之父，哈佛大学教授迈克尔·波特（Michael E. Porter）则认为，政府的角色，应该定位于创造有效的制度环境，提供基础设施，投资于人力资源，投资研究和开发，创造必要的需求等。

由此可见，政府在经济体系中行使权力的范围、程度并不是一成不变的。在市场经济发育程度不高，经济发展水平较低的情况下，政府在市场经济中的地位和作用就比较突出，因为培育市场体系，弥补市场的缺陷和不足，组织经济活动，都必须依靠政府力量才能完成。而在市场发展较成熟、经济发展水平较高的情况下，政府作用的程度和范围就有所下降，市场作用变的越来越大，在这种情况下，政府重新选择经济运行机制，采取积极的、不干预的经济政策就成为必然趋势。

如何在充分发挥市场配置资源基础性作用的同时，进一步加强和改善宏观调控，这是我国现阶段完善社会主义市场经济体制的内在要求，也是参与经济全球化、发展外向型经济、提高产业国际竞争力的一个重要课题。一般来说，政府的竞争力具体表现在：低廉的行政管理成本，包括直接成本和间接成本；高质量的政策导向和服务，服务到位但不越位；高效率的工作运转。提高中国建筑业产业竞争力，政府的角色定位，要重点解决越位、缺位和错位的问题。解决越位问题就是将政府不该管的事情交出来，让市场发挥作用；解决缺位问题，就是真正需要由政府管的一定要管到位，如关于公众利益的安全、卫生、环境保护、政府投资工程等问题；解决错位的问题，就是要政府找准自己的位置，科学、规范地调整政府的职能，真正把政府的错位问题纠正过来。本文认为，提升中国建筑业产业竞争力，政府部门的角色定位以及行政职能主要涉及四个方面，如图6-6所示。即构筑战略规划，实施竞争战略；完善产业政策，强化政策引导；创新管理模式，完善监管体系；建立现代市场体制，维护市场公平。

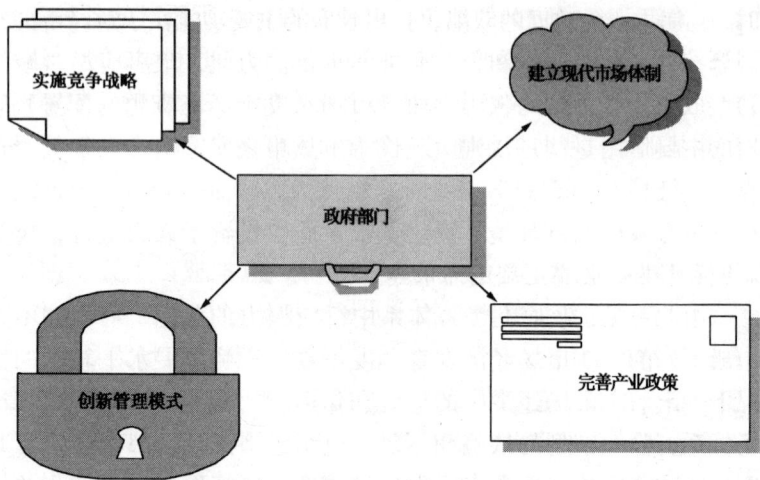

图 6-6 政府在中国建筑业竞争力提升中的定位

6.2.1 构筑战略规划，实施竞争战略

产业竞争力战略应该着眼长远，杜绝盲目性和随机性。提升产业竞争力，不仅需要提出战略口号和纲领，而且要进行必要的战略规划，拟定有预见性的中长期发展目标和工作部署，制定战略措施，实施战略管理。

一个完整的战略至少包含三方面的内容，首先它是一种愿景规划，即应规划出产业发展的未来之路，描绘一幅蓝图，因而必须具有前瞻性。其次，战略作为一种规划具有很强的策略性，它的目的在于赢得相对于竞争对手的持续竞争优势，而且，战略还应成为一种覆盖全企业的协调一致的决策和行动的策略方法。在战略框架下，企业内跨部门分散的行动将形成一个以统一的目标和策略为中心的整体，个人的努力也将被凝炼成方向一致的团队力量。最后，根据战略合理配置产业资源，并确保在战略的指引下自始至终采取协调一致的行动。

根据美国著名竞争战略学家迈克尔·波特（Michael Porter，1980）的观点，竞争战略的目的就是通过进攻或防御行动的选择，为企业确定一个可防御的地位，以便抵御企业所面对的各种竞争力量，从而取得可持续的（Sustainable）、较高的利润。为了达到这样一个目的，竞争战略需要帮助企业分析有关产业的竞争结构，并在此基础上，帮助企业确定一个有利的市场地位。

6.2.2　完善产业政策，强化政策引导

提升建筑业产业竞争力的政策引导，应把握以下几个原则：第一，以自主创新提升产业技术水平。把增强自主创新能力作为调整产业结构的中心环节，建立以企业为主体、市场为导向、产学研相结合的技术创新体系，大力提高原始创新能力、集成创新能力和引进消化吸收再创新能力，提升产业整体技术水平。第二，坚持走新型工业化道路。坚持节约发展、清洁发展、安全发展，实现可持续发展。大力推进节能、节水、节地、节材，加强资源综合利用，全面推行清洁生产，完善再生资源回收利用体系，形成低投入、低消耗、低排放和高效率的节约型增长方式，努力推进经济增长方式的根本转变。第三，提高企业规模经济水平和产业集中度，加快大型企业发展，形成一批拥有自主知识产权、主业突出、核心竞争力强的大公司和企业集团。第四，要充分发挥中小企业的作用，推动中小企业与大企业形成分工协作关系，提高生产专业化水平，促进中小企业技术进步和产业升级。

当前，制定建筑业产业政策应切实解决几个现实问题：1. 破除企业在国内外参与市场竞争的障碍，如企业资本运作、融资渠道、工程担保等体制性约束；2. 提高企业国际商务经营运作能力，适应国际规则惯例；3. 修改有关法律法规，进行制度接轨；4. 培育组建具有竞争优势的大型企业团队等。

6.2.3　创新管理模式，完善监管体系

以市场机制为基本运行基础，改革管理模式，建立政府对于市场失灵的环节和领域进行统一、科学、有效的监管体系。政府监管模式要实现由监管所有建筑活动主体、所有建筑活动，向以建筑的公共安全、公共健康、公共利益为核心的监管转变；改变

审批过多的现行监管方式，由指挥管理模式向服务导向模式转变；在监管内容上，改变缺位和越位现象，解决公众利益安全、卫生、环保、建筑废弃物、灾害预报治理等监管不到位的问题，以及代替市场主体管理的越位问题，由重监管、轻创制，向创制、监管并重转变。同时，要注重充分发挥行业协会的作用，转变协会运作机制，从政府控制的官办机构，向企业民间组织转变，使其真正代表行业利益，由企业组织，为企业服务，反映企业诉求，规范企业行为，维护企业利益。

6.2.4 建立现代市场体制，维护市场公平

彻底打破行业垄断和地区封锁，建立全国建筑市场统一开放、竞争有序的市场新秩序。进一步完善招投标制度，区别政府投资和非政府投资工程，重点强化对政府国有投资工程的招投标监管，加快政府投资工程组织实施方式改革。对于非政府投资工程，由业主自主决定实行招标。建立和完善工程风险管理制度，大力推行工程担保和工程保险制度，用市场经济手段规范市场主体行为。加快建立信用监督和失信惩戒制度，促进建筑市场秩序根本好转。

6.3 小　结

本章通过对中国建筑业产业竞争力提升的驱动力和提升路径、以及政府在此过程中的角色定位分析，提出了建筑业必须尽快加强的八个方面竞争力的对策与建议，即：加强技术创新，提高产业技术竞争力；强化从业人员素质，加强产业人才竞争力；优化产业结构，培育产业规模竞争力；面临城市化，提升产业战略竞争力；运用信息技术实现流程再造，强化产业信息竞争力；走新型化工业道路，打造绿色竞争力；树立品牌意识，再造产业诚信竞争力；实施"走出去"战略，锻造产业国际竞争力。同时研究认为，在建筑业产业竞争力提升对策的研究中，市场经济发挥了良好的资源配置作用，政府以及相关行业协会在竞争力提升中提

供了引导与协调作用，只有发挥市场经济的优势，结合政府部门的科学引导与调控，才能更好地促进中国建筑业全面、协调、可持续发展。

7 结论与展望

7.1 论文研究的主要结论

本文以中国建筑业为研究对象，通过对产业竞争力理论以及研究方法的分析，构建了产业竞争力研究的理论体系和方法体系。在文献研究的基础上，对中国建筑业产业竞争力的效应、影响因素、成长进行了广泛深入的实证分析与研究，提出了提升中国建筑业产业竞争力的对策与思路。本文的研究思路和相关成果对于中国建筑业全面、协调、可持续发展，具有突出的现实指导意义。本文研究的成果和结论主要有以下几个方面：

1. 运用投入产出分析技术，建立了中国建筑业产业竞争力投入占用产出模型。这一模型的特点是把建筑经济系统的流量分析与存量占用联为一体进行考察和分析，不仅研究部门间产品的投入与产出的关系，而且研究占用与产出、占用与投入之间的数量关系，可以更清晰地认识和把握处于宏观经济层面的建筑业经济活动的内在关系及其演化趋势，突破了常规的投入产出模型只研究经济系统在某个时期所发生的经济流量的投入与产出关系，而没有反映其在某个时点上的存量情况的局限。研究表明：中国建筑业产业发展及竞争力提升与国民经济宏观状况有着较强的正相关关系，其产业贡献率与产业拉动率与宏观经济形势波动非常一致，并且建筑业对国民经济的影响或需求有着相对较大的拉动作用。同时利用结构分解技术分析建筑业最终需求对全社会总产出的影响效应，也得出一致性结论，即建筑业最终需求对全社会总产出的影响效应较大，且有一定的上升。

2. 通过建立投入占用产出规划模型，计算出了历年建筑设施占用影子价格。研究表明：在上世纪 90 年代初期、下半叶以及 21

世纪初，即1991~1992年、1997~1998年以及2002~2003年，建筑设施占用对国民经济影响较大，也即占用的建筑设施比较紧缺，其他年份维持在较低水平上，影响相对较小。说明在宏观经济每一轮波动的景气开始上升阶段，建筑设施占用需求较强，建筑业产业对国民经济的拉动及波及效应较大。

3. 通过对中国建筑业总产值、增加值、产业贡献率、产业拉动率等指标进行指数化处理，运用模糊层次分析方法合成了建筑业产业竞争力指数。研究表明：中国建筑业产业竞争力的发展明显分为三个阶段：1990~1995年稳步增强，1995~2000年调整过渡，2000年以后进入快速发展阶段。三阶段（如图7-1）清楚地刻画了中国建筑业产业竞争力的发展历程，为产业竞争力效果研究提供了新的研究思路和研究方法，并且为中国建筑业产业竞争力的成长性分析与研究奠定了基础。

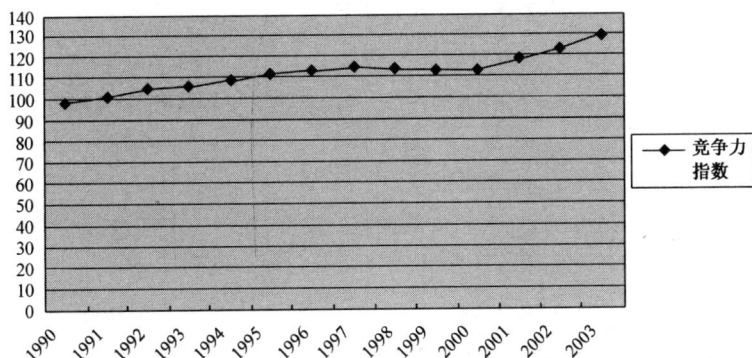

图7-1 1990~2003年建筑业产业竞争力趋势图

4. 提出了产业竞争力研究的新方法、新思路。对于产业竞争力效果评价的方法，通常是利用产业的显性指标进行分析，对于产业与产业之间，产业与国民经济体系之间的隐性关系研究较少。本文从国民经济体系的层面，首先研究建筑业对于国民经济的贡献，进而分析建筑业与其他产业部门之间的贡献与消耗，在此基础上拟合产业竞争力指数，这一研究思路，从方法论的角度，对于产业竞争力效果的评价更具有科学性。该方法不仅适用于中国建筑业的产业竞争力效果评价，而且对于相关产业的竞争力研究具有较强的借鉴作用和实际应用价值。

5. 建立了建筑业产业竞争力影响因素综合评价指标体系。本文提出了建筑业产业竞争力影响因素确定的原则，结合产业竞争力决定因素模型，建立了建筑业产业竞争力的 20 项基本影响因素，构建了综合指标评价体系。本文研究所得指标体系是基于文献研究和案例分析的基础上，结合产业竞争力影响因素的判断基准得出的，具有较强的理论研究价值和实际应用价值，为本文的深入研究以及相关宏观决策提供了参考依据。中国建筑业产业竞争力综合评价指标体系如表 7-1 所示。

中国建筑业产业竞争力综合评价指标体系　　　　表 7-1

编　号	因 素 名 称	编　号	因 素 名 称
1	全要素生产率	11	产业资本运营
2	从业人员素质	12	法律、制度框架
3	城市化水平	13	研发水平
4	产业集中度	14	产品质量
5	技术推广率	15	技术创新能力
6	政府效率	16	政府支持
7	固定资产占用	17	产业结构
8	相关产业支持度	18	产业资源占有
9	建筑市场结构	19	建筑业生产效益
10	建筑业进出口	20	建筑业生产能力

6. 确定了影响中国建筑业产业竞争力的关键影响因素。基于系统的思想和系统工程的方法技术，建立了中国建筑业产业竞争力影响因素系统解释结构模型，运用层次分析法，确定了影响中国建筑业产业竞争力的关键因素。确定的关键因素为：全要素生产率、从业人员素质、城市化水平、产业集中度、技术推广率和

政府效率。这些关键影响因素的确定，为进一步分析研究中国建筑业产业竞争力的成长奠定了基础。

7. 对影响建筑业产业竞争力的关键因素进行了测度，构建了产业竞争力成长模型。针对目前只偏重产业竞争力影响因素确定的研究，而对于因素确定后定量分析研究不足的状况，本文对关键影响因素进行了测度分析与量化研究；利用灰色理论预测模型，建立了多因素影响下的产业竞争力成长分析 GM（1，1）模型。中国建筑业产业竞争力成长模型如下：

$$f(\widetilde{C}_i) = 0.1991 GM(x_1) + 0.2045 GM(x_2) + 0.1876 GM(x_3) + 0.2038 GM(x_4) + 0.2051 GM(x_5)$$

式中　　x_1——技术推广率；

　　　　x_2——全要素生产率；

　　　　x_3——建筑业产业集中度；

　　　　x_4——中国城市化水平；

　　　　x_5——建筑业从业人员素质；

　$GM(x_i)$——基于多因素状态变量对建筑业竞争力的灰色预测函数。

研究表明：在提高政府效率、强化产业政策指导的前提下，未来要快速提升中国建筑业产业竞争力，应该把提高建筑业从业人员素质放在首位；其次要特别关注建筑业产业集中度以及城市化发展的影响，加快产业结构调整；第三，要加快技术推广率和全要素生产率的提高，走自主创新之路。

8. 提出了提升中国建筑业产业竞争力的对策与思路。通过对中国建筑业产业竞争力提升的驱动力与路径，以及政府在此过程中的角色定位分析，在论文最后提出了中国建筑业产业竞争力提升必须尽快面对并加强的八个方面的竞争力，给出了提升中国建筑业产业竞争力发展的对策与建议。

7.2　进一步展望

理论研究的目的在于实践，由于研究时间和条件的限制，论文仍有进一步深入分析和拓展研究的必要，主要有以下几个方面：

1. 对于中国建筑业产业竞争力与建筑企业竞争力的深入关联分析，由于本文篇幅所限，没有展开。需要深入研究的是如何增强建筑业企业尤其是国有大型建筑业企业及企业集团的竞争力，从而在微观操作层面上解决中国建筑业产业竞争力不强的问题，是本文所要进一步研究的问题，也是提升中国建筑业产业竞争力的必由之路。

2. 对于影响中国建筑业产业竞争力因素测度的选取上，由于政府效率存在诸多干扰和不可量化因素，科学量化方法较少，所以本文没有将其纳入中国建筑业产业竞争力的成长性模型之中，这也是本文的缺陷之一。

3. 如何强化政府对建筑市场调控和指导的作用，从根本上提高中国建筑业的竞争力，也是本文需深入研究的方面之一。

附 录 1

中国建筑业产业竞争力指标体系影响因素及相互关系调查

1. 调查对象的确定

在本次指标体系因素调查分析中，收集建筑业产业竞争力影响因素的目的，在于构建中国建筑业产业竞争力指标体系，因此必须从建筑业行业的实际情况出发，进行全面调查。调查的对象必须对中国建筑业产业发展状况非常熟悉，并能从宏观以及中观层面分析行业未来发展的专业人员。本着这个原则，确定此次调查的对象为中国建筑业相关政府部门领导、建筑业协会相关负责人、建筑业研究的相关专家、学者以及大中型建筑企业的领导决策人员等。实际调查人员情况如表所示。

中国建筑业产业竞争力影响因素选取调查对象表

调查对象	相关政府部门	建筑业协会	建筑业研究学者	大型建筑企业的决策者
人数	15	10	9	31
调查总人数	65			

2. 调查方式的选择

本此调查采用"问卷法"与"座谈法"相结合的方式进行：首先将调查问卷发至被调查人手中，收回问卷时（后）再进一步进行沟通与探讨。调查分三个阶段：先以访谈和问卷形式进行第一轮调查，然后对关键问题进行深入讨论，最后，收集和汇总原始调查数据，进行分析。实际调查过程中，访谈 30 人，发放问卷 65 份，实际回收 63 份，开座谈会 4 次，参加 37 人次。调查问卷如下所示。

尊敬的各位专家:

我是西安建筑科技大学在读博士生,为了对中国建筑业产业竞争力作深入的分析与研究,从而为相关政府部门制定相应的对策提供依据。请各位专家针对中国建筑业产业竞争力发展的影响因素提出自己的观点,可以参照 IMD 和 WEF 的关于产业竞争力相关指标体系,如参照表 1 和 2 所示。请认真填写下表。

中国建筑业产业竞争力的影响因素调查表

编号	因素名称	因素说明
1		
2		
3		
4		
5		
6		
7		
8		
9		
10		
11		
12		
13		
14		
15		

注:表格如果不够填写,可以再续。

WEF 国家竞争力评价指标体系（2003） 参照表 1

评比项目	次级项目
开放程度（Openness）	关税及隐藏性进口障碍
	出口推广
	汇率政策
	跨国新创事业与外人直接投资
政府效能（Government）	政府干预程度
	政府能力
	税负及逃税
	政府规模
	财政政策
	税率
金融实力（Finance）	金融中介的范围
	效率与竞争
	金融风险
	投资与储蓄
基础建设（Infrastructure）	通讯设备的普及度
	基础建设的支持
科技实力（Technology）	本国技术能力
	经由直接投资或外人移转的技术
企业管理（Management）	综合管理指标
	人力资源管理
劳动市场（Labor）	技能与生产力
	社会政策的弹性与效率
	劳资关系
法规制度（Institution）	竞争指标
	法律制度的公正性
	警察报户与组织犯罪的减缓

195

IMD 国际竞争力评价指标体系结构表　　参照表 2

经济表现	国内经济实力	规模
		增长
		财富
		预测
	国际贸易	
	国际投资	投资
		金融
	就业	
	物价	
政府效率	公共财政	
	财政政策	
	组织机构	中央银行
		政府效率
		公平与安全
	企业法规	开放度
		竞争法规
		劳动法规
		资本市场法规
	教育	
企业效率	生产率	
	劳动力市场	成本
		劳资关系
		人才可获得性
	金融	银行效率
		股票市场效率
		自筹经费
	管理实践	
	全球化影响	
基础设施	基本基础设施	
	技术基本设施	
	科学基础设施	
	健康与环境	
	价值体系	

附 录 2

编 号	部 门	编 号	部 门
1	农 业	18	机械工业
2	煤炭采选业	19	交通运输设备制造业
3	石油和天然气开采业	20	电气机械及器材制造业
4	金属矿采选业	21	电子及通信设备制造业
5	其他非金属矿采选业	22	仪器仪表及其他计量器具制造业
6	食品制造业	23	机械设备修理业
7	纺 织 业	24	其他工业
8	缝纫及皮革制品业	25	建 筑 业
9	木材加工及家具制造业	26	货运邮电业
10	造纸及文教用品制造业	27	商 业
11	电力及蒸汽、热水生产和供应业	28	饮 食 业
12	石油加工业	29	旅客运输业
13	炼焦、煤气及煤制品业	30	公用事业及居民服务业
14	化学工业	31	文教卫生科研事业
15	建筑材料及其他非金属矿物制品业	32	金融保险业
16	金属冶炼及压延加工业	33	行政机关
17	金属制品业		

1997 和 2000 年 40 部门表部门分类和编号　　表 2

编号	部门	编号	部门
1	农　业	21	机械设备修理业
2	煤炭采选业	22	其他制造业
3	石油和天然气开采业	23	废品及废料
4	金属矿采选业	24	电力及蒸汽热水生产和供应业
5	非金属矿采选业	25	煤气生产和供应业
6	食品制造及烟草加工业	26	自来水的生产和供应业
7	纺织业	27	建筑业
8	服装皮革羽绒及其他纤维制品制造业	28	货物运输及仓储业
9	木材加工及家具制造业	29	邮电业
10	造纸印刷及文教用品制造业	30	商　业
11	石油加工及炼焦业	31	饮食业
12	化学工业	32	旅客运输业
13	非金属矿物制品业	33	金融保险业
14	金属冶炼及压延加工业	34	房地产业
15	金属制品业	35	社会服务业
16	机械工业	36	卫生体育和社会福利业
17	交通运输设备制造业	37	教育文化艺术及广播电影电视业
18	电气机械及器材制造业	38	科学研究事业
19	电子及通信设备制造业	39	综合技术服务业
20	仪器仪表及文化办公用机械制造业	40	行政机关及其他行业

部分年份总产出和 GDP 的结构系数（部门代码与表 1 同） **表 3**

部门代码	1990		1992		1995	
	GDP	总产出	GDP	总产出	GDP	总产出
1	28.71	18.15	21.97	13.27	20.45	12.99
2	1.40	1.26	1.19	1.06	1.19	0.85
3	1.34	0.86	1.42	0.89	1.52	0.96
4	0.42	0.40	0.34	0.34	0.47	0.47
5	1.15	0.99	1.06	0.93	1.43	1.20
6	4.67	7.00	3.92	5.94	6.18	6.85
7	3.71	6.61	2.94	5.55	2.57	5.09
8	1.30	2.11	1.20	2.21	2.04	3.63
9	0.55	0.77	0.46	0.71	0.73	1.01
10	2.02	2.83	1.79	2.58	1.81	2.78
11	1.97	1.72	2.16	1.72	2.39	1.87
12	1.27	1.44	0.88	1.21	1.06	1.44
13	0.17	0.28	0.15	0.26	0.10	0.25
14	5.53	7.78	5.08	7.09	5.23	7.72
15	3.22	3.73	3.30	3.70	3.45	3.97
16	2.85	4.53	3.39	4.64	3.61	5.12
17	1.49	2.14	1.28	2.09	1.39	2.23
18	3.64	4.95	4.02	5.53	3.52	4.90
19	1.05	1.58	1.55	2.25	1.64	2.59
20	1.50	2.28	1.47	2.25	1.65	2.55
21	1.01	1.61	0.97	1.51	1.73	2.40
22	0.33	0.40	0.26	0.29	0.19	0.23
23	0.39	0.48	0.35	0.45	0.28	0.32
24	0.57	0.92	0.70	1.15	0.17	0.26
25	4.95	7.21	5.78	7.60	6.55	8.56
26	5.24	3.64	4.22	2.90	4.20	2.74
27	3.35	3.11	9.67	8.07	9.02	6.09

部门代码	1990		1992		1995	
	GDP	总产出	GDP	总产出	GDP	总产出
28	0.70	0.95	1.25	1.21	0.97	0.94
29	1.22	0.87	1.39	0.99	0.97	0.63
30	3.25	1.94	4.51	3.00	4.29	2.75
31	4.59	4.15	4.57	3.32	3.94	2.86
32	4.09	1.82	3.35	2.50	2.55	1.57
33	2.34	1.48	3.43	2.79	2.73	2.17

部分年份总产出和 GDP 的结构系数（部门代码与表 2 同）

部门代码	1997		2000	
	GDP	总产出	GDP	总产出
1	12.35	19.47	10.27	16.56
2	1.11	1.51	0.79	1.14
3	0.82	1.59	1.7	3.22
4	0.6	0.56	0.38	0.35
5	0.89	1.05	0.27	0.36
6	6.9	5.05	5.69	4.99
7	4.64	3.45	4.31	3.12
8	3.05	2.51	2.32	1.75
9	1.12	0.83	0.58	0.37
10	2.21	1.84	1.91	1.44
11	1.96	2.23	3.31	3.75
12	1.55	0.9	3.08	2.15
13	0.07	0.05	0.15	0.1
14	7.61	5.4	8.38	5.65
15	4.41	3.68	2.44	2.01
16	3.89	2.09	4.48	2.46
17	2.49	1.54	1.63	0.94

部门代码	1997		2000	
	GDP	总产出	GDP	总产出
18	4.12	3.65	3.45	2.61
19	2.66	1.84	3.69	2.48
20	2.78	1.64	3.82	2.26
21	2.45	1.64	4.5	2.91
22	0.42	0.34	0.38	0.28
23	0.36	0.4	0.33	0.28
24	1.15	0.97	0.44	0.32
25	0.27	0.71	0.27	0.75
26	2.84	4.26	3.26	4.85
27	5.53	7.44	5.28	6.9
28	1.13	1.06	1.29	1.07
29	0.68	0.92	0.84	1.04
30	4.48	5.91	5.11	6.62
31	2.57	3.06	2.62	3.56
32	1.8	2.89	2.01	4.17
33	2.22	2.64	2.17	2.76

33 部门部分年份总产值对总产出直接贡献率表 表4

代码	1990	1992	1995	1997	2000
1	0.181506	0.132693	0.129937	0.123483	0.102691
2	0.012589	0.0106	0.008506	0.011146	0.007858
3	0.0086	0.00891	0.009605	0.008163	0.017012
4	0.004024	0.003362	0.00475	0.005979	0.003801
5	0.009887	0.009338	0.011997	0.008881	0.002716
6	0.070009	0.05935	0.068459	0.069017	0.056885
7	0.066066	0.05549	0.050943	0.046424	0.043106
8	0.021083	0.022111	0.036336	0.030468	0.023246

代码	1990	1992	1995	1997	2000
9	0.007726	0.007109	0.010106	0.011215	0.005818
10	0.028288	0.025768	0.027765	0.022113	0.019051
11	0.017184	0.017206	0.018742	0.019559	0.033093
12	0.014443	0.012123	0.014382	0.015503	0.030842
13	0.002838	0.00261	0.002512	0.000698	0.001467
14	0.077771	0.070935	0.0772	0.07612	0.083817
15	0.037349	0.037035	0.039739	0.044071	0.024364
16	0.045283	0.046357	0.05117	0.038905	0.044757
17	0.021383	0.020854	0.022322	0.024936	0.016304
18	0.049475	0.055335	0.049044	0.041166	0.034459
19	0.015764	0.022514	0.025876	0.02659	0.036945
20	0.022785	0.022487	0.025452	0.027822	0.038211
21	0.016115	0.015129	0.024047	0.024501	0.044995
22	0.004022	0.002944	0.002286	0.004154	0.003755
23	0.004814	0.004476	0.003223	0.0036	0.00327
24	0.009242	0.011481	0.002554	0.011547	0.004385
25	0.072086	0.075997	0.085611	0.002673	0.002691
26	0.036363	0.029025	0.027364	0.028371	0.032661
27	0.031064	0.080664	0.060911	0.055286	0.05282
28	0.009537	0.012069	0.009365	0.01126	0.012931
29	0.008743	0.009919	0.006302	0.006782	0.008382
30	0.019355	0.02999	0.027505	0.044812	0.051037
31	0.041527	0.033201	0.028559	0.025668	0.026127
32	0.018241	0.025023	0.015704	0.01799	0.020055
33	0.014839	0.027894	0.021728	0.022185	0.021707

代码	1990	1992	1995	1997	2000
1	0.287148	0.219657	0.204518	0.194726	0.165637
2	0.014005	0.01195	0.011875	0.015111	0.011397
3	0.013436	0.014238	0.015218	0.015907	0.032187
4	0.004201	0.003399	0.004729	0.005592	0.003463
5	0.011464	0.010593	0.014265	0.01053	0.00363
6	0.046736	0.039191	0.061753	0.050535	0.04993
7	0.037096	0.029373	0.025662	0.034533	0.031176
8	0.013014	0.012048	0.020408	0.025088	0.017494
9	0.005463	0.004627	0.007261	0.008271	0.003697
10	0.020246	0.017877	0.018053	0.01837	0.014372
11	0.019734	0.021558	0.023911	0.022299	0.037478
12	0.0127	0.008781	0.01059	0.009028	0.021454
13	0.001721	0.00151	0.000952	0.000486	0.00098
14	0.055305	0.05078	0.052256	0.053966	0.056529
15	0.032157	0.033004	0.034493	0.036755	0.020094
16	0.028549	0.033891	0.036114	0.020924	0.024598
17	0.014876	0.012842	0.013921	0.015363	0.009392
18	0.036439	0.040213	0.03518	0.036526	0.026068
19	0.010537	0.015455	0.016439	0.0184	0.02481
20	0.014966	0.014667	0.016497	0.016409	0.022582
21	0.010143	0.009708	0.01733	0.016402	0.029071
22	0.003265	0.002561	0.001929	0.003431	0.002754
23	0.003941	0.003488	0.002802	0.003967	0.002791
24	0.005726	0.007013	0.001656	0.00973	0.003221
25	0.049517	0.057782	0.065479	0.007056	0.007506
26	0.05235	0.042173	0.041959	0.0426	0.04858
27	0.033524	0.096727	0.090204	0.074434	0.068971
28	0.006962	0.01247	0.009682	0.010584	0.010658

代码	1990	1992	1995	1997	2000
29	0.012218	0.013886	0.00972	0.009227	0.010395
30	0.032471	0.045079	0.042912	0.05913	0.066237
31	0.04586	0.045651	0.039351	0.030674	0.035593
32	0.040877	0.033538	0.025534	0.028988	0.041611
33	0.02335	0.03427	0.027343	0.026414	0.027636

33 部门部分年份建筑直接消耗系数表　　表6

代码	1990	1992	1995	1997	2000
1	0.005336	0.003542	0.00428	0.004145	0.003868
2	0.000924	0.000572	0.000351	0.000604	0.000487
3	0.000004	0.000032	0.000048	0	0
4	0	0.001639	0.00236	0	0
5	0.052122	0.035192	0.037788	0.025607	0.009154
6	0.000723	0.000177	0.000227	0.000639	0.000578
7	0.004487	0.004128	0.004866	0.002069	0.00206
8	0.0033	0.002209	0.003996	0.001221	0.00108
9	0.021408	0.02044	0.029422	0.021137	0.012354
10	0.002474	0.001651	0.001829	0.000698	0.000664
11	0.005434	0.000735	0.000614	0.007015	0.01095
12	0.01478	0.008146	0.012379	0.028537	0.077731
13	0.00012	0.000059	0.000087	0.000087	0.000122
14	0.02186	0.022968	0.023997	0.020917	0.028051
15	0.271615	0.209042	0.203851	0.270661	0.158193
16	0.115162	0.103673	0.108803	0.062126	0.097184
17	0.051366	0.064502	0.069543	0.060358	0.044591
18	0.03158	0.041174	0.03439	0.025699	0.025799
19	0.005373	0.007093	0.007552	0.000462	0.000536

代码	1990	1992	1995	1997	2000
20	0.023805	0.027512	0.031851	0.044966	0.06198
21	0.000754	0.002045	0.002704	0.001362	0.001672
22	0.00186	0.001836	0.001691	0.00602	0.004697
23	0.000228	0.000344	0.000832	0.002125	0.001931
24	0.009675	0.008518	0.00229	0.003227	0.001229
25	0	0.006862	0.008412	0	0
26	0.033111	0.028085	0.031971	0.036409	0.069178
27	0.024173	0.085905	0.067816	0.044442	0.060569
28	0	0	0.003018	0.003385	0.004479
29	0.001673	0.001762	0.002431	0.000249	0.000288
30	0.002091	0.002383	0.002505	0.028835	0.040645
31	0.004967	0.002024	0.002046	0.001758	0.002022
32	0.004283	0.009854	0.005601	0.006163	0.007528
33	0	0	0	0	0

33 部门部分年份建筑完全消耗系数表   表 7

代码	1990	1992	1995	1997	2000
1	0.079635	0.045323	0.056394	0.04881	0.044017
2	0.035893	0.03121	0.026247	0.041779	0.027474
3	0.025782	0.028748	0.031696	0.043599	0.100138
4	0.028053	0.024077	0.030548	0.033751	0.023413
5	0.076181	0.059459	0.063742	0.062021	0.020537
6	0.013639	0.018805	0.020912	0.019914	0.020489
7	0.075417	0.048729	0.06563	0.043648	0.040956
8	0.01308	0.007093	0.013712	0.011283	0.009616
9	0.032837	0.031536	0.043799	0.037228	0.020851

代码	1990	1992	1995	1997	2000
10	0.053504	0.036479	0.040082	0.043628	0.038907
11	0.062267	0.057027	0.057478	0.066238	0.116874
12	0.051311	0.039415	0.050034	0.07495	0.168488
13	0.011441	0.00734	0.005666	0.000825	0.001726
14	0.165506	0.136364	0.158085	0.162471	0.18875
15	0.340728	0.270416	0.270398	0.343397	0.191258
16	0.265954	0.285852	0.28841	0.206178	0.259386
17	0.086107	0.09502	0.106971	0.107716	0.075052
18	0.107263	0.120201	0.109826	0.095382	0.086596
19	0.025854	0.037072	0.03865	0.02714	0.033052
20	0.057244	0.058638	0.073679	0.082085	0.118918
21	0.008473	0.012586	0.017426	0.031018	0.050559
22	0.007099	0.008104	0.008377	0.013605	0.011909
23	0.001332	0.002489	0.007337	0.010377	0.010237
24	0.036597	0.038072	0.009098	0.021026	0.007776
25	0	0.011134	0.012266	0.011028	0.01251
26	0.08318	0.084391	0.090231	0.096802	0.130779
27	0.075323	0.213714	0.182733	0.121005	0.133742
28	0	0	0.009241	0.016315	0.02048
29	0.00758	0.008869	0.010003	0.005529	0.008285
30	0.00761	0.037411	0.026624	0.070099	0.091397
31	0.020095	0.014863	0.013814	0.006266	0.007245
32	0.043849	0.071049	0.035835	0.038533	0.044154
33	0	0	0	0	0

33 部门部分年份影响力系数表　　　表 8

代码	1990	1992	1995	1997	2000
1	0.683091	0.685927	0.725375	0.771287	0.775769
2	0.962119	0.933538	0.842767	0.909262	0.885438
3	0.77803	0.755129	0.782041	0.674358	0.716437
4	0.970539	0.967039	0.983681	1.077109	1.091755
5	0.902536	0.923233	0.912645	0.951742	0.904426
6	0.947515	0.973529	0.907812	1.02377	0.96966
7	1.159388	1.182411	1.223483	1.151745	1.178408
8	1.166433	1.205981	1.253906	1.145876	1.187104
9	1.129583	1.146626	1.117333	1.17108	1.212339
10	1.101281	1.108832	1.16167	1.114039	1.157422
11	0.905099	0.857351	0.842645	0.954621	0.961096
12	0.922594	0.948676	0.96749	1.009263	0.9711
13	1.129828	1.097641	1.140515	1.104072	1.11179
14	1.088113	1.091326	1.15058	1.179077	1.195298
15	1.056022	1.020541	1.035948	1.106763	1.108799
16	1.187909	1.094239	1.110642	1.250756	1.224509
17	1.176911	1.175277	1.177429	1.273529	1.256758
18	1.158944	1.132789	1.149923	1.156915	1.217151
19	1.20528	1.164282	1.213096	1.272051	1.302293
20	1.198256	1.16491	1.186906	1.310005	1.312735
21	1.253169	1.187172	1.171222	1.309522	1.371343
22	1.127639	1.069564	1.094887	1.200946	1.261022
23	1.119376	1.119548	1.108795	1.068351	1.198533
24	1.213792	1.162755	1.153873	0.804559	0.81068
25	1.157557	1.099855	1.106208	1.18039	1.173318
26	0.817391	0.811997	0.799225	0.860571	0.889921
27	0.839476	0.869862	0.759436	0.897569	0.914777
28	0.984133	0.897551	0.893493	0.990468	1.012082

207

代码	1990	1992	1995	1997	2000
29	0. 825573	0. 83371	0. 792827	0. 904816	0. 953927
30	0. 703779	0. 781043	0. 771079	0. 83547	0. 876818
31	0. 936721	0. 838038	0. 855332	1. 037697	1. 028203
32	0. 455779	0. 820836	0. 729931	0. 782684	0. 629801
33	0. 736143	0. 87879	0. 877803	0. 95556	0. 928561

33 部门部分年份感应度系数表　　表9

代码	1990	1992	1995	1997	2000
1	0. 809676	0. 69855	0. 749472	0. 749017	0. 728974
2	1. 243866	1. 295591	1. 284725	1. 464239	1. 521677
3	1. 514471	1. 704569	1. 61649	2. 001026	1. 947856
4	2. 134214	2. 105183	1. 838776	2. 035581	1. 982055
5	1. 298591	1. 200304	1. 038352	1. 217973	1. 270776
6	0. 598125	0. 597251	0. 588664	0. 611387	0. 604174
7	1. 077313	0. 93863	1. 157878	1. 052191	1. 054463
8	0. 562804	0. 445926	0. 479416	0. 509126	0. 508473
9	0. 956369	0. 916526	0. 836602	0. 848922	0. 837476
10	1. 022124	0. 933272	0. 953727	1. 102548	1. 117709
11	1. 432485	1. 379083	1. 211865	1. 352718	1. 444975
12	1. 315739	1. 369128	1. 333013	1. 407733	1. 421046
13	1. 359776	1. 099337	0. 958397	0. 745386	0. 766245
14	1. 30099	1. 237458	1. 331113	1. 322275	1. 339624
15	0. 997911	0. 979387	0. 915961	0. 875358	0. 859504
16	1. 394022	1. 535237	1. 358912	1. 4913	1. 440157
17	0. 96618	0. 949649	0. 962383	0. 996329	0. 99518
18	0. 94856	0. 942471	0. 931112	1. 002568	1. 020252
19	0. 988009	1. 010841	0. 894273	0. 870444	0. 846296

代码	1990	1992	1995	1997	2000
20	0.962556	0.926228	0.982462	0.917416	0.929436
21	0.846813	0.818825	0.780538	1.036642	1.053689
22	0.947031	1.293173	1.525438	1.081812	1.068995
23	0.469546	0.569653	1.213279	1.294043	1.271935
24	1.402841	1.338275	1.256128	1.183424	1.18159
25	0.377413	0.377502	0.359452	0.382289	0.377269
26	0.998673	1.150098	1.148175	1.071048	1.048179
27	1.110037	1.032704	1.082122	0.927889	0.922471
28	0.377413	0.345947	0.634041	0.801545	0.828937
29	0.769166	0.682686	0.857315	0.768981	0.791988
30	0.560318	0.902036	0.736992	0.730937	0.72502
31	0.57053	0.539179	0.528913	0.457312	0.452906
32	1.309024	1.339355	1.118694	1.134274	1.135383
33	0.377413	0.345947	0.335322	0.339045	0.331932

33 部门部分年份折旧系数表 表 10

代码	1990	1992	1995	1997	2000
1	0.016184	0.022418	0.019419	0.023697	0.022566
2	0.102958	0.1329	0.092487	0.093561	0.111139
3	0.111781	0.203483	0.143989	0.200323	0.127781
4	0.097781	0.096615	0.074365	0.083832	0.092516
5	0.065317	0.074477	0.087261	0.052628	0.119473
6	0.024797	0.033074	0.026888	0.037577	0.048064
7	0.029919	0.034722	0.026081	0.049152	0.059105
8	0.022814	0.024671	0.020631	0.031802	0.033942
9	0.037006	0.035848	0.04906	0.032701	0.042834

代码	1990	1992	1995	1997	2000
10	0.034435	0.037823	0.035719	0.037007	0.038625
11	0.119154	0.174981	0.13648	0.133718	0.124308
12	0.054618	0.047772	0.056161	0.032893	0.042962
13	0.052516	0.082308	0.088872	0.082057	0.10279
14	0.04454	0.05127	0.044209	0.042511	0.046229
15	0.05974	0.051583	0.057457	0.049237	0.058313
16	0.040079	0.050061	0.054541	0.041119	0.043751
17	0.033382	0.026661	0.033492	0.033437	0.03736
18	0.041657	0.037493	0.033258	0.038697	0.046526
19	0.037956	0.031945	0.028714	0.02915	0.039364
20	0.02864	0.028489	0.026194	0.031912	0.042965
21	0.02896	0.038275	0.031154	0.034227	0.039508
22	0.03546	0.040894	0.038559	0.029584	0.046251
23	0.048313	0.059306	0.048031	0.060067	0.055828
24	0.031063	0.0342	0.042512	0.057456	0.061211
25	0.021032	0.023528	0.017953	0.016503	0.020304
26	0.115309	0.140857	0.183966	0.182015	0.206874
27	0.049569	0.036204	0.038403	0.05593	0.037403
28	0.024839	0.013891	0.013391	0.013616	0.010608
29	0.105936	0.1197	0.160889	0.150406	0.142578
30	0.353185	0.201873	0.190421	0.250231	0.178931
31	0.064655	0.08525	0.078702	0.042796	0.049144
32	0.025442	0.034498	0.046738	0.042024	0.054872
33	0.04968	0.066902	0.08229	0.07071	0.070377

33 部门部分年份完全折旧系数表

表 11

代码	1990	1992	1995	1997	2000
1	0. 044764	0. 06563	0. 063868	0. 072582	0. 080737
2	0. 176348	0. 233993	0. 172002	0. 175241	0. 202387
3	0. 16042	0. 269561	0. 209156	0. 245538	0. 191185
4	0. 181157	0. 210032	0. 180239	0. 201588	0. 227295
5	0. 131839	0. 173275	0. 176373	0. 148074	0. 221897
6	0. 074421	0. 106056	0. 084699	0. 108499	0. 123359
7	0. 101789	0. 14079	0. 124142	0. 148011	0. 181725
8	0. 093981	0. 132997	0. 117842	0. 129108	0. 156589
9	0. 125037	0. 153309	0. 158374	0. 137926	0. 17568
10	0. 110048	0. 142566	0. 136441	0. 132817	0. 156222
11	0. 200983	0. 277602	0. 228452	0. 232773	0. 237061
12	0. 154112	0. 2209	0. 193821	0. 204753	0. 186072
13	0. 171626	0. 245222	0. 241236	0. 217826	0. 259731
14	0. 13085	0. 169385	0. 157698	0. 158442	0. 186027
15	0. 148099	0. 166171	0. 170066	0. 161094	0. 190316
16	0. 15306	0. 180096	0. 182439	0. 17882	0. 198494
17	0. 131225	0. 156833	0. 1611	0. 16679	0. 191911
18	0. 136083	0. 154239	0. 148266	0. 146429	0. 184429
19	0. 135504	0. 145665	0. 144054	0. 14432	0. 180512
20	0. 126199	0. 149355	0. 145834	0. 15949	0. 191604
21	0. 120242	0. 155117	0. 135093	0. 150114	0. 178001
22	0. 122348	0. 144047	0. 140768	0. 138512	0. 18305
23	0. 137655	0. 170403	0. 151752	0. 151486	0. 183301
24	0. 122477	0. 149791	0. 151026	0. 124481	0. 141186
25	0. 122669	0. 138387	0. 134706	0. 135361	0. 163356
26	0. 171386	0. 217755	0. 253957	0. 253916	0. 29383
27	0. 104163	0. 131081	0. 113358	0. 133964	0. 131736
28	0. 075938	0. 078534	0. 070754	0. 083196	0. 094395

211

代码	1990	1992	1995	1997	2000
29	0. 166145	0. 199535	0. 228717	0. 232945	0. 24452
30	0. 392877	0. 274811	0. 256947	0. 319231	0. 265419
31	0. 147271	0. 165157	0. 155861	0. 136958	0. 156881
32	0. 037619	0. 129052	0. 11978	0. 121983	0. 112442
33	0. 104194	0. 162855	0. 174579	0. 167748	0. 181564

33 部门劳动者报酬系数表 　　表 12

代码	1990	1992	1995	1997	2000
1	0. 537629	0. 542719	0. 501303	0. 525933	0. 50828
2	0. 312631	0. 269545	0. 332686	0. 350405	0. 381065
3	0. 029414	0. 041887	0. 080888	0. 140248	0. 136964
4	0. 12844	0. 122677	0. 194592	0. 181813	0. 137201
5	0. 150894	0. 159154	0. 191415	0. 238571	0. 222238
6	0. 038768	0. 038675	0. 043694	0. 076888	0. 123889
7	0. 066129	0. 066067	0. 087882	0. 11403	0. 103366
8	0. 089433	0. 085691	0. 054856	0. 173114	0. 148241
9	0. 108361	0. 079155	0. 088297	0. 134472	0. 104271
10	0. 086683	0. 093905	0. 082109	0. 164243	0. 149411
11	0. 045935	0. 059085	0. 069791	0. 110415	0. 098618
12	0. 018016	0. 02118	0. 039951	0. 046874	0. 068431
13	0. 091301	0. 098352	0. 128656	0. 204175	0. 147104
14	0. 053681	0. 05763	0. 073227	0. 10074	0. 093393
15	0. 129659	0. 1035	0. 117448	0. 150428	0. 155007
16	0. 051345	0. 053606	0. 090718	0. 09774	0. 0818
17	0. 085595	0. 080817	0. 078158	0. 116153	0. 102636
18	0. 097747	0. 091572	0. 127512	0. 144963	0. 150532
19	0. 075808	0. 059583	0. 087236	0. 10811	0. 121306

代码	1990	1992	1995	1997	2000
20	0.064675	0.068555	0.069646	0.097069	0.092227
21	0.060741	0.065628	0.049555	0.100201	0.067437
22	0.102627	0.130238	0.168773	0.148965	0.127066
23	0.1209	0.120255	0.192349	0.228925	0.198707
24	0.081374	0.087593	0.081213	0.110854	0.107136
25	0.178788	0.190442	0.155612	0.198893	0.176257
26	0.222512	0.150119	0.292424	0.195874	0.214977
27	0.245474	0.148204	0.15561	0.254104	0.24834
28	0.150728	0.122254	0.117848	0.183079	0.191629
29	0.140454	0.123275	0.260184	0.215664	0.177908
30	0.175463	0.120761	0.194513	0.201179	0.215647
31	0.279776	0.385039	0.393484	0.349479	0.34378
32	0.040507	0.130566	0.211072	0.186218	0.305981
33	0.423488	0.37321	0.392838	0.37439	0.376107

33 部门完全劳动者报酬系数表　　　　表 13

代码	1990	1992	1995	1997	2000
1	0.724906	0.713111	0.713584	0.761901	0.748324
2	0.488125	0.437565	0.506759	0.571786	0.597361
3	0.136971	0.149293	0.225528	0.250411	0.264202
4	0.303487	0.301324	0.428736	0.46694	0.429249
5	0.34205	0.330637	0.404677	0.481173	0.456651
6	0.476887	0.460217	0.432236	0.549363	0.568628
7	0.430199	0.402827	0.480806	0.492113	0.483354
8	0.42117	0.399148	0.411684	0.519066	0.511834
9	0.361308	0.328922	0.383239	0.489439	0.482585

代码	1990	1992	1995	1997	2000
10	0. 380412	0. 372428	0. 410234	0. 488379	0. 491504
11	0. 229759	0. 218881	0. 264248	0. 372289	0. 350089
12	0. 140699	0. 15537	0. 244957	0. 292917	0. 295758
13	0. 377248	0. 365825	0. 473096	0. 546046	0. 486152
14	0. 31559	0. 293748	0. 362105	0. 437022	0. 426163
15	0. 340659	0. 304712	0. 367234	0. 460253	0. 46724
16	0. 273915	0. 255239	0. 360341	0. 424402	0. 386047
17	0. 306617	0. 294849	0. 359766	0. 445587	0. 431946
18	0. 307433	0. 298411	0. 395682	0. 432156	0. 461099
19	0. 291889	0. 268476	0. 365327	0. 427229	0. 455937
20	0. 283634	0. 281765	0. 339376	0. 43807	0. 42395
21	0. 270503	0. 282882	0. 278814	0. 423286	0. 367449
22	0. 299562	0. 32866	0. 412924	0. 449654	0. 436076
23	0. 322035	0. 321035	0. 441958	0. 488092	0. 511495
24	0. 335094	0. 356012	0. 396303	0. 291964	0. 296066
25	0. 409806	0. 401149	0. 418048	0. 517987	0. 491025
26	0. 341492	0. 265869	0. 432252	0. 384149	0. 415984
27	0. 388953	0. 316441	0. 327708	0. 477427	0. 494231
28	0. 533706	0. 426316	0. 430836	0. 573537	0. 623554
29	0. 269163	0. 240355	0. 399651	0. 417501	0. 40328
30	0. 280539	0. 250134	0. 347674	0. 402667	0. 449461
31	0. 467191	0. 534666	0. 577118	0. 616433	0. 602312
32	0. 061214	0. 272746	0. 354014	0. 35804	0. 421841
33	0. 540206	0. 533001	0. 595007	0. 6228	0. 623771

33 部门税金系数表 表 14

代码	1990	1992	1995	1997	2000
1	0.103296	0.025602	0.016617	0.017546	0.015693
2	0.046487	−0.05769	0.036692	0.02055	0.045423
3	0.507767	0.011983	0.106732	0.069837	0.108815
4	0.207407	0.041965	0.022847	0.047043	0.058044
5	0.265362	0.077702	0.075733	0.083165	0.074596
6	0.213716	0.12287	0.176305	0.09478	0.079292
7	0.137179	0.041749	0.031068	0.05335	0.057845
8	0.144141	0.033106	0.026019	0.041335	0.035893
9	0.148362	0.042276	0.04775	0.046605	0.041196
10	0.176162	0.053521	0.050785	0.040831	0.041883
11	0.311902	0.117572	0.114358	0.076212	0.089282
12	0.29259	0.138481	0.09488	0.093027	0.077732
13	0.108108	0.047754	−0.07074	0.012913	0.026455
14	0.197151	0.074509	0.052943	0.061556	0.058664
15	0.168218	0.068992	0.066723	0.05358	0.051981
16	0.170445	0.069517	0.057185	0.048336	0.047522
17	0.16999	0.04864	0.041296	0.039371	0.036896
18	0.166508	0.052457	0.044418	0.05108	0.041227
19	0.163882	0.059109	0.050919	0.049394	0.042845
20	0.179513	0.060388	0.039307	0.041841	0.033983
21	0.171731	0.048539	0.032223	0.038127	0.039229
22	0.199157	0.059852	0.045908	0.034107	0.034377
23	0.170837	0.036681	0.030311	0.036917	0.03326
24	0.144903	0.038373	0.04483	0.026409	0.026976
25	0.085494	0.027319	0.028787	0.023432	0.024694
26	0.260155	0.048327	0.036176	0.040673	0.026531
27	0.153218	0.008966	0.023932	0.113186	0.125427
28	0.127651	0.047195	0.045494	0.044521	0.044284

代码	1990	1992	1995	1997	2000
29	0. 334046	0. 050402	0. 053863	0. 066382	0. 056282
30	0. 168169	0. 040909	0. 05022	0. 038641	0. 0495
31	0. 114264	0. 011839	0. 016363	0. 008273	0. 009311
32	0. 864866	0. 07809	0. 117597	0. 189416	0. 196941
33	0. 180415	0. 006544	0. 000706	0. 000654	0. 001451

33 部门完全税金系数表 　　　　表 15

代码	1990	1992	1995	1997	2000
1	0. 23033	0. 070184	0. 066764	0. 069938	0. 075929
2	0. 335527	0. 023401	0. 105261	0. 097425	0. 129073
3	0. 702609	0. 068908	0. 165547	0. 113302	0. 169788
4	0. 515356	0. 129394	0. 108857	0. 14899	0. 177396
5	0. 526111	0. 161732	0. 153889	0. 170572	0. 162756
6	0. 448693	0. 202094	0. 252804	0. 174387	0. 158161
7	0. 468012	0. 14351	0. 128272	0. 160224	0. 184112
8	0. 484849	0. 137803	0. 127124	0. 150654	0. 165082
9	0. 513656	0. 14991	0. 147087	0. 159663	0. 173755
10	0. 50954	0. 151093	0. 151047	0. 142552	0. 163835
11	0. 569259	0. 172202	0. 184475	0. 158959	0. 196008
12	0. 705189	0. 198911	0. 200448	0. 193907	0. 208386
13	0. 451125	0. 112783	0. 037041	0. 115515	0. 154926
14	0. 55356	0. 184172	0. 165581	0. 182424	0. 199533
15	0. 511242	0. 163645	0. 165851	0. 163915	0. 177919
16	0. 573026	0. 175452	0. 160152	0. 17198	0. 18964
17	0. 562158	0. 168426	0. 152067	0. 170445	0. 18527
18	0. 556484	0. 164079	0. 150332	0. 161328	0. 173648
19	0. 572607	0. 175495	0. 166028	0. 175261	0. 181769

代码	1990	1992	1995	1997	2000
20	0. 590167	0. 179491	0. 150959	0. 173855	0. 181039
21	0. 609256	0. 163012	0. 130183	0. 162506	0. 178772
22	0. 578091	0. 159974	0. 140531	0. 148565	0. 169076
23	0. 54031	0. 145266	0. 129524	0. 13342	0. 158393
24	0. 54243	0. 145865	0. 146625	0. 086255	0. 098784
25	0. 467526	0. 135029	0. 134091	0. 140536	0. 155632
26	0. 487122	0. 116875	0. 103329	0. 108922	0. 108325
27	0. 506884	0. 081363	0. 087236	0. 196474	0. 221981
28	0. 390355	0. 130199	0. 144035	0. 131789	0. 138481
29	0. 564692	0. 123731	0. 121403	0. 146678	0. 157041
30	0. 326584	0. 102312	0. 11198	0. 103468	0. 133922
31	0. 385538	0. 078232	0. 082808	0. 10036	0. 11014
32	0. 901167	0. 139433	0. 167127	0. 25287	0. 240973
33	0. 355601	0. 07603	0. 070045	0. 083609	0. 089804

33 部门营业盈余系数表　　　　　　　　表 16

代码	1990	1992	1995	1997	2000
1	0. 103296	0. 053488	0. 060382	0. 030195	0. 031799
2	0. 046487	0. 093965	0. 068331	0. 049061	− 0. 01757
3	0. 507767	0. 364562	0. 270061	0. 327755	0. 304824
4	0. 207407	0. 132156	0. 086327	0. 041654	0. 038938
5	0. 265362	0. 130143	0. 097138	0. 074814	0. 062957
6	0. 213716	0. 062367	0. 095665	0. 068132	0. 063473
7	0. 137179	0. 063464	0. 046268	0. 065248	0. 039009
8	0. 144141	0. 068581	0. 111776	0. 065674	0. 051751
9	0. 148362	0. 095996	0. 087738	0. 0656	0. 039571

代码	1990	1992	1995	1997	2000
10	0.176162	0.084746	0.078302	0.072621	0.040576
11	0.311902	0.135968	0.163871	0.111541	0.093859
12	0.29259	0.074467	0.088642	0.047812	0.060298
13	0.108108	-0.00329	-0.00283	-0.03565	-0.03684
14	0.197151	0.095183	0.086673	0.063758	0.043539
15	0.168218	0.12274	0.087993	0.062683	0.030405
16	0.170445	0.111336	0.065573	0.016538	0.023984
17	0.16999	0.083528	0.083895	0.044427	0.029653
18	0.166508	0.101298	0.067218	0.101378	0.03295
19	0.163882	0.116516	0.074392	0.07548	0.037266
20	0.179513	0.096411	0.110993	0.052602	0.042726
21	0.171731	0.097294	0.160751	0.081041	0.08548
22	0.199157	0.107555	0.067206	0.100181	0.055244
23	0.170837	0.087016	0.059432	0.09152	0.018252
24	0.144903	0.077545	0.077649	0.411843	0.38675
25	0.085494	0.054609	0.088099	0.048623	0.04697
26	0.260155	0.226157	0.069729	0.151623	0.083673
27	0.153218	0.273294	0.344433	0.086795	0.05702
28	0.127651	0.218734	0.215877	0.114839	0.04902
29	0.334046	0.251466	0.110783	0.082905	0.06793
30	0.168169	0.221449	0.157309	0.084499	0.061091
31	0.114264	0.052979	0.034704	0.01758	0.020008
32	0.864866	0.278449	0.242035	0.18062	0.171328
33	0.180415	0.031475	0.002062	0.005273	0.008566

代码	1990	1992	1995	1997	2000
1	0.23033	0.151075	0.155784	0.095579	0.094929
2	0.335527	0.305041	0.215978	0.155547	0.070969
3	0.702609	0.512237	0.399769	0.390749	0.374563
4	0.515356	0.359249	0.282167	0.182481	0.165767
5	0.526111	0.334356	0.265062	0.200181	0.159071
6	0.448693	0.231633	0.230262	0.167751	0.149937
7	0.468012	0.312873	0.26678	0.199652	0.150898
8	0.484849	0.330052	0.343351	0.201172	0.166641
9	0.513656	0.367859	0.311301	0.212971	0.167821
10	0.50954	0.333913	0.302278	0.236252	0.188593
11	0.569259	0.331315	0.322825	0.235979	0.216462
12	0.705189	0.424819	0.360774	0.308422	0.309224
13	0.451125	0.27617	0.248627	0.120614	0.099105
14	0.55356	0.352696	0.314617	0.222112	0.188003
15	0.511242	0.365472	0.296849	0.214738	0.16479
16	0.573026	0.389213	0.297068	0.224798	0.225482
17	0.562158	0.379891	0.327067	0.217179	0.190579
18	0.556484	0.383271	0.30572	0.260088	0.181286
19	0.572607	0.410364	0.32459	0.25319	0.181553
20	0.590167	0.389389	0.363831	0.228585	0.2034
21	0.609256	0.398988	0.45591	0.264094	0.275302
22	0.578091	0.367319	0.305777	0.26327	0.211853
23	0.54031	0.363297	0.276766	0.227002	0.147064
24	0.54243	0.348331	0.306047	0.4973	0.463875
25	0.467526	0.325434	0.313155	0.206117	0.189908
26	0.487122	0.3995	0.210462	0.253014	0.181353
27	0.506884	0.471115	0.471698	0.192135	0.15275
28	0.390355	0.364951	0.354376	0.211478	0.143542

代码	1990	1992	1995	1997	2000
29	0.564692	0.43638	0.250229	0.202876	0.194342
30	0.326584	0.372743	0.2834	0.174634	0.1509
31	0.385538	0.221944	0.184214	0.14625	0.130553
32	0.901167	0.458768	0.359079	0.267107	0.217778
33	0.355601	0.228114	0.160369	0.125843	0.105388

33 部门增加值系数表　　　　　　　表 18

代码	1990	1992	1995	1997	2000
1	0.657108	0.644227	0.59772	0.597372	0.578338
2	0.462076	0.438724	0.530195	0.513577	0.520059
3	0.648962	0.621915	0.60167	0.738162	0.678385
4	0.433629	0.393414	0.37813	0.354343	0.326699
5	0.481572	0.441476	0.451548	0.449177	0.479263
6	0.277281	0.256985	0.342552	0.277376	0.314718
7	0.233227	0.206003	0.1913	0.28178	0.259325
8	0.256388	0.21205	0.213282	0.311925	0.269827
9	0.293729	0.253274	0.272845	0.279378	0.227872
10	0.29728	0.269994	0.246915	0.314702	0.270494
11	0.476991	0.487606	0.484501	0.431886	0.406067
12	0.365223	0.2819	0.279634	0.220605	0.249423
13	0.251925	0.22512	0.143953	0.263496	0.239512
14	0.295372	0.278592	0.257051	0.268564	0.241824
15	0.357617	0.346815	0.32962	0.315928	0.295705
16	0.261869	0.284521	0.268017	0.203732	0.197056
17	0.288966	0.239646	0.236841	0.233389	0.206545
18	0.305912	0.282819	0.272405	0.336118	0.271236
19	0.277646	0.267154	0.241262	0.262134	0.240782

代码	1990	1992	1995	1997	2000
20	0.272829	0.253842	0.246141	0.223424	0.2119
21	0.261432	0.249736	0.273682	0.253595	0.231654
22	0.337244	0.338538	0.320447	0.312836	0.262938
23	0.340049	0.303257	0.330123	0.417429	0.306046
24	0.25734	0.237711	0.246205	0.606562	0.582072
25	0.285314	0.295898	0.290451	0.287451	0.268225
26	0.597976	0.56546	0.582295	0.570184	0.532054
27	0.448261	0.466668	0.562378	0.510015	0.46819
28	0.303218	0.402074	0.39261	0.356055	0.295541
29	0.580436	0.544843	0.585719	0.515356	0.444698
30	0.696816	0.584992	0.592462	0.574549	0.505168
31	0.458695	0.535107	0.523252	0.418128	0.422243
32	0.930814	0.521604	0.617442	0.598276	0.729202
33	0.653583	0.478131	0.477895	0.451027	0.456501

33 部门建筑设施直接占用系数表　　　　　表 19

代码	1990	1992	1995	1997	2000
1	0.557185	0.535639	0.530193	0.530196	0.41928
2	1.997679	1.994005	1.973668	1.901013	2.037097
3	1.423479	1.4383	1.423624	1.3546	1.458071
4	1.67133	1.705739	1.688336	1.590458	1.605128
5	3.184216	3.249319	3.216468	3.030147	2.714933
6	0.57874	0.590675	0.584648	0.550731	0.603396
7	0.610512	0.623019	0.616688	0.580974	0.630836
8	0.466874	0.476466	0.47159	0.444291	0.470693
9	0.997048	1.017194	1.00684	0.948603	0.906179

代码	1990	1992	1995	1997	2000
10	0.788942	0.805184	0.796981	0.750778	0.771365
11	1.910768	1.950002	1.930318	1.818269	1.971675
12	0.498023	0.508325	0.503148	0.473428	0.463235
13	1.285528	1.312033	1.298645	1.007657	1.319022
14	0.595764	0.607949	0.601742	0.566677	0.624947
15	1.32256	1.349828	1.336055	1.253362	1.291766
16	1.019242	1.039772	1.029376	0.968939	1.131
17	0.685552	0.696022	0.691159	0.65383	0.64695
18	0.624915	0.63578	0.630246	0.595289	0.655599
19	0.417995	0.425148	0.421365	0.398254	0.469696
20	0.292708	0.297795	0.295315	0.277984	0.322516
21	0.269321	0.27471	0.271969	0.256314	0.267207
22	0.494682	0.504276	0.499322	0.470858	0.499956
23	0.823482	0.840405	0.831837	0.783602	0.835328
24	1.022436	1.043354	1.032921	0.961494	0.996306
25	0.309151	0.313118	0.311168	0.294413	0.307397
26	4.081737	4.165369	4.123072	3.884199	3.624402
27	0.591794	0.603944	0.597803	0.562324	0.605127
28	0.178092	0.181753	0.179918	0.169457	0.195534
29	3.10841	3.172241	3.140058	2.958038	2.788914
30	1.940669	1.901463	1.921066	3.364501	3.528935
31	1.557909	1.590019	1.573815	1.312904	1.289908
32	1.234585	1.25978	1.247113	1.174858	1.297508
33	1.762601	1.798944	1.780587	1.677313	1.61804

33 部门建筑设施完全占用系数表　　表 20

代码	1990	1992	1995	1997	2000
1	1. 191949	1. 303693	1. 356921	1. 359447	1. 38773
2	3. 463435	3. 768742	3. 410545	3. 415814	3. 602165
3	2. 371079	2. 555909	2. 574552	2. 08409	2. 442715
4	3. 284079	3. 613858	3. 570869	3. 664113	3. 888983
5	4. 524868	4. 989088	4. 88718	4. 775647	4. 433419
6	1. 851766	1. 96961	1. 723315	1. 8105	1. 865474
7	2. 156771	2. 49505	2. 47556	2. 088292	2. 395093
8	2. 011398	2. 421562	2. 337964	1. 90817	2. 235997
9	2. 936117	3. 29	3. 132442	2. 92098	3. 129066
10	2. 423844	2. 709522	2. 715995	2. 374298	2. 694396
11	3. 552678	3. 610437	3. 529045	3. 487214	3. 748837
12	2. 237678	2. 440213	2. 511119	2. 324017	2. 405773
13	3. 730649	3. 960588	4. 0128	3. 243327	3. 773934
14	2. 378843	2. 559951	2. 559475	2. 429693	2. 791219
15	3. 195057	3. 400586	3. 421202	3. 423351	3. 556377
16	3. 364985	3. 385553	3. 353166	3. 464185	3. 812444
17	2. 761927	3. 110057	3. 044943	3. 122538	3. 395597
18	2. 502829	2. 745151	2. 684545	2. 485544	2. 98986
19	2. 280554	2. 422493	2. 437297	2. 356146	2. 728592
20	2. 262805	2. 464604	2. 412906	2. 492844	2. 797782
21	1. 89361	2. 159789	1. 925902	2. 002105	2. 098499
22	2. 195802	2. 309017	2. 253869	2. 263676	2. 590086
23	2. 560848	2. 779606	2. 636224	2. 331633	2. 88565
24	3. 02373	3. 161717	3. 008864	2. 07215	2. 295065
25	2. 571727	2. 589174	2. 567914	2. 57543	2. 74155
26	5. 151039	5. 35767	5. 234102	5. 06681	4. 996755
27	1. 799711	2. 3882	1. 958573	1. 830717	2. 144267
28	1. 431485	1. 376098	1. 301449	1. 354977	1. 542182

代码	1990	1992	1995	1997	2000
29	4. 20265	4. 382898	4. 207893	4. 289384	4. 366338
30	2. 755028	3. 113735	3. 05882	4. 543983	4. 99541
31	3. 03417	2. 898457	2. 874924	2. 865654	2. 9805
32	1. 444436	2. 739935	2. 398641	2. 45901	2. 244649
33	2. 818397	3. 472526	3. 380966	3. 343108	3. 442783

参 考 文 献

【1】孙文杰. 抢抓大机遇，迎接大挑战，谋求大发展为实现"一最两跨"发展目标努力奋斗 [R]. 中国建筑工程总公司

【2】朱学红. 我国建筑业发展的回顾与展望 [J]. 中山大学学报（社会科学版）第 10 卷第 3 期 P326, 2004.6

【3】黄卫. 2004 年全国建筑业改革与发展经验交流会上的讲话 [R]. 2004 年 11 月 18 日

【4】汪光焘. 国务院办公厅关于切实解决建设领域拖欠工程款问题的通知 [R]. 2003 年 12 月 9 日

【5】黄卫. 中国建筑业应向世界强国迈进 [J]. 施工企业管理, No. 2, p13-15, 2005

【6】杨建龙. 国际建筑业现状与趋势 [J]. 施工企业管理, No. 4, P. 52-54, 2005

【7】赵伟. 国际竞争力何时成真 [J]. 施工企业管理, No. 7, P. 56-58, 2005

【8】Porter, M. E. Competitive strategy: Techniques for analyzing industries and competitors, Free Press, New York, 1980

【9】Hofer, C. W. , Toward contingency theory of business strategy. , Acad. Manage p784-810, 1975

【10】Serdar Kale, David Arditi, Competitive Positioning in United States Construction Industry, Journal of construction engineering and management / May/June, 2002

【11】Betts, M. , and Ofori , Strategic planning for competitive advantage , Construction management Economic, p511-532, 1992

【12】Akintoye. A. and Skitmore. M. Profitability of UK construction contractors, Construction management Economic, p311-325, 1991

【13】Miller, D. Structural and environmental correlates of business strategy. Strategic Manage. p55-76, 1987

【14】Warszawski, A. "Strategic planning in construction companies. " Construc-

225

tion management Economic, p133-140, 1996

【15】 Arditi, D., Kale, S., and Tangkar, Innovation in construction equipment and its flow into the construction industry. Construction management Economic, p 371-378, 1997

【16】 Arditi, D., Akan, G. T., and Gurdamar, S., Reasons for delays in public projects in Turkey., Construction management Economic, p171-181, 1985

【17】 Stalk, G. Time—The next source of competitive advantage. Harvard Bus. Rev., p41-51, 1988

【18】 Stalk, G., and Hout, Competing against time: How time-based, competition is reshaping global markets, Free Press, New York, 1990

【19】 Albert P. C. Chan; Daniel W. M. Chan, Exploring Critical Success Factors for Partnering in Construction Projects, Journal of construction engineering and management, 2004

【20】 童继生. 中国建筑产业国际化战略研究 [J]. 复旦大学学报, 2004

【21】 吴拯. 中国建筑产业组织研究 [J]. 重庆大学学报, 2003

【22】 刘永平. 建筑业技术创新障碍分析 [J]. 2001, 重庆大学

【23】 何云锋. 中国建筑业技术创新体系研究 [J]. 西安建筑科技大学学报, 2004

【24】 肖斌. 建筑业管理体制创新研究 [J]. 郑州大学学报, 2004

【25】 马军. 中国建筑业管理信息化及其发展策略研究 [J]. 重庆大学学报, 2003

【26】 陈秋菊. 建筑业对我国经济增长的贡献研究 [J]. 武汉理工大学学报, 2002

【27】 陈利. 建筑业在国民经济中的地位和作用—从投入产出分析看建筑业 [J]. 昆明理工大学学报, 2003

【28】 陆歆弘. 中国建筑业成长发展轨迹与增长影响因子研究 [D]. 西安建筑科技大学博士论文, 2003

【29】 关柯, 李小冬. 我国建筑业全要素生产率拉斯贝尔指数化模型研究 [J]. 土木工程学报, 2002.8

【30】 金维兴, 张文艳. 中国建筑业支柱产业地位分析 [J]. 建筑经济, 2001.8

【31】 金维兴. 中国建筑业成长发展轨迹与经济增长方式研究 [Z]. 国家自然科学基金成果, 2001.3

【32】 金敏求. 振兴建筑业的必由之路-转变经济增长方式, 提高经济增长质

量［J］．建筑经济，1996.1

【33】黄聪，李启明．中国建设推动力的脊梁模型与分析研究［J］．东南大学学报（自然科学版），2000.7

【34】李小冬，关柯．我国建筑业产业集中度实证分析［J］．建筑经济，2001.6

【35】金维兴．中国建筑业新的经济增长点和增长力研究．西安建筑科技大学优秀学术论文集．陕西工业出版社，2003

【36】金维兴．21世纪中国建筑业管理模式的总体构思［Z］．中国科学基金，2000.3

【37】金维兴．21世纪中国建筑业管理模式与相关政策研究综合报告［R］．西安建筑科技大学建筑经济研究所，2002

【38】贡景珉，成虎．中国建设业国际竞争力比较分析［J］．建筑经济，2000年第1期

【39】迈克尔·波特．陈小悦译．竞争战略［M］．华夏出版社，1997年

【40】金碚．产业组织经济学［M］．经济管理出版社，1999年版。

【41】金碚．竞争力经济学［M］．广东经济出版社，2003年版，

【42】马克思．资本论［M］．马克思恩格斯全集第23卷［M］．人民出版社，1972

【43】马克思，恩格斯．马克思恩格斯全集第1卷［M］．人民出版社，1972

【44】马克思，恩格斯．马克思恩格斯全集第25卷［M］．人民出版社，1972

【45】马克思，恩格斯．马克思恩格斯全集第6卷［M］，人民出版社，1972

【46】董永虹，单佳平．区域经济与我国产业竞争力的发展［M］．生产力研究．中国人民大学出版社，2004

【47】郭京福．产业竞争力研究［J］．经济论坛，2004

【48】佘传奇，叶静．西方产业竞争理论来源研究与启示［J］．华东经济管理，2004

【49】赵洪斌．论产业竞争力——一个理论综述［J］．当代财经，2004

【50】杨治．产业经济学导论［M］．中国人民大学出版社，1987

【51】于立．产业经济学理论与实践问题研究［M］．经济管理出版社，2000

【52】余永定等．西方经济学［M］．经济科学出版社，1998

【53】约瑟夫·熊彼特．经济发展理论［M］．商务印书馆，1990

【54】普廷全，赵森森．关于竞争力研究的几个基本问题［J］．中国工业经济，No3，1999

【55】张金昌．国际竞争力评价的理论和方法［M］．经济科学出版社，2002

【56】 K. Wicksell. 刘敩译. 国民经济学讲义 ［M］. 上海：上海译文出版社，1983

【57】 K. Wicksell. 蔡受百，程伯 L 译. 利息与价格 ［M］. 北京：商务印书馆，1982

【58】 Keynes. 何瑞英译. 货币论 ［M］. 北京：商务印书馆，1997

【59】 Keynes. 宋韵声译. 就业、利息与货币通论 ［M］. 北京：华夏出版社，2005

【60】 M. Friedman. *The Optimum Quantity of Money and Other Essays* ［M］. Chicago：Aldine, 1969. 57-62

【61】 J. Tobin. *Money and Economic Growth. Econometrica* ［J］. 1965, 33（4）：23

【62】 H. Johnson. *New Classical Economic Development of One Sector* ［M］. New York：Oxford University Press, 1966. 22

【63】 D. Patrick. *Money in Economic Development of One sector* ［M］. Cambridge：Harvard University Press, 1968. 98.

【64】 R. W. Goldsmith. *Financial Structure and Development* ［M］. New Haven：Yale University Press, 1969. 34

【65】 R. G. King, R. Levine. Finiance, Entrepreneurship and Growth：Theroy and Evidence. *Journal of Monetary Economic* ［J］. 1993, 32, p65

【66】 A. Geld. *Financial policies, Growth, and Efficiency* ［R］. World Bank PPR Working Paper. New York：World Bank, 1989. 202.

【67】 M. Gertler, A. Rose. *How Financial Markets Affect Long-Run Growth* ［R］. A. Cross-Country Study（Working Paper）. New York：World Bank, 1994. 843

【68】 N. Roubini, Xavier Sala-I-Martin. *Financial Repression and Economic Growth* ［J］. Journal of Development Economics, 1992, Vol 23：39

【69】 M. Pagano. *Financial Markets and Growth：An Overview* ［J］. European Economic Review, 1993, Vol4：37

【70】 R. I. Mckinnon. *Money and Capital in Economic Development* ［M］. Washington. D. C：The Brooking Institution, 1973. p72

【71】 E. S. Shaw. *Financial Deepening in Economic Development* ［M］. New York：Oxford University Press, 1973. p321

【72】 M. J. Fry. *Money, Interest, and Banking in Economic Development* ［M］. Baltimore：The Johns HopkinsUniversity Press, 1989. p62.

【73】 史清琪. 国外产业国际竞争力评价理论与方法 〔J〕. 宏观经济研究, NO1, 27-311, 2001

【74】 周燕, 齐中英. 产业竞争力及其来源分析 〔J〕. 商业研究, 2004, 8

【75】 Oral M. *A Mthodology for Competitiveness Analysis and Strategy Formulation in Glass Industry.* European Journal of Operational Research. Jul 9 , 68 (1): 9-221, 1993

【76】 李东华. 产业国际竞争力比较研究 〔M〕. 延边大学出版社, 2001, 1

【77】 王建华, 王方华. 企业竞争力评价系统及应用研究 〔J〕. 管理科学学报, 2003

【78】 Boltho. *The Assessment: International Competitiveness.* Oxford Review of Economic Policy , vol. 12, No. 3

【79】 C. K. prahalad & Gray Hamel. *The Core Competence of The Corporation.* Harvard BusinessReview, 6-7, 1990

【80】 曹云峰. 我国产业竞争力评价与分析 〔J〕. 中国经贸导刊, 2004/20

【81】 刘新建. 国民经济动态投入占用产出分析的理论与方法研究及其他 〔D〕. 中国科学院系统科学研究所博士学位论文, 1995. 45

【82】 钟契夫, 陈锡康, 刘起运等. 投入产出分析 〔M〕. 北京: 中国财政经济出版社, 1993. 233

【83】 Pirkko, Aulin - Ahmavaara. *Dynamic Input - Output and Time. Economic Systems Research* 〔M〕, 1990. Vol. 2: 4.

【84】 Chen Xikang. *Input - Occupancy - Output Analyses and Its Application in China. in Dynamics and Conflict in Regional Structural Change* 〔M〕. edited by Manas. Chatterji and R. E. Kuenne. London: Macmillan, 1990. 267-278.

【85】 黄银忠. 教育系统投入产出模型及其应用 〔J〕. 系统工程理论与实践, 1991. Vol. 11: 35

【86】 Wassily W. Leontief. *The Input - Output Amount Relation in America Economic System* 〔J〕. Economic and Statistic Views, 1936. Vol. 8: 30.

【87】 Wassily W. Leontief. *The America Economic Structure: 1919-1939* 〔R〕. New York: Oxford University Press, 1951. 12.

【88】 联合国经济和社会事务部统计处编. 闵庆全译. 国民经济核算体系与国民经济平衡表体系的比较 〔R〕. 北京: 中国财政经济出版社, 1981. 9

【89】 国家统计局国民经济核算司编著. 全国投入产出调查培训手册 〔M〕. 北京: 中国统计出版社, 2002, p338

【90】 李强, 刘起运主编. 当代中国投入产出实践与研究. 中国统计出版社.

1999. 3

【91】 陈锡康，郭菊娥等. 水利投入占用投入产出表的编制与应用 [J]. 中国统计，2003. Vol8：23

【92】 刘新建. 关于投入产出经济学的一些思考 [C]. 中国投入产出理论与实践. 北京：中国统计出版社，2002. 58-65

【93】 史清琪. 中国产业发展报告（1999）[R]. 北京：中国致公出版社，1999. 12

【94】 陈锡康. 投入占用产出技术及其非线性和动态化研究 [C]. 中国投入产出分析应用论文精粹. 中国统计出版社，2004. 3

【95】 陈锡康. 经济数学方法与模型 [M]. 北京：中国财政经济出版社，1985. 1. 6-10

【96】 范玉妹，刘胜富. 线性分式规划问题的灵敏度分析 [J]. 首都师范大学学报，1995. Vol. 1：23-30

【97】 刘国光等. 2004年中国，经济形势与预测 [M]. 北京：社会科学文献出版社，2004. 78

【98】 R. I. Mckinnon. *Money and Capital in Economic Development* [M]. Washington. D. C：The Brooking Institution，1973. 132

【99】 李国疆. 中国的 M2/GDP：理论、问题、对策. 经济问题探索 [J]. 2001，12：54

【100】 R. Levine. *Financial Development and Economic Growth：Views and Agenda* [J]. Journal of Economic Literature，1997，Vol. 11：15

【101】 钟契夫，陈锡康，刘起运等. 投入产出分析 [M]. 北京：中国财政经济出版社，1993. p233

【102】 Pirkko, Aulin-Ahmavaara. *Dynamic Input-Output and Time. Economic Systems Research* [M]，1990. Vol. 2：p4

【103】 Chen Xikang. *Input-Occupancy-Output Analyses and Its Application in China. in Dynamics and Conflict in Regional Structural Change* [M]. edited by Manas. Chatterji and R. E. Kuenne. London：Macmillan，1990. pp. 267-278

【104】 黄银忠. 教育系统投入产出模型及其应用 [J]. 系统工程理论与实践，1991. Vol. 11：p35

【105】 Wassily W. Leontief. *The Input-Output Amount Relation in America Economic System* [J]. Economic and Statistic Views，1936. Vol. 8：p30

【106】 Wassily W. Leontief. *The America Economic Structure：1919-1939* [R].

New York：Oxford University Press, 1951. p12

【107】 迈克尔·波特（Michael E. Porter）．国家竞争优势．台湾天下文化，1996 年译文版

【108】 国家统计局国民经济核算司编著．全国投入产出调查培训手册［M］．北京：中国统计出版社，2002 年．p338

【109】 刘起运．存量投入产出分析研究［C］．当代中国投入产出实践与研究．中国统计出版社，1999. p3

【110】 刑厚媛．政府定位：实施"走出去"的关键［J］．国际经济合作，第 8 期

【111】 国务院．促进产业结构调整暂行规定．国发［2005］40 号

【112】 建设部等六部委．关于加快建筑业改革与发展的若干意见．2005 年 7 月 12 日

【113】 建设部．中国建筑业改革与发展研究报告［R］．中国建筑工业出版社，2005 年 9 月

【114】 Kolka. *Input‐Output Structural Decomposition Analysis for Austria*. Input‐Output Analysis. EdwardElgar. Cheltenham，P135‐156，1989 年第 3 卷

【115】 Michael Sonis, Geoffrey J. D.. *Theoretical and Applied Input‐Output Analysis：A New Synthesis（part：Structure and Structural Changes in Input‐Output Systems）*，Hewings

【116】 刘强．总产出结构分析中的投入产出相关应用［J］．统计与信息论坛，2000 年第 9 期

【117】 林幼斌．影子价格理论及其应用［J］．云南财贸学院学报，2001. Vol.5：p34

【118】 徐渝，胡奇英等．运筹学［M］．西安：陕西人民出版社，2001. P45

【119】《运筹学》教材编写组，运筹学［M］．北京：清华大学出版社，1998.1. P61.

【120】 王志江．关于影子价格概念的几个误区［J］．管理工程学报，1999. Vol.2：p52.

【121】 邓聚龙．灰预测与灰决策［M］．武汉：华中科技大学出版社，2002 年 9 月第一版

【122】 卢卫，雷鸣．现代经济预测［M］．天津：天津社会科学出版社，2004 年 9 月第一版

【123】 李少远，李柠．复杂系统的模糊预测控制及其应用［M］．北京：科学出版社，2003 年 8 月第一版

【124】徐国祥．统计预测和决策［M］．上海：上海财经大学出版社，1998 年
6 月版

【125】孙庆荣，韩传峰．基于 FAHP 的黄河中下游灾害系统脆性评价［J］．
自然灾害学报，2005，Vol. 3，P72-83

【126】贾继锋．重构优势：入世后中国外贸的国际竞争力［M］．上海社会科
学院出版社，高等教育出版社，2001

【127】范纯增．中国外贸产业国际竞争力结构优化研究［J］．经济管理，
2002 年第 2 期

【128】钱雪亚，张小蒂，苏海舟．产业竞争优势及其度量体系研究［J］．统
计研究，2001.6

【129】金国辉．中国入世后提高建筑业企业核心竞争力的对策研究［J］．内
蒙古科技与经济，2004 年 11 期

【130】何云峰，韦海民，罗金辉．建筑业企业技术进步与产业技术进步的关
系研究［J］．建筑技术开发，2004，04

【131】史清琪，张于喆．国外产业国际竞争力评价理论与方法［J］．宏观经
济研究，2001

【132】于泳，徐红晖．国际竞争力问题探析［J］．商业经济，2004，（02）
P105-107

【133】朱廷珺，安占然．波特竞争优势理论：基本架构、最新发展与质疑
［J］．兰州商学院学报，2001 年 04 期

【134】朱金周，陈金桥，肖荣美，杨培芳，辛勇飞．中国电信业国际竞争力
发展报告（2004 年）［R］．信息产业部电信研究院通信政策研究所

【135】张元智．产业集聚、竞争优势与西部开发［J］．西安电子科技大学学
报（社会科学版），2001

【136】张德群．中国建筑业国际竞争力评价模型研究［J］．建筑管理现代
化，1998 年 03 期

【137】朱建国，苏涛，王骏翼．产业国际竞争力内涵初探［J］．世界经济文
汇，2001

【138】李京文，郭金龙，王宏伟．国际竞争力综合影响因素分析［J］．中国
软科学，2001

【139】王昌林，史清琪，费洪平，李淑华，张于喆．我国主要产业国际竞争
力的评价方法［J］．北京统计，2001

【140】史清琪，张于喆．国外产业国际竞争力评价理论与方法［J］．宏观经
济研究，2001

【141】 杨锦莲，李崇光．产业国际竞争力理论及其测度指标体系［J］．孝感学院学报，2003

【142】 李元．基于技术创新的产业国际竞争力指标体系探析［J］．工业技术经济，2003

【143】 宋明佳，张庚森．产业国际竞争力评价指标体系研究［J］．人文杂志，2003

【144】 Syrqiu, M.（1975）. *Sources of industrial growth and change.* World Bank（Mimeo）

【145】 Xiaoli Han（1995）. *Structural Change and Labor Requirement of the Japanese Economy.* Economic System Research, Vol. 7, No. 1, 1995

【146】 Xiannuan Lin & Karen R. Polenske（1995）. *Input-output anatomy of China's energy use changes in 1980s.* Vol. 7, No. 1, pp. 67-84

【147】 Chen Xikang & Guo Jue（2000）. *Chinese Economic Structure and SDA Model.* Journal of System Science and System Engineering, Vol. 9, No. 2, pp. 142-148

【148】 Heinz D. Kurz & Salvadori（2000）. *The dynamic Leontief model and the theory of endogenous growth*［J］. Economic System Research, Vol. 12, No. 2, June 2000

【149】 胡鞍钢．中国走向［M］．杭州：浙江人民出版社，2000. P200

【150】 安德鲁·坎贝尔等．核心能力战略：以核心竞争力为基础的战略［M］（中译本）．东北财经大学出版社，1999 年

【151】 白树强．全球竞争论［M］．中国社会科学出版社，2000 年

【152】 彼得·诺兰，王小强．战略重组：全球产业强强联手宏观透视［M］．文汇出版社，1999

【153】 布鲁斯·斯科特和乔治·洛奇编．在世界经济中的美国竞争能力［M］，1985 年英文版

【154】 曹远征．中国国际竞争力发展报告（1996）［M］．中国人民大学出版社，1997

【155】 查尔斯·汉普—特纳，阿尔方斯·特龙佩纳斯．国家竞争力——难吐造财富的价值体系［M］．海南出版社，1997

【156】 陈宝森．美国跨国公司的全球竞争［M］．中国社会科学出版社，1999

【157】 陈禹，谢康．知识经济的测度理论与方法［M］．中国人民大学出版社，1998

【158】 大卫·J. 科利斯，辛西娅·蒙哥马利．公司战略—企业资源与范围

[M]. 东北财经大学出版社, 2000

【159】 狄昂照, 吴明录, 韩松, 李正平著. 国际竞争力 [M]. 改革出版社, 1992

【160】 G. 多西, C. 弗里曼等. 技术进步与经济理论 [M]. 经济科学出版社, 1992

【161】 樊宏. 基于 DEA 模型的我国证券公司评价方法及应用 [J]. 数量经济技术经济研究, 2002 年第 4 期

【162】 菲利普·科特勒 (Philip Kotler). 国家营销：创造国家财富的战略方法 [M] (中译本). 华夏出版社, 2001

【163】 魏新亚, 林知炎. 中国建筑业的产业地位和发展水平分析 [J]. 哈尔滨工业大学学报. 第 36 卷第 I 期, 2004

【164】 王荣华. 论宏观调控条件下建筑业的发展 [J]. 建筑管理, 2005 年 (3), P15-16

【165】 Caves D W, Christiansen L R, Swanson J A. *Productivity in US rail-roads* [J]. The Bell Journal of Economics, 1980 (11)：p66-81

【166】 Chau K W, Walker A. *The measurement of total factor productivity of the Hong Kong construction industry* [J]. Construction Mnagement and Economics, 1988 (6)：p209-224

【167】 张卫华, 赵铭军. 指标无量纲化方法对综合评价结果可靠性的影响及其实证分析 [J]. 统计与信息论坛, 2005, vol20, no3, p33-36

【168】 叶宗裕. 关于多指标综合评价中指标正向化和无量纲化方法的选择. 浙江统计, 2003, 4, p25

【169】 谌明. 区域城市化水平的综合测度研究 [J]. 南京农业大学学报, 2002

【170】 沙凯逊. 新发展观与我国建筑业的可持续发展 [J]. 建筑经济, 2004 年 7 月, P17-19

【171】 郭洪强, 吴晓波. 信息化与建筑业产业升级研究 [J]. 商业研究, 2004/07 总第 291 期

【172】 Richard. Lorch. 英国建筑业的战略经验 [J]. 建筑经济, 2004 年第 5 期

【173】 巢良婷. 影响建筑业结构调整的主要对策与建议 [J]. 建筑管理现代化, 2004 年第 1 期

【174】 徐波, 赵宏彦. 运用信息技术提升建筑业竞争力 [J]. 建筑行业信息化, 2003 年第 11 期

【175】 杜晓君．制造业变革与发展的国际经验与启示［J］．科技进步与对策，2002年第1期

【176】 雷全立，陈丽岩．中国工程承包公司国际化指标体系研究［J］．建筑经济，2004年6月

【177】 魏新亚，林知炎．中国建筑业的产业地位和发展水平分析［J］．哈尔滨工业大学学报，第36卷第I期，2004年1月

【178】 李进峰．中国建筑业企业结构现状分析及调整对策［J］．建筑经济，2003年第6期

【179】 杜光宇．建筑企业发展战略的思考．内蒙古科技与经济［J］，2004年第2期

【180】 潘旭明．基于价值链重构的竞争优势分析［J］．郑州航空工业管理学院学报（管理科学版），第22卷第2期，2004年6月

【181】 郑王成，叶向京．宏观调控形势下建筑业企业面临的困境与对策［J］．浙江统计，2004年11期

【182】 任延艳．关于工程总承包企业提高竞争优势的思考［J］．建筑经济，2004年第1期

【183】 王幼松，邹广荣．香港建筑业生产效率及其影响因素研究［J］．深圳大学学报（理工版），1999年12月第16卷，第4期

【184】 张雁，王幼松．山东省建筑业生产效率的分析［J］．山东建筑工程学院学报，第14卷第1期，1999年3月

【185】 李宗华，关玲．对我国国有企业改革和发展的若干思考［J］．企业经济，2004年第8期

【186】 孙自愿，李湘燕．对当前国有企业改革发展的深层次思考［J］．科技情报开发与经济，2004年第14卷第2期

【187】 杜波，王传才．建筑业改革的难点与思考［J］．建筑，2002年第12期

【188】 陆歆弘，金维兴．中国建筑业与国家产业结构变动［J］．基建优化，2004年6月，第25卷第3期

【189】 徐充因，解涛．我国产业结构调整的制度分析［J］．社会科学家，2004年5月第3期

【190】 魏宝林．对规范建筑市场秩序的思考［J］，建筑经济，2004年第4期

【191】 http：//finance．sina．com．cn/roll/20060317/0912600953．shtml，创新国家的路径和陷阱．中国经济时报，2006年03月17日

发表论文及研究成果

1. 金维兴，姚宽一．中国建筑业管理创新的核心问题［J］．中国科学基金，2002年第1期

2. 金维兴，姚宽一，宁文泽．中国建筑业的适度规模与就业问题研究［J］．建筑经济，2005年第1期

3. 金维兴，姚宽一，谢晓红．中国建筑业新的经济增长点和增长力研究［J］．建筑经济，2003年第9期

4. 姚宽一．抓住西部大开发机遇加快陕西城镇化进程［J］．长安大学学报（社会科学版），2002年第2期

5. 姚宽一．简述科学技术进步与可持续发展［J］．西安建大科技，2003年第2期

6. 姚宽一，金维兴．基于投入产出分析技术的中国建筑业竞争力分析

7. 姚宽一，金维兴．基于灰色理论的中国建筑业竞争力成长性分析

8. 姚宽一，金维兴，王战宏．中国建筑业产业竞争力关键影响因素分析［J］，建筑经济，2007年第4期

9. 刘桦，姚宽一．建筑劳务与组织种群的演进［C］．全国建筑劳务用工制度改革与创新研讨会会议论文．中国建筑工业出版社，2005.11

参加科研工作

1. 2002年8月，中国建筑业的成长发展轨迹及经济增长方式研究（国家自然科学基金项目，70173037）

2. 2003 年 4 月，中国建筑业新的经济增长点与增长力研究（国家社会科学基金项目，04xjy016）

3. 2005 年 2 月，智能化建设法规政策知识库的研究（陕西省自然科学基金项目）

4. 2006 年 2 月，陕西建筑业产业集群生态方式研究（陕西省教育厅专项科研项目）

5. 2005 年 5 月，陕西建筑业企业项目管理模式创新的综合研究（陕西省软科学研究项目）

6. 2005 年 5 月—2005 年 12 月，秦岭水泥集团物流战略规划研究

7. 2006 年 9 月—2006 年 12 月，西安经发地产战略规划研究

后　记

　　再没有比不惑之年又步入学堂，体验边工作边读书的苦心孤诣、神鬼奇航让人终生难忘了。三年的博士研究生熏陶，犹如孙悟空在太上老君的八卦炉中精炼一番。俗话说，师傅引进门，修行在个人。可是，没有师傅，又哪有自己。在此，我要衷心、诚挚地感谢我的师傅、指导老师西安建筑科技大学金维兴教授。金教授常讲"授人以鱼不如授人以渔"，置身其间，耳濡目染，潜移默化，使学生不仅接受了全新的思维理念，而且领悟到了许多做人的道理。从论文选题、研究计划制定、文献查找、论文审定，金教授字斟句酌、仔细推敲、沥尽心血。他治学严谨、慎思笃学，他严以律己、身体力行，使人一生受益无穷。

　　我要感谢西安建筑科技大学云庆夏教授、李慧民教授、刘晓君教授、罗福周教授、谢行皓教授、王士川教授、王成军教授，西安交通大学党委副书记李玉华教授、西安科技大学校长苏三庆教授、北京建筑工程学院经济与管理学院院长何佰洲教授，西安建筑科技大学材料学院书记桑宽性教授，他们在论文选题、资料整理、文献研究等方面提出了许多宝贵建议并给与热情指导。

　　在我的学习、研究、工作过程中，还得到了许多领导、同事、朋友的支持和帮助，令我永远难以忘怀。我要特别感谢我的老领导、陕西省建设厅原副厅长、现陕西省工程造价协会会长彭吉新教授级高级工程师，他为论文研究方向、选题的确定提出了许多中肯的意见，并给予了很大关怀和鼓励；我的现任领导，陕西省建设厅厅长李子青教授、陕西省纪委驻省建设厅纪检组侯龙组长，在繁忙的工作之余，提供时间，给予支持、帮助和关怀；建设部政策研究中心建筑业研究处研究员李德全处长，真诚亲切、毫无保留、鼎力相助；我的同事，陕西省建设厅综合计划处冯华女士，为我的研究提供尽可能多的统计资料，令人感动。

学习是一个不断积累、沉淀、淬炼的过程，在我的周围是一群风华正茂、有志有为的优秀学子，他们终日沉溺于学术研究和实践探索，指点江山、直抒胸臆，青梅煮酒、纵论英雄。与之朝夕相处，不由然不为之动容，意气风发而高扬起青春的旗帜、生活的风帆。我要衷心感谢西安交通大学王战宏博士、中国科学院祝坤福博士、西安交通大学陈刚博士、西安建筑科技大学图书馆沈波副教授在论文研究、写作过程中给予的大力帮助和支持，经常与他们交流使我获益匪浅。

我还要感谢我的师兄西安工业学院党委书记、教授赛云秀博士，师妹北京建筑工程学院张宏博士、西安建筑科技大学卢梅博士、刘桦博士、苏变萍博士、谢晓红博士、西安科技大学尚梅博士、师弟曹宇博士、宁文泽博士、盛淑凯博士等，感谢他们提供了不少有益的建议和帮助。

本书能顺利出版，还要归功于建设部办公厅副主任张毅先生、建筑市场管理司处长缪长江先生、中国建筑工业出版社总编辑沈元勤先生，责任编辑张礼庆先生，以及北京中际天建造咨询中心总经理赵勇先生的支持、关心与帮助，并对此深表谢意。

最后，我要感谢我的父母及我的夫人，他们无怨无悔、任劳任怨操持家务、抚养孩子，使我在繁忙的工作之余有尽可能多的时间完成学业，论文的字里行间也渗透着他们的心血和汗水。

真诚感谢所有关心、支持和帮助过我的人们！

姚宽一

2006 年 3 月 31 日

《中国建筑业产业竞争力研究》跋

博士论文是博士研究生学识素养和科研能力的综合展示。展现在读者面前的《中国建筑业产业竞争力研究》一书，是作者探索三秋、积学薄发的劳心结晶。作为他的博士生导师，我深刻体会到这本专著凝结着他所付出的艰辛与努力，在论文付梓出版之际，首先向他表示祝贺。

作者原就读于西安冶金建筑学院管理工程系管理工程专业，参加工作后，曾供职于陕西省建设厅调查研究室、政策法规处14年之久，后又任建筑管理处副处长多年，现任陕西省纪委驻省建设厅纪检组副组长、监察室主任，博闻多知，学识宽泛，理论与实践经验丰富，数年耕研不缀，终有所成。

《中国建筑业产业竞争力研究》是国家社科基金项目(04xjy016)"中国建筑业新的经济增长点及增长力研究"的主要研究内容，论文基于对产业竞争力理论体系及方法体系的研究分析，以中国建筑业为研究对象，创造性地将建筑经济系统的流量分析与存量占用联为一体，建立了建筑业产业竞争力投入占用产出模型，测算出了建筑业产业竞争力评价综合指数；建立了建筑业产业竞争力影响因素的综合评价指标体系和影响因素的解释结构模型；通过对建筑业产业竞争力关键影响因素的测度分析和量化研究，构建了多因素影响下的产业竞争力成长分析GM（1，1）模型，实证分析了中国建筑业产业竞争力的发展趋势和存在问题，提出了提升中国建筑业产业竞争力的思路与对策。论文研究成果为分析和评价中国建筑业产业竞争力效应提供了新的方法和工具，为制定建筑业产业发展战略及产业政策等提供了科学的依据，具有重要的理论价值和应用价值。

论文研究理论方法自成系统，研究层次思路清晰，结构合理，数据详实，研究过程及方法具有可重复性，体现了作者在建筑经济与管理领域的最新研究成果，是我国建筑业产业竞争力研究专著中之力作。

基于作者对我国建筑业产业竞争力研究的成果，以及我与他的沟通交流中，发现他对建筑业管理与实践的独到见解，所以希望他能把自己关于竞争力与产业竞争力研究的成果尽快整理出版，这不仅可以以飨建筑经济与管理学科以及建筑业产业竞争力研究的诸多学者，而且对我国产业竞争力研究深化具有相当的促进作用。

学术研究贵在创新。作者在此方面已迈出了坚实的步伐，取得可喜的成果。希望再接再厉，不断攀登新的高峰。

西安建筑科技大学

（金维兴教授）

二〇〇七年六月十日

金维兴：男，1944 年 8 月出生。现为西安建筑科技大学教授、博导，西安建筑科技大学建筑经济研究所所长。曾任西安建筑科技大学管理学院院长。